Marco Polo in der 1477 in Nürnberg erschienenen mittelhochdeutschen »Gutenberg-Ausgabe«

MARCO POLO

Von Venedig nach China

Die größte Reise des 13. Jahrhunderts

Neu herausgegeben und kommentiert von Theodor A. Knust

Mit 31 zeitgenössischen Abbildungen und einer Karte

WILHELM HEYNE VERLAG
MÜNCHEN

HEYNE SACHBUCH
19/760

Umwelthinweis:
Dieses Buch wurde auf chlor- und säurefreiem Papier gedruckt.

Taschenbucherstausgabe 09/2001
Copyright © 1982 by Edition Erdmann
in K. Thienemanns Verlag, Stuttgart – Wien
Wilhelm Heyne Verlag GmbH & Co. KG, München
http://www.heyne.de
Printed in Germany 2001
http://www.heyne.de
Umschlagillustration: China Travel & Tourist Press, Beijing
Umschlaggestaltung: Hauptmann und Kampa Werbeagentur, CH-Zug
Herstellung: Helga Schörnig
Druck und Verarbeitung: Elsner Druck, Berlin

ISBN: 3-453-18720-2

INHALT

Einführung
Seite 7

Prolog
Seite 21

Erstes Buch
Seite 23

Zweites Buch
Seite 127

Drittes Buch
Seite 253

Anmerkung zur Edition
Seite 339

EINFÜHRUNG

Im Jahr 1295 kehrte Marco Polo nach vierundzwanzigjähriger Abwesenheit in seine Vaterstadt Venedig zurück. Kurz darauf beteiligte er sich als Kommandant einer venezianischen Galeere an dem Krieg zwischen Venedig und Genua, den Venedig verlor. Marco geriet verwundet in genuesische Gefangenschaft, aus der er erst vier Jahre später entlassen wurde. Während dieser Zeit diktierte er seine Reiseerinnerungen einem Mitgefangenen, der sie in mittelfranzösischer Sprache niederschrieb.

Der umfangreiche Bericht wurde sehr bald ins Italienische, Lateinische und in viele andere Sprachen übersetzt. Es gibt auch eine mittelhochdeutsche Übertragung dieses Reiseberichts »des edeln ritters und lanndtfarerß Marchopolo«, von der im Jahr 1477 eine Fassung in Nürnberg gedruckt wurde.

Wenn wir heute Marco Polos Reisebeschreibung lesen, fragen wir uns, aus welcher Welt ihr Verfasser stammt.

Seine Heimat, die Stadt Venedig, war schon seit längerer Zeit nicht ohne Erfolg bemüht, sich zur größten Handelsmacht der Welt zu entwickeln. Sie besaß fast ein Handelsmonopol gegenüber den mohammedanischen Ländern, über die vor allem der Seiden- und der Gewürzhandel mit dem Fernen Osten lief, und darum hatte sich die Seerepublik Venedig die Vorherrschaft im östlichen Mittelmeer zu sichern gewußt. Als diese Vorherrschaft um 1200 in Gefahr geriet, vermochte die Stadt sogar den Vierten Kreuzzug für ihre Machtpolitik auszunutzen. Die Kreuzfahrer, die den Islam in Ägypten angreifen und von dort aus nach Palästina vorrücken sollten, konnten die mit Venedig vereinbarte Überfahrt nicht bezahlen. Die Stadt verstand es, die Kreuzfahrer deshalb zunächst für ihre eigenen Ziele einzusetzen: Die Schwierigkeiten an der dalmatinischen Küste wurden mit Hilfe des Ritterheeres beseitigt, die venezianische Vorherrschaft wieder gefestigt. Im Jahre 1203 und noch einmal 1204 wurde mit dem gleichen Kreuzfahrerheer Konstantinopel erobert und dort mit viel Grausamkeit an Stelle der oströmischen Herrschaft das »Lateinische Kaisertum« begründet. Der erste Kaiser war Graf Balduin von Flandern. Wenn dieses Kaiserreich auch nicht viel länger als ein halbes Jahrhundert bestand, so konnte Venedig doch in dieser Zeit auf den Trümmern von Byzanz sein überseeisches Herrschaftsgebiet – Oltramare – aufbauen. Als das Lateinische Kaisertum 1261 gestürzt wurde, hatte das byzantinische Reich mittlerweile seine früher recht große Bedeutung verloren. Venedig hatte ihm die günstigsten Handelsprivilegien abgewonnen und nützte sie rücksichtslos aus. Die dalmatinische Küste, die Inselwelt des östlichen Mittelmeers und Gebiete in Griechenland und Kleinasien wurden zu einem dichten Netz von Handels- und Schiffahrtsstützpunkten der Seerepublik. Wenn Genua und Pisa zunächst auch noch gefährliche Konkurrenten für Venedig blieben, so durften die venezianischen Kaufleute doch damit rechnen, bis tief in den Mittleren Osten hinein allenthalben Landsleute und oft genug auch staatliche Vertreter ihrer Republik zu finden.

Im dreizehnten Jahrhundert kam es auch zu den großen Expansionsbewegungen der Mongolen, die in Mitteleuropa bis Liegnitz (1241), im Südwesten bis Persien und im Osten bis zur Eroberung ganz Chinas führten. Dennoch war dieses ständig von Kriegen erschütterte Jahrhundert für den Handel in den von den Mongolen eroberten Gebieten nicht ungünstig. Die Grenzen in diesen Gebieten waren offen, während sie vorher für den Handel anderer Staatsbürger zumeist geschlossen waren. Es ist deshalb kein Zufall, daß in jener Zeit der internationale Warenaustausch einen gewaltigen Aufschwung nahm.

Der dritte dem Unternehmen der Familie Polo günstige Punkt war die internationale Politik des Papsttums: Der

Islam hatte seit Ende des siebenten Jahrhunderts immer mehr Gebiete erobert und schloß sich immer stärker gegen das Abendland ab – und umgekehrt. Da die Mongolen mohammedanische Länder angriffen (daß sie ihre Eroberungspolitik auch nach Osten hin führten, war in Europa entweder kaum bekannt, oder man hatte nur sehr verschwommene Vorstellungen von jenen fernöstlichen Ländern), glaubten vor allem das Papsttum und Frankreich in den Mongolen Verbündete gegen den Islam zu finden.

Im Zuge dieser päpstlichen und französischen Politik reisten schon vor den Polos Westeuropäer an den Hof der Mongolen. Die beiden bedeutendsten Gesandtschaften waren die, die Johann von Plano Carpini und Wilhelm von Rubruk führten.

Johann von Plano Carpini brach, versehen mit einem päpstlichen Brief »An König und Volk der Tataren (Mongolen)«, im Jahr 1245 auf und gelangte im Sommer 1246 tatsächlich zum Heerlager der Mongolen – vielleicht war es schon Karakorum –, wo gerade Güyük als Großkhan eingesetzt wurde. Nach der abermals ein reichliches Jahr währenden Rückreise traf er mit seinen Begleitern wohlbehalten in Lyon ein und konnte als erster einen Bericht über die Mongolen, ihre Herrscher, ihre Sitten und Bräuche geben. Er war also der erste europäische Ostasienreisende. Sein Bericht, die *Ystoria Mongalorum*, wurde nach seiner Rückkehr handschriftlich verbreitet und bald darauf in das *Speculum Historiale* des Vinzenz von Beauvais (zwischen 1256 und 1259) aufgenommen.

Güyük-Khan gab Johann von Plano Carpini ein Schreiben mit, in dem er nicht mehr und nicht weniger als die Unterwerfung der europäischen Könige unter den Weltherrschaftsanspruch des mongolischen Großkhans forderte. Die Könige sollten – gemeinsam mit dem Papst – in Karakorum zur Huldigung erscheinen. Die Vielsprachigkeit der mongolischen Kanzlei spiegelt sich darin, daß der Text nach einem mongolischen Original auf persisch abgefaßt ist, daß die Eingangsformel: »Durch die Kraft des ewigen Himmels Befehl von Uns, dem ozeangleichen Khan des ganzen großen Volkes«, die türkische und das Siegel die mongolische Sprache in uigurischer Schrift benutzt. Dieses mehrsprachige Dokument wurde 1920 in den Archiven des Vatikans wiederaufgefunden. Trotz der enttäuschenden Antwort von Güyük-Khan schickte der Papst weitere Legaten nach Karakorum, die in den Jahren 1248-50 das mongolische Heerlager auch erreichten. Von ihren Berichten sind jedoch nur noch Auszüge im *Speculum Historiale* erhalten. Dieses Werk, nach rund zweitausend Berichten von mehreren hundert Autoren bearbeitet, wurde 1474 unter dem Titel *Speculum maius* in Straßburg gedruckt.

Der zweite bedeutende Abgesandte war Wilhelm von Rubruk, der seine Reise von 1253 bis 1255 im Auftrag des französischen Königs und des Papstes unternahm. Sein lateinisch geschriebener Bericht bildet eine wertvolle Quelle über die Verhältnisse in West- und Zentralasien. Wilhelm von Rubruk konnte in Karakorum mit Möngke (Mangu-Khan), dem Nachfolger Güyüks und Bruder und Vorgänger Kublai-Khans, ausführliche Gespräche über Europa und die christliche Religion führen. Sein Bericht erschien im Jahr 1934 in der deutschen Übersetzung von F. Risch.

Diese beiden Reiseberichte sind stellenweise weit abenteuerlicher als die *Beschreibung der Welt* Marco Polos. Der mittelalterliche Leser wollte nicht auf Legenden, auf Fabelwesen und auf all das verzichten, was ihm die Sagenwelt des Altertums geboten hatte. Dennoch hatten die Reisebeschreibungen des Johann von Plano Carpini und des Wilhelm von Rubruk nicht jenen Erfolg wie Marco Polos Buch.

Und während diese beiden Reisenden höchstens bis Karakorum gelangt sind, bringt Marco Polo als erster Europäer

Berichte über China, Japan, Indien, Indonesien und die afrikanische Ostküste. Nach ihm finden freilich zahlreiche Reisende den Weg nach Katai – Missionare und Händler –, doch als die Mongolenherrschaft um die Mitte des vierzehnten Jahrhunderts von der Ming-Dynastie abgelöst wird, werden auch Christen und Mohammedaner nicht mehr wie zuvor toleriert. Diese Religionen fielen nun den ausgeprägten Nationalisierungsbestrebungen der Chinesen zum Opfer. Dennoch ging der Handel zwischen Venedig und Asien weiter. Im vierzehnten Jahrhundert erscheint ein Handelshandbuch von Francesco Balducci Pegolotti, die *Pratica della Mercatura*. Darin werden die Handelswege zwischen Italien und China – das der Verfasser »Gattaio« nennt – und die Waren beschrieben, die dort ex- und importiert wurden.

Etwa um die gleiche Zeit entstehen arabische Beschreibungen des Fernen Ostens, von denen das Werk von Marco Polos nur wenig jüngerem Zeitgenossen Ibn Battuta aus Tanger wohl das wichtigste ist. Sein Reisebericht, der, von Ägypten und Arabien ausgehend, zunächst zu den Türken in Kleinasien und den Wolgatataren führt und danach Indien, Indonesien und China behandelt, ist ebenso erstaunlich wie der Marco Polos und steht ihm ebenbürtig zur Seite. Doch Marco Polos Buch wurde in zahlreiche Sprachen übersetzt, immer wieder abgeschrieben, sehr früh gedruckt und war für die großen Entdeckungsfahrten der Europäer von wesentlichem Einfluß. Ibn Battutas Bericht dagegen verstaubte sehr bald in den orientalischen Bibliotheken.

Von Columbus wissen wir, daß er ein Exemplar von Marco Polos *Beschreibung der Welt* bei sich hatte, als er »Amerika« entdeckte. Er starb in der Meinung, Zipangu – die japanischen Inseln – betreten und den westlichen Weg nach Indien gefunden zu haben. Wie so viele Entdeckungsfahrer vor und nach ihm suchte er China, das reiche Katai, die sagenhafte Goldstadt Quinsai, den indischen Subkontinent und die Gewürzinseln, wozu er, wie er glaubte, nur noch die »Passage«, die Durchfahrt, zu finden brauchte. Und noch im siebzehnten Jahrhundert begegnet man in den Berichten von Europäern über Amerika den Ortsbezeichnungen aus Marco Polos Buch. Und die »Passage« spielt noch weit länger eine wichtige Rolle in der Entdeckungsgeschichte.

In der Zeit der Entdeckungsreisen bearbeiteten zahlreiche Literaten und Geographen die Berichte von Kapitänen, Steuerleuten und Forschern. Zu diesen Gelehrten gehört auch Gian Battista Ramusio (1485 – 1557), der seit 1515 in venezianischen Staatsdiensten stand und dessen dreibändiges Hauptwerk *Navigazioni e viaggi,* Venedig 1550–59, wichtige ältere und neuere Reiseberichte vereinigte. Der zweite Band enthält Marco Polos Weltbeschreibung. Ramusio, der sich vermutlich auf die erste lateinische Ausgabe des Buches in der Übersetzung des Pipino von Bologna (wohl Anfang des vierzehnten Jahrhunderts) stützt, läßt wie dieser die historischen Kapitel am Ende des Buches weg. Dagegen bringt Ramusio zahlreiche zusätzliche Informationen über Geschichte und Geographie des Fernen Ostens, deren Quelle bisher nicht bekannt geworden ist. Doch ebensowenig ist bewiesen, daß es sich dabei um spätere Zusätze handelt, die nicht von Marco Polo stammen. Das ist auch kaum möglich, denn die Kenntnis Ostasiens war zu Ramusios Zeit eher geringer als zwei Jahrhunderte früher.

Die bei Ramusio fehlenden Kapitel sind hier nach dem von Marco Polo diktierten, französisch geschriebenen Originaltext ergänzt worden. Von diesem Text wurde von der Geographischen Gesellschaft Frankreichs im Jahr 1824 eine wissenschaftliche Ausgabe veröffentlicht. Das dabei benutzte mittelfranzösische Manuskript befindet sich in der Pariser Bibliothèque Nationale. Auf diesen Text gehen höchstwahrscheinlich auch die alte italienische »Crusca« – benannt nach der Akademie gleichen Namens – und eine zweite alte lateinische Übersetzung zurück.

Andere französische Handschriften benutzte Pauthier für seine Ausgabe *Le livre de Marco Polo*, Paris 1865, ebenso Yule für seine Fassung *The book of Ser Marco Polo*, London 1903. Die französische wie die englische Ausgabe erlebten mehrere Neuauflagen, von denen sich besonders die englische aus dem Jahr 1921 – herausgegeben von H. Cordier – durch einen hervorragenden Kommentar auszeichnet. Beide Ausgaben wurden hier für die Erläuterungen benutzt. Die als musterhaft geltende kritische Ausgabe von L. Foscolo Benedetto, *Marco Polo, il Milione*, Florenz 1928, und die Ausgabe in modernem Italienisch, ebenfalls von Benedetto übersetzt, Mailand 1932, wurden gleichfalls herangezogen.

Der Ramusio-Text erschien 1845 in einer deutschen Übersetzung von A. Bürck, die Hans Lemke 1906 bearbeitete und mit einem verbesserten Kommentar versah. Eine neue Überarbeitung – mit einigen Kürzungen – besorgte Hans Eckart Rübesamen im Jahr 1963. Diese Fassung ist hier zugrundegelegt worden. Für die Erläuterungen wurde auch mit den Lemke-Bearbeitungen verglichen, und zwar mit der zweiten Auflage, Hamburg 1908.

Das Buch ist mittlerweile fast siebenhundert Jahre alt. Die geographischen Namen muten uns fremd an, weil Marco Polo viele latinisiert, bei anderen wechselnd mongolische, chinesische und türkische Bezeichnungen benutzt, manche wohl falsch verstanden oder erinnert hat und weil sich wieder andere inzwischen geändert haben. Ähnlich steht es mit den Personennamen, bei denen noch hinzukommt, daß sich die Schreibung der mongolischen Eigennamen erst in den letzten Jahrzehnten einigermaßen stabilisiert hat. Die dem Text beigefügten Erläuterungen wollen dem Leser diese Schwierigkeiten erleichtern. Sie benutzen zur Erklärung vorwiegend geographische, weniger häufig staatliche Namen.

Der mittelalterliche Text ist bei uns fast nur den Fachleuten bekannt. Das Lesepublikum mußte sich mit dem – auch hier gegebenen – Ramusio-Text begnügen. Es ist seltsam, daß Marco Polo bei uns dadurch fast als Renaissancemensch, nicht mehr wie ein Mensch des hohen Mittelalters erscheint. Mehr noch, die mittelalterliche Naivität und Unbefangenheit wirken so gelegentlich wie bewußte Übertreibung, was jedoch ganz gewiß nicht der Fall ist. Erst bei den historischen Kapiteln gegen Schluß des Buches, die aus den alten Texten in die Ramusio-Ausgabe eingeschaltet worden sind, wird uns deutlich, daß gelegentliche Unrichtigkeiten auf die Mentalität des mittelalterlichen Menschen zurückzuführen sind.

Man nimmt heute allgemein an, daß Marco Polo von 1254 bis 1324 gelebt hat. Über das Todesjahr sind wir lediglich durch sein Testament unterrichtet, über das Geburtsjahr macht Marco Polo selbst im ersten Kapitel seines Buches, der Einleitung, widersprechende Angaben. Ganz sicher ist sein Geburtsjahr also nicht.

Ramusio, der, wenn auch reichlich zweihundert Jahre später, die Lebensdaten Marco Polos nach dessen Rückkehr aus dem Fernen Osten sorgfältig gesammelt hat und sich dabei der Aufzeichnungen und mündlichen Überlieferungen von Nachbarfamilien der Polos bedienen konnte, weiß eine Anekdote zu berichten, die man nicht in Vergessenheit geraten lassen möchte, wenn auch niemand für sie bürgen kann: Als Marco Polo, sein Vater und Onkel im Jahr 1295 nach vierundzwanzigjähriger Abwesenheit nach Venedig zurückkehrten, in fremdartiger, abgetragener Kleidung, die Muttersprache nur noch mühsam sprechend, im Äußeren stark verändert, wollte niemand glauben, daß dies die verschollenen Polos seien. Des Hauses hatten sich entfernte Verwandte bemächtigt, die nur schwer zur Freigabe zu bewe-

Bildnis des Marco Polo

gen waren. Doch bald nach ihrer Rückkehr gaben die Reisenden ein großes Gastmahl für ihre früheren Freunde und die Verwandten. Die Polos erschienen in kostbaren Gewändern, legten sie ab, schenkten sie den Dienern, kleideten sich in neue Gewänder, verschenkten auch die, erschienen in den einfacheren Anzügen, die im Venedig jener Zeit gebräuchlich waren, legten nach Tisch jedoch auch diese ab und zeigten sich in den groben, abgetragenen Kleidern, in denen sie vom Schiff gestiegen waren. Nun machten sie sich daran, deren Säume und Futter aufzutrennen. Zahllose Edelsteine, Rubine, Saphire, Smaragde und Diamanten, kamen zum Vorschein. Die Polos berichteten, daß sie damals, als sie den

Hof des Großkhans verließen, ihren gesamten Besitz in Edelsteine eingetauscht hätten, da diese am leichtesten zu befördern waren. Selbst Gold in solchen Mengen hätten sie nicht fortschaffen können. Als die Gäste die ungeheuren Reichtümer ausgebreitet sahen, bemächtigte sich ihrer ein Gefühl des Staunens und verblüffter Überraschung. Nun glaubten sie, daß sie es wirklich mit den ehrenwerten und edlen Herren aus dem Hause Polo da S. Felice zu tun hatten.

Wenn sich Marco Polo danach mit den jungen Leuten der Republik Venedig unterhielt, sprach er gern und häufig über die Einkünfte Kublai-Khans, die er auf zehn bis fünfzehn Millionen Golddukaten im Jahr schätzte. So kam er zu seinem Spitznamen Messer Marco Milione. »Unter diesem Namen«, setzt Ramusio hinzu, »habe ich seiner häufig in den öffentlichen Urkunden der Republik erwähnt gefunden, und das Haus, in dem er wohnte, wird von jener Zeit an bis zu dieser Stunde gewöhnlich ›la corte del Milione‹ genannt.«

Die Mongolen, deren Siedlungsgebiet sich ursprünglich auf die Flußsysteme des Kerulen und des Orkhon südostwärts des Baikal-Sees beschränkt hatte, wurden um 1200 von Dschingis-Khan geeinigt. Nicht zuletzt war es die Beweglichkeit dieser Nomaden, die sie befähigte, eine Weltmacht zu werden. Die Kriegszüge Dschingis-Khans und seiner Nachfolger brachten ihnen eine beherrschende Stellung in Inner-, Ost-, Vorderasien und Osteuropa. Von 1236 bis 1241 unterwarfen sie weite Teile Rußlands, das Gebiet der Goldenen Horde, das etwa zwei Jahrhunderte bestand. 1256 – 1259 eroberten sie Persien, Kaukasien und Teile Kleinasiens, das Reich der Il-chane. Von 1215 bis 1280 bemächtigten sie sich nach und nach ganz Chinas. Mittelpunkt des Mongolenreiches war bis 1259 Karakorum, nach 1260 Peking.

Die Herrschaft der Mongolen brach im Iran während des vierzehnten Jahrhunderts allmählich zusammen, in China im

Jahr 1368. Doch schon von 1369 an gründete Timur-i Läng (der lahme Timur) ein neues Mongolenreich, das schließlich ganz Persien, Kaukasien, das Zweistromland und zeitweise Nordindien, Syrien und Anatolien umfaßte. Er ist es – im Gegensatz zu den vielen toleranten Mongolenfürsten des Jahrhunderts zuvor –, der seine Feldzüge mit grausamer Unmenschlichkeit führte, Städte niederbrannte, ganze Länder entvölkerte und Kulturen vernichtete. Seine Hauptstadt, Samarkand, baute er prächtig aus. Als er 1405 starb, zerfiel sein Reich innerhalb von zwei Jahren.

Dagegen bestand das von einem Timur-Nachkommen in Indien gegründete Reich der Großmoguln bis 1857.

Theodor A. Knust

Für die Erläuterungen wurden außer den in der Einführung genannten Ausgaben des Buches von Marco Polo u. a. benutzt:

W. Andreas, *Staatskunst und Diplomatie der Venezianer im Spiegel ihrer Gesandtenberichte*, Leipzig 1943.

E. Dade, *Versuche zur Wiedererrichtung der lateinischen Herrschaft in Konstantinopel . . .*, Jena 1938.

O. Franke, *Geschichte des chinesischen Reiches*, Bd. 3, 4 und 5, Berlin 1937, 1948, 1952.

R. Grousset, *L'empire mongol*, Paris 1941.

W. Lenel, *Die Entstehung der Vorherrschaft Venedigs an der Adria . . .*, Straßburg 1898.

W. Norden, *Der vierte Kreuzzug im Rahmen der Beziehungen des Abendlandes zu Byzanz*, Berlin 1898.

A. Philippson, *Das byzantinische Reich als geographische Erscheinung*, Leiden 1939.

C. Troll, *Großer Herder Atlas*, Freiburg 1958.

PROLOG

Ihr Herren Kaiser, Könige, Herzöge, Fürsten, Grafen, Ritter und alle, die ihr den Wunsch habt, Kunde zu erlangen von den mannigfaltigen Völkern des Menschengeschlechts und den verschiedenen Reichen, Provinzen und Ländern im Osten der Welt: Lest dieses Buch, und ihr werdet darin die wunderbarsten und denkwürdigsten Beschreibungen der Menschen, besonders in Armenien, Persien, Indien und im Lande der Tataren finden, wie sie in diesem Buch von Marco Polo niedergelegt worden sind, einem klugen und gelehrten Bürger der Stadt Venedig, der genau unterscheidet zwischen dem, was er mit eigenen Augen gesehen, und dem, was er von anderen erfahren hat. Denn dieses Werk soll nur wahre und zuverlässige Angaben enthalten. Man muß nämlich wissen, daß seit der Erschaffung Adams bis auf den heutigen Tag kein Mensch, mag er nun Heide, Sarazene oder Christ sein oder sonst einem Völkerstamm oder Geschlecht angehören, jemals so viele und so gewaltige Dinge gesehen hat wie der erwähnte Marco Polo. Da dieser den Wunsch hatte, alle Dinge, die er sah und hörte, zu berichten zu Nutz und Frommen aller Menschen, die sie nicht mit eigenen Augen sehen konnten, ließ er im Jahre 1298 unseres Herrn im Gefängnis zu Genua alles, was in dem vorliegenden Werk enthalten ist, von Ser Rusticiano, einem Bürger der Stadt Pisa, der in Genua in demselben Gefängnis weilte, niederschreiben; und er teilte das Werk in drei Teile.

# ERSTES BUCH

I

Der Leser möge wissen, daß zu der Zeit, als Balduin II. Kaiser war von Konstantinopel, wo sich ein Statthalter des Dogen von Venedig befand, im Jahre 1250 unseres Herrn Nicolò Polo, der Vater Marcos, und Maffeo, der Bruder Nicolòs, Venezianer aus edler Familie und ehrenwerte und hochgebildete Männer, mit einer reichen Schiffsladung von Waren in jene Stadt kamen. Nach reiflicher Überlegung, was sie ferner unternehmen sollten, faßten sie den Entschluß, ihre Reise durch das Schwarze Meer fortzusetzen, um ihr Handelskapital zu vermehren. In dieser Absicht kauften sie viele schöne und kostbare Edelsteine ein, verließen Konstantinopel und fuhren durch jenes Meer nach einem Hafen, Sudak genannt, von wo sie zu Lande weiterreisten, bis sie den Hof eines mächtigen Herrn der westlichen Tataren namens Barka erreichten, der in den Städten Bolgary und Saraj seinen Sitz hatte und in dem Ruf stand, einer der freigebigsten und gebildetsten Fürsten zu sein, die man bislang unter den Stämmen der Tatarei gekannt hatte. Er war erfreut über die Ankunft unserer Reisenden und empfing sie mit hohen Ehren. Als sie die Juwelen, die sie mitgebracht hatten, vor ihm niederlegten und merkten, daß sie ihm gefielen, boten sie sie ihm zum Geschenk an. Der Khan bewunderte die großzügige Höflichkeit der beiden Brüder, und weil er sich von ihnen nicht an Freigebigkeit übertreffen lassen wollte, ließ er ihnen nicht allein den doppelten Wert der Juwelen auszahlen, sondern fügte dem auch noch reiche Geschenke bei.

Als die beiden Brüder ein Jahr in den Ländern dieses Fürsten gelebt hatten, überkam sie der Wunsch, in ihr Vaterland zurückzukehren. Sie wurden aber daran gehindert, weil ein Krieg zwischen ihrem Gönner und einem anderen Khan namens Hülegü ausbrach, der die östlichen Tataren beherrschte. In einer Schlacht, die sich die beiden Armeen lieferten, siegte Hülegü, und Barkas Truppen erlitten eine völlige Niederlage. Da die Straßen infolge dieses Ereignisses für Reisende unsicher geworden waren, konnten es unsere Venezianer nicht wagen, auf dem Weg, den sie gekommen waren, zurückzukehren. Als einzige Möglichkeit, Konstantinopel zu erreichen, wurde ihnen empfohlen, auf einer wenig besuchten Straße, die an den Grenzen von Barkas Gebiet entlangführte, nach Osten zu reisen. Also nahmen sie ihren Weg nach Okaka, einer Stadt, die an den Grenzen des Königreichs der westlichen Tataren liegt. Als sie diesen Ort verlassen hatten und weiterwanderten, setzten sie über den Tigris, einen der vier Flüsse des Paradieses, und kamen in eine Wüste, die sich siebzehn Tagereisen weit ausdehnte und in der sie weder Stadt noch Burg, noch sonst ein festes Gebäude fanden, sondern nur Tataren mit ihren Herden, die in Zelten oder auf dem freien Felde lagerten. Nachdem sie durch diese Wüste gezogen waren, erreichten sie endlich eine gut gebaute Stadt, Buchara genannt, in einer Provinz desselben Namens, die zum Reich Persien gehörte, jedoch einem Fürsten unterstand, der Barka-Khan hieß.

Es begab sich aber, daß zu dieser Zeit ein Mann von großem Ansehen und außerordentlichen Gaben in Buchara eintraf. Er war als Gesandter des schon erwähnten Hülegü auf dem Weg zum Großkhan, dem obersten Fürsten aller Tataren, der Kublai-Khan hieß und seinen Herrschersitz am äußersten Ende des Festlands hatte, in einer Richtung zwischen Nordosten und Osten. Der Gesandte hatte zuvor noch nie Gelegenheit gehabt, Leute aus italienischen Landen zu sehen, und war daher sehr erfreut, unsere Reisenden, die sich jetzt einigermaßen in der tatarischen Sprache verständigen konnten, kennenzulernen und sich mit ihnen zu unterhalten. Nachdem er mehrere Tage in ihrer Gesellschaft geweilt und diese höchst angenehm gefunden hatte, schlug er ihnen vor, sie sollten ihn zum Großkhan begleiten, der über ihre Anwesenheit an seinem Hof sehr erfreut sein würde, weil auch er bis jetzt noch nicht von Leuten aus ihrem Lande besucht worden war. Er gab ihnen die Versicherung, sie würden ehrenvoll empfangen und reich beschenkt werden. Überzeugt, daß sie sich bei einer Rückkehr in ihre Heimat unterwegs den größten Gefahren aussetzen würden, willigten sie in sein Anerbieten ein und setzten, sich dem Schutz des Allmächtigen empfehlend, ihre Reise im Gefolge dieses Gesandten fort, begleitet von mehreren christlichen Dienern, die sie aus Venedig mitgebracht hatten. Sie schlugen die Richtung zwischen Nordost und Nord ein, doch es verging ein ganzes Jahr, bis sie die kaiserliche Residenz erreichten, weil Schnee und Überschwemmungen der Flüsse sie nötigten abzuwarten, bis der Schnee geschmolzen war und die Fluten sich wieder verlaufen hatten. Während ihrer Reise sahen sie viele bewundernswürdige Dinge, die wir hier aber nicht erwähnen, weil sie von Marco Polo in den folgenden Büchern in geographischer Ordnung beschrieben werden sollen.

Als die Reisenden dem Großkhan vorgestellt wurden, empfing dieser sie mit der Huld und Leutseligkeit, die seinem Charakter eigen war, und da sie die ersten Italiener waren, die in seinem Land erschienen, wurde ihnen zu Ehren ein Fest gegeben. Der Großkhan ließ sich freundlich in ein Gespräch mit ihnen ein und erkundigte sich nach den westlichen Teilen der Erde, dem römischen Kaiser, den Königen und den anderen christlichen Fürsten. Er ließ sich über ihre Macht, die Größe ihrer Länder, die Rechtspflege in ihren Reichen und Fürstentümern, über ihre Kriegskunst berichten und fragte ganz besonders nach dem Papst, den Angelegenheiten der Kirche, der Gottesverehrung und den heiligen Lehren der Christen. Da die beiden Venezianer gebildete und wohlunterrichtete Männer waren, gaben sie ihm über all diese Fragen Auskunft, so gut sie es vermochten. Und weil sie inzwischen mit der tatarischen Sprache völlig vertraut waren, drückten sie sich immer in angemessenen Worten aus, so daß sie der Großkhan, bei dem sie bald in hohen Ehren standen, häufig zu sich rufen ließ.

Als er nun alles erfahren hatte, was ihm die beiden Brüder so verständig berichteten, war er sehr mit ihnen zufrieden, und weil er sich entschlossen hatte, sie als Abgesandte an den Papst zu verwenden, machte er ihnen, nachdem er sich mit seinen Ministern beraten hatte, in freundlichen Worten den Vorschlag, einen seiner Offiziere, Khogatal mit Namen, auf dessen Mission an den Heiligen Stuhl zu begleiten. Es sei seine Absicht, sagte Kublai-Khan, Seine Heiligkeit den Papst zu bitten, daß er ihm hundert gelehrte Männer schicke, die sowohl mit den Grundsätzen der christlichen Religion als auch mit den sieben freien Künsten – der Grammatik, Logik, Rhetorik, Arithmetik, Geometrie, Musik und Astronomie – vertraut seien und die Fähigkeit besäßen, den Gelehrten seines Reiches mit klugen und überzeugenden Beweisgründen darzulegen, daß der Glaube, zu dem sich die Christen bekannten, höher stehe und auf tieferer Wahrheit beruhe als jeder andere und daß die Götter der Tataren und die Götzenbilder, die in ihren Häusern verehrt würden, nichts anderes seien als böse Geister und daß die Tataren ebenso wie alle anderen Völker des Ostens einem Irrtum verfallen seien, wenn sie sie als Gottheiten verehrten. Ferner sagte er den beiden Venezianern, welche Freude es ihm bereiten würde, wenn sie ihm bei ihrer Rückkehr etwas von dem heiligen Öl aus der Lampe mitbringen wollten, die ewig über dem Grab unseres Herrn Jesus Christus brennt, für den er hohe Verehrung hege und den er als den wahren Gott anerkenne. Als sie diese Befehle vom großen Khan vernommen hatten, warfen sie sich vor ihm nieder und erklärten, sie wollten gehorchen und seien augenblicklich bereit, unter Einsatz ihrer ganzen Kraft auszuführen, was sein kaiserlicher Wille ihnen auferlegt habe. Darauf befahl er, daß in seinem Namen Briefe in tatarischer Sprache an den Papst in Rom abgefaßt und den beiden Brüdern übergeben würden. Auch ließ er ihnen eine goldene Tafel, Kinpai genannt, aushändigen, auf der das kaiserliche Zeichen eingegraben war; gemäß dem Brauch, den die Majestät des Großkhans eingeführt hatte, wurde der, dem er diese Tafel verlieh, mit seinem Gefolge von den Gouverneuren aller Orte in den kaiserlichen Ländern sicher von Station zu Station geleitet und war während der Zeit seines Aufenthalts in jeder Stadt berechtigt, Lebensmittel und andere Dinge, deren er zu seiner Bequemlichkeit bedurfte, von den Behörden zu fordern.

Nachdem sie diesen ehrenvollen Auftrag erhalten hatten, nahmen sie ihren Abschied vom Großkhan und machten sich auf die Reise. Doch kaum hatten sie zwanzig Tagereisen zurückgelegt, als ihr Gefährte, der Offizier Khogatal, schwer erkrankte. Die beiden Brüder berieten sich in dieser unangenehmen Lage mit ihren Gefährten und mit dem Offizier selbst; mit seiner Zustimmung ließen sie ihn zurück. Bei der Reise kam ihnen die kaiserliche Tafel sehr zustatten, die ihnen überall, wohin sie kamen, die beste Aufnahme sicherte. Was sie auch brauchten, alles wurde ihnen kostenlos geliefert, und stets wurden ihnen Führer und Begleiter mitgegeben. Doch trotz dieser Vorteile konnten sie wegen der natürlichen Schwierigkeiten, die sie zu überwinden hatten – ungewöhnliche Kälte, Schnee, Eis und Überschwemmung der Flüsse –, nur langsam reisen, und es vergingen drei Jahre, ehe sie den Seehafen Ajas an der Bucht von Alexandrette in Kleinarmenien erreichten. Von dort reisten sie über See und gelangten im April 1269 nach Akka. Dort erfuhren sie zu ihrem großen Schrecken, daß Papst Clemens IV. vor einigen Monaten gestorben sei. Zu jener Zeit residierte in Akka der von Clemens eingesetzte Legat Tebaldo de'Vesconti di Piacenza; diesem erstatteten die beiden Brüder Bericht und erzählten ihm, mit welchen Aufträgen sie der Großkhan der Tataren betraut habe. Der Legat riet ihnen, unbedingt die Wahl des neuen Papstes abzuwarten und diesem ihre Botschaft auszurichten. Sie fanden diesen Rat gut und beschlossen, die Zwischenzeit zu einem Besuch bei ihrer Familie zu verwenden. Sie begaben sich also auf ein Schiff, das nach Negropont fuhr, und gingen von dort nach Venedig, wo Nicolò Polo hörte, daß ihm seine Frau, die er bei seiner Abreise schwanger zurückgelassen hatte, vor ihrem Tode einen Sohn geschenkt und ihn Marco genannt hatte. Marco stand jetzt im Alter von neunzehn Jahren. Von ihm ist das vorliegende Buch verfaßt worden. Er berichtet darin von all den Dingen, die er mit eigenen Augen gesehen hat.

Während der zwei Jahre, die sich die Brüder Polo in Venedig aufhielten, wurde die Wahl des Papstes immer wieder hinausgeschoben, so daß sie schon fürchteten, dem Großkhan werde ihr langes Ausbleiben mißfallen oder er könne glauben, sie hätten ihre Absicht aufgegeben, zu ihm zurückzukehren. Deshalb hielten sie es für ratsam, nach Akka aufzubrechen. Den jungen Marco Polo nahmen sie mit auf die Reise. Mit feierlicher Erlaubnis des Legaten besuchten sie Jerusalem und beschafften sich etwas Öl von der Lampe des Heiligen Grabes, wie der Großkhan sie gebeten hatte. Darauf nahmen sie den Brief des Legaten an den Tatarenfürsten in Empfang, in dem geschrieben stand, sie hätten sich getreulich bemüht, seine Aufträge auszuführen, doch das neue Oberhaupt der christlichen Kirche sei bisher noch nicht gewählt worden. Dann zogen die Polos weiter nach dem erwähnten Hafen Ajas. Doch kaum waren sie abgereist, als der Legat italienische Boten empfing, die das Kardinalskollegium abgesandt hatte und die ihm seine Erhebung auf den päpstlichen Thron verkündeten, worauf er den Namen Gregor X. annahm. Er überlegte, daß er nun selbst in der Lage sei, die Wünsche des tatarischen Monarchen zu erfüllen, und beeilte sich, dem König von Armenien Briefe zu senden, in denen er ihm seine Wahl mitteilte und ihn bat, die beiden Gesandten, die auf dem Wege zum Hof des Großkhans waren, unverzüglich zurückzuschicken, falls sie Kleinarmenien noch nicht verlassen hätten. Diese Briefe trafen die Polos noch in Armenien an. In freudiger Eile gehorchten sie der Aufforderung, noch einmal nach Akka zu kommen. Zu diesem Zweck gab ihnen der König eine Galeone und schickte gleichzeitig einen Gesandten, der dem christlichen Oberhaupt seine Glückwünsche überbringen sollte.

Seine Heiligkeit empfing sie mit hohen Ehren, händigte ihnen unverzüglich päpstliche Briefe aus und gab ihnen zwei Mönche vom Predigerorden mit, die sich zufällig in Akka befanden, erfahrene, kenntnisreiche Männer und gelehrte Theologen. Der eine hieß Fra Nicolò da Vicenzo, der andere Fra Guilelmo da Tripoli. Diesen erteilte der Papst die Vollmacht, Priester zu weihen, Bischöfe zu ernennen und alle Absolutionen zu erteilen, die er selbst geben konnte. Außerdem übergab er ihnen wertvolle Geschenke, darunter verschiedene schöne Kristallvasen, die sie dem Großkhan in seinem Namen und mit seinem Segen überreichen sollten. Die Reisenden nahmen Abschied und richteten ihren Weg abermals nach Ajas, wo sie an Land gingen und durch Armenien zogen. Hier erfuhren sie, daß der Sultan von Kairo, Bundokdari oder auch Bibars genannt, das armenische Land mit einem gewaltigen Heer überfallen und weite Gebiete überwältigt und verwüstet habe. Darüber erschraken die beiden Mönche und beschlossen, da sie um ihr Leben fürchteten, umzukehren. Die Briefe und Geschenke, die ihnen vom Papst anvertraut worden waren, händigten sie den Venezianern aus und begaben sich selbst unter dem Schutz des Meisters der Tempelherren alsbald zurück zur Küste. Nicolò, Maffeo und Marco Polo aber zogen unerschrocken den Gefahren und Hindernissen entgegen, an die sie schon lange gewöhnt waren, überschritten die armenische Grenze und setzten ihre Reise fort. Nachdem sie mehrere Tagereisen durch Wüsten gezogen waren und manchen gefährlichen Ort berührt hatten, gelangten sie in Richtung Nordost und Nord so weit, daß sie endlich Nachrichten über den Großkhan erhielten, der damals seine Residenz in der neuen und prächtigen Stadt Schangtu hatte. Ihre ganze Reise bis zu diesem Ort dauerte nicht weniger als dreieinhalb Jahre, denn während der Wintermonate gelangten sie nur unbedeutende Strecken vorwärts. Als jedoch der Kaiser hörte, daß sie sich der Hauptstadt näherten und wieviel sie zu erdulden hatten, schickte er ihnen seine Boten vierzig Tagereisen weit entgegen und gab Befehl, ihnen an allen Plätzen, die sie berührten, jede Bequemlichkeit zu verschaffen. Auf diese Weise und mit dem Segen Gottes gelangten sie sicher an den kaiserlichen Hof.

Bei ihrer Ankunft wurden sie vom Großkhan in voller Versammlung der tatarischen Fürsten und Herren gnädig und ehrenvoll empfangen. Als sie sich dem Kaiser näherten, bezeigten sie ihm ihre Ehrerbietung, indem sie sich schon an der Tür vor ihm niederwarfen. Kublai-Khan befahl ihnen sogleich, sich zu erheben und ihm von den Umständen ihrer Reise zu erzählen, vor allem aber von der Unterredung mit Seiner Heiligkeit dem Papst. Sie berichteten nun in guter Ordnung über die Ereignisse, und der Kaiser hörte ihnen mit besonderer Aufmerksamkeit zu. Darauf legten sie die Briefe und Geschenke von Papst Gregor vor ihm nieder, und nachdem er die Schreiben gelesen hatte, lobte er die Treue, den Eifer und Fleiß seiner Gesandten. Mit gebührender Ehrfurcht nahm er das Öl vom Heiligen Grab in Empfang und ordnete an, es mit frommer Sorgfalt aufzubewahren. Er bemerkte den jungen Marco Polo und fragte, wer er sei. Nicolò Polo erwiderte, es sei sein Sohn und der Diener Seiner Majestät. Da geruhte der Großkhan, Marco unter seinen besonderen Schutz zu nehmen, und ernannte ihn zu einem seiner Ehrenbegleiter. So wurde Marco von allen, die zum Hof gehörten, in hohen Ehren gehalten. In kurzer Zeit machte er sich mit den Sitten der Tataren bekannt, wußte sie sich zu eigen zu machen und verstand bald die verschiedenen Sprachen der Tataren so gut, daß er sie auch lesen und schreiben konnte. Als Kublai-Khan die Fähigkeiten des jungen Venezianers erkannte, wollte er feststellen, wie er sich in Verwaltungsangelegenheiten mache, und sandte ihn in einer wichtigen Staatssache in die Stadt Karazan, die sechs Monate von der kaiserlichen Residenz entfernt lag. Marco führte die ihm anvertrauten Angelegenheiten mit so viel Weisheit und Klugheit aus, daß er in der Gnade des Kaisers noch höher stieg. Als er nun merkte, mit welchem Vergnügen der Großkhan seine Berichte über Sitten und Bräuche des Volkes und über die Zustände in fernen Ländern anhörte, bemühte er sich auf seinen Reisen, alles genau zu erfahren, und machte sich Anmerkungen über das, was er sah und hörte, um die Wißbegierde des Kaisers zu befriedigen. Kurz, während der siebzehn Jahre, die Marco Polo in seinen Diensten zubrachte, zeigte er sich so nützlich, daß er zu vertraulichen Missionen in alle Teile des Reiches gesandt wurde. Zuweilen reiste er auch in eigenen Geschäften, doch immer mit der Zustimmung und Ermächtigung des Großkhans. Dabei hatte Marco Polo Gelegenheit, sowohl auf Grund eigener Beobachtungen als auch auf Grund von Mitteilungen aus anderen Quellen viele Dinge in der östlichen Welt kennenzulernen, die bis zu seiner Zeit unbekannt gewesen waren und die er regelmäßig aufzeichnete, wie es sich im folgenden zeigen wird.

Unsere Venezianer hatten nun viele Jahre am kaiserlichen Hof gelebt, in dieser Zeit Reichtümer in Gold und Edelsteinen erworben und empfanden schließlich große Sehnsucht nach ihrem Vaterland. Obwohl der Khan sie in hohen Ehren hielt, wurde der Wunsch heimzukehren doch immer stärker in ihnen. Zu einem festen Entschluß kamen sie, als sie überlegten, wie hochbetagt der Khan war. Falls er vor ihrer Abreise sterben sollte, würde ihnen sein Beistand fehlen, ohne den sie die zahllosen Schwierigkeiten der langen Reise nicht überwinden und ihre Heimat kaum in Sicherheit erreichen konnten, während sie zu seinen Lebzeiten und mit seiner Gunst zu Recht hoffen durften, die Heimfahrt auszuführen. So ergriff Nicolò Polo eines Tages, als er den Großkhan noch freundlicher fand als sonst, die Gelegenheit, sich ihm zu Füßen zu werfen und ihn für sich und seine Angehörigen zu bitten, Seine Majestät wolle ihnen die Heimreise in Gnaden gestatten. Weit entfernt, sich diesem Gesuch geneigt zu zeigen, schien der Großkhan unwillig darüber zu sein und fragte, was sie zu dem Wunsch verleiten könne, sich all den Unbequemlichkeiten und Gefahren einer Reise auszusetzen, bei der sie leicht das Leben verlieren könnten. Wenn sie nach Gewinn strebten, sollten sie es nur sagen. Er sei bereit, ihnen das Doppelte von allem zu geben, was sie schon besäßen, und ihnen Ehren zu verleihen, soviel sie nur wünschten, aber ihre Bitte müsse er wegen der Liebe, die er zu ihnen hege, rundweg abschlagen.

Um diese Zeit geschah es, daß Königin Bolgara, die Gemahlin Arghuns, des Königs von Persien und Khorasan, starb. Sie beschwor in ihrem Testament den Gatten, keiner anderen ihren Platz auf dem Thron und in seiner Zuneigung zu schenken als einem Mädchen aus ihrer Familie, die im Land Kataia lebte, wo der Großkhan herrschte. In dem Wunsch, dieser feierlichen Bitte nachzukommen, schickte König Arghun drei von seinen Edlen, zuverlässige Männer, Ulatai, Apusca und Goza mit Namen, als Gesandte mit zahlreicher Begleitung zu Großkhan Kublai und bat diesen, ihm eine Jungfrau aus der Verwandtschaft der verstorbenen Königin zur Gemahlin zu geben. Der Großkhan nahm die Gesandten sehr freundlich auf, und unter Leitung Seiner Majestät wurde ein junges Mädchen von siebzehn Jahren erwählt, sehr schön und wohlgebildet, Köketschin mit Namen, die den Gesandten überaus gefiel. Als alles zur Abreise bereit und ein zahlreiches Gefolge bestellt war, der künftigen Gemahlin König Arghuns zu Ehren, wurden sie vom Großkhan huldvoll entlassen und begaben sich mit der Prinzessin auf dem gleichen Weg zurück, den sie gekommen waren. Acht Monate waren sie bereits unterwegs, da wurde ihre Weiterfahrt durch neue Kriege gehemmt, die zwischen mehreren tatarischen Fürsten ausgebrochen waren. Sehr gegen ihren Wunsch sahen sie sich daher gezwungen, wieder in die Residenz des Großkhans zurückzukehren, dem sie berichteten, wie es ihnen ergangen war.

Gerade zu der Zeit, als sie sich wiedereingestellt hatten, kam Marco Polo zufällig von einer Reise, die er mit einigen Schiffen unter seinem Befehl in verschiedene Gegenden Indiens unternommen hatte, zurück und erstattete dem Großkhan Bericht über die Länder, die er besucht hatte, und über seine Erlebnisse während der Seefahrt, die, wie er sagte, völlig sicher verlaufen sei. Als diese Bemerkung den drei Gesandten aus Persien zu Ohren kam, die sich sehnten, in ihr Land zurückzukehren, dem sie nun schon drei Jahre fern waren, suchten sie unseren Venezianer unverzüglich zu einer Unterredung auf. Er hatte ebenfalls den dringenden Wunsch, seine Heimat wiederzusehen, und so verabredete er mit den Gesandten, daß sie, von ihrer jungen Königin begleitet, um eine Audienz beim Großkhan nachsuchen und ihm vortragen wollten, mit welcher Sicherheit und Bequemlichkeit sie ihre Rückreise in das Reich ihres Herrn bewerkstelligen könnten, wenn sie den Seeweg benutzten, und daß diese Reise mit geringeren Kosten und in viel kürzerer Zeit auszuführen sei, da Marco Polo kürzlich nach jenen Gegenden gesegelt sei und über große Erfahrungen verfüge. Falls Seine Majestät die Erlaubnis für diesen Reiseweg geben würde, sollten sie in ihn dringen, daß er den drei Europäern wegen ihrer Erfahrung in der Schiffahrt gestatte, sie bis zu den Ländern König Arghuns zu begleiten. Als der Großkhan diese Bitte vernahm, zeigte seine Miene, daß sie ihm mißfiel, weil er die Abreise der Venezianer nicht wünschte. Doch schließlich gab er ihren Bitten nach, da er die Dringlichkeit und Bedeutung dieses ganz besonderen Falles einsah. Sonst hätten die Venezianer wohl nie die Erlaubnis erhalten, sich von ihm zu trennen. Er ließ die Italiener rufen, versicherte sie mit großer Freundlichkeit seiner Gewogenheit und forderte von ihnen das Versprechen, wieder einmal zu ihm zurückzukehren, wenn sie einige Zeit in Europa bei ihrer Familie zugebracht hätten. Darauf ließ er ihnen eine goldene Tafel aushändigen, auf der sein Befehl eingegraben war, ihnen freie und sichere Aufnahme in allen Teilen seiner Staaten, dazu jede Unterstützung für sie und ihre Begleiter zu gewähren. Außerdem gab er ihnen Vollmacht, mit dem Papst und den Königen von Frankreich und Spanien als seine Gesandten zu verhandeln.

Gleichzeitig wurden vierzehn Schiffe ausgerüstet, von denen jedes bis zu neun Segeln am Mast tragen konnte. Bau und Einrichtung der Schiffe zu beschreiben würde viel Raum einnehmen, deshalb soll jetzt nicht die Rede davon sein. Unter diesen Schiffen befanden sich mindestens vier oder fünf, die mit zweihundertfünfzig bis -sechzig Seeleuten bemannt waren. Die Gesandten, deren Schutz die junge Königin Köketschin unterstellt war, schifften sich gemeinsam mit Nicolò, Maffeo und Marco Polo ein, nachdem diese vom Großkhan Abschied genommen hatten und von ihm mit vielen Rubinen und anderen kostbaren Edelsteinen aller Art beschenkt worden waren. Außerdem hatte er befohlen, die Schiffe mit Vorräten für zwei Jahre zu versorgen.

Nachdem sie ungefähr drei Monate gesegelt waren, kamen sie an eine Insel, die in südlicher Richtung lag und Java genannt wird. Von dort fuhren sie weiter und brauchten achtzehn Monate in den indischen Meeren, ehe sie ihren Bestimmungsort im Lande König Arghuns erreichten. Hier muß jedoch erwähnt werden, daß sie vom Tag ihrer Abfahrt bis zu dem ihrer Ankunft in Persien ungefähr sechshundert Personen von den Seeleuten und den Mitfahrenden durch Tod verloren; von den Gesandten überstand nur einer, Goza mit Namen, die Reise, während von den Damen und Dienerinnen nur eine einzige starb.

Bei ihrer Landung erfuhren sie, daß König Arghun vor einiger Zeit gestorben sei und daß an Stelle seines Sohnes, der noch sehr jung war, Arghuns Bruder Kaikhatu die Regentschaft übernommen hatte. An diesen wandten sie sich mit der Frage, was mit der Prinzessin geschehen solle, die auf Wunsch des verstorbenen Königs hierher gebracht worden war. Kaikhatu gab ihnen zur Antwort, sie sollten Prinzessin Köketschin dem Sohn Arghuns, Casan mit Namen, übersenden. Casan befand sich damals in Khorasan an der Grenze Persiens, in einer Gegend, die ihren Namen von dem Arbor secco, dem dürren Baum, hatte, wo eine Armee von 60 000 Mann versammelt war, um die Pässe der Kaspischen Straßen vor dem Einfall des Feindes zu schützen. Von dieser Gegend wird später noch die Rede sein. Als die drei Polos Prinzessin Köketschin dorthin geleitet hatten, kehrten sie in die Residenz Kaikhatus zurück, weil der Weg, den sie nun einschlagen mußten, in dieser Richtung lag. Hier ruhten sie neun Monate lang aus. Als sie Abschied nahmen, gab ihnen der Regent Kaikhatu vier goldene Tafeln, von denen jede anderthalb Ellen lang, fünf Zoll breit war und drei bis vier Mark in Gold wog. Auf den Tafeln befand sich eine Inschrift, die den Segen des ewigen Gottes auf den Großkhan herabflehte; sein Name sollte allzeit gerühmt und gepriesen werden, und jeder, der darin ungehorsam befunden würde, sollte sterben und sein Besitz eingezogen werden. Ferner stand dort geschrieben, daß die drei Gesandten als seine Stellvertreter im

ganzen Land mit schuldiger Ehre aufgenommen, ihnen alle
Bedürfnisse erfüllt und ihnen die nötigen Männer zum Geleit
gegeben werden sollten. All dies geschah. An manchen Orten
wurden die drei Venezianer von einer zweihundert Mann
starken Wache begleitet. Ohne diese wären sie oft nicht weitergekommen, da die Regierung Kaikhatus nicht beliebt und
das Volk geneigt war, Schimpf und Gewalttätigkeiten zu begehen, was sie unter der Herrschaft ihres eigenen Herrn nicht
gewagt hätten. Im Verlauf der Reise erfuhren die drei Polos,
daß Großkhan Kublai verstorben sei. Dadurch war ihnen jede Gelegenheit genommen, diese Gegenden später noch einmal wiederzusehen. Endlich erreichten sie die Stadt Trapezunt, von wo aus sie nach Konstantinopel reisten, von dort
weiter nach Negropont und schließlich nach Venedig, wo sie
im Jahr 1295 frisch und gesund und mit großen Reichtümern
eintrafen. Bei dieser Gelegenheit brachten sie Gott, der sie
aus so vielen Mühen und unzähligen Gefahren befreit und
zum Ziel geführt hatte, ihren Dank dar.

Die vorstehende Erzählung mag als einleitendes Kapitel
betrachtet werden, dessen Zweck es ist, dem Leser zu zeigen,
wie Marco Polo Gelegenheit hatte, die Gegenden, die er beschreibt, kennenzulernen, während er sich so viele Jahre in
den östlichen Teilen der Welt aufhielt.

*Die Reise der beiden älteren Polos (zwischen 1260 und 1269)
führte zunächst ins Reich der Goldenen Horde (mongolisch
Kiptschak), deren Fürst Barka ein Enkel Dschingis-Khans
war. Die Brüder Polo reisten über Sudak (Soldadia) auf der
Krim bis Buchara in der heutigen Usbekischen Sowjetrepublik. Den Krieg, von dem die Rede ist, führte Barka gegen
Hülegü (Alau), den Herrscher im Reich der Il-chane, südlich von Barkas Gebiet.*

*Die kurze und vorläufige Zusammenfassung der zweiten
Reise, an der auch Marco Polo teilnahm und die 1271 be-*

gann, nennt den Hafen Giazza am Golf von Iskenderun in der heutigen Türkei, Akka (Acre) bei Haifa in Israel und Negropont (die Insel Euböa).

Anlaß zur Rückreise wird Prinzessin Köketschin (Kogatin), die als Braut zu Arghun (Argon) nach Persien gebracht werden sollte.

Der bereits genannte mittelhochdeutsche Text gibt den letzten Teil der Rückreise noch etwas genauer an. Dort heißt es: »Von Nigropont (Euböa) fuhren sie gen Candia (Kreta), gen Modena, darnach gen Venedig.«

Die Einleitung nennt den »Tigris, einen der vier Flüsse des Paradieses«. Ganz offensichtlich handelt es sich um die Wolga, deren nach Süden führender Teil dieser Richtung wegen von den mittelalterlichen Geographen nicht selten Tigris genannt wurde.

Die »sieben Wissenschaften« sind die sieben freien Künste, zu denen seit dem späten Altertum Grammatik, Rhetorik, Dialektik, Arithmetik, Geometrie, Musik und Astronomie gezählt wurden.

2

Vor der Beschreibung der Länder, die Marco Polo in Asien besuchte, und der merkwürdigen Dinge, die er dort sah, muß erwähnt werden, daß wir zwei Armenien unterscheiden, Groß- und Kleinarmenien.

Der König Kleinarmeniens wohnt in einer Stadt namens Sis und regiert sein Land gerecht und weise. Das Land hat viele Städte, Festungen und Schlösser, und es fehlt nichts, was dem Menschen zur Nahrung und Bequemlichkeit nötig ist. Wildbret an Vögeln und vierfüßigen Tieren ist genug da. Es muß jedoch vermerkt werden, daß die Luft des Landes nicht besonders gesund ist. In früheren Zeiten wurden die Bewoh-

ner als tapfere und geschickte Kriegsleute geachtet, aber gegenwärtig sind sie weibisch und verweichlicht und lieben Essen und Trinken, Müßiggang und Üppigkeit. An der Küste, in der Bucht von Alexandrette liegt die Stadt Ajas, ein bedeutender Handelsplatz. Der Hafen wird von Kaufleuten aus vielen Ländern besucht, auch aus Venedig und Genua, die Gewürze und Spezereien, Seiden- und Wollwaren samt anderen kostbaren Dingen einhandeln. Und wer ins Innere der

Levante ziehen will, geht gewöhnlich im Hafen Ajas an Land
Die Grenzen des Königreichs sind im Süden das Land der
Verheißung, das jetzt die Sarazenen innehaben, nach Mitternacht Karamanien, das die Turkmenen bewohnen. Nach
Nordosten zu liegen die Städte Kaisariah, Sevasta und viele
andere, die den Tataren unterworfen sind, und im Westen
wird es von dem Meer bespült, auf dem man zu den Ländern
der Christen gelangt.

3

Die Einwohner Turkmeniens sind in drei Klassen einzuteilen. Die Turkmenen, die Mohammed verehren und seinen
Gesetzen folgen, sind ein rohes Volk und aller Bildung bar.
Sie wohnen in den Bergen an schwer zugänglichen Orten, wo
sie gute Weide für ihr Vieh finden, von dem allein sie leben.
Es gibt hier eine ganz vortreffliche Zucht von Pferden, die
Turki genannt, und schöne Maulesel, die zu hohen Preisen
verkauft werden. Die anderen Klassen sind Griechen und
Armenier, die in Städten und an festen Plätzen wohnen und
von Handel und Gewerbe leben. Die besten und schönsten
Teppiche werden hier geknüpft, auch Seidenstoffe in Karmesin und anderen herrlichen Farben gewebt. Zu den bedeutendsten Städten gehören Kogni, Kaisariah und Sevasta, die
alten Städte Iconium, Caesarea und Sebaste. In Sevasta errang der heilige Blasius die glorreiche Krone des Märtyrertums. Sie sind alle dem großen Khan unterworfen, dem Kaiser der östlichen Tataren, der ihre Statthalter ernennt.

*Die alten Städte Iconium, Caesarea und Sebaste heißen heute
Konya, Kayseri und Sivas und liegen wie die folgenden in
der Türkei.*

4

Großarmenien ist eine ausgedehnte Provinz, an deren Eingang die Stadt Erzincan liegt, wo sich eine Manufaktur für feines Baumwolltuch befindet, das man Bombasin nennt, sowie eine Menge anderer bemerkenswerter Fabriken, die hier aufzuzählen zu weit führen würde. Hier gibt es die schönsten warmen Quellen und die heilsamsten Bäder, die überhaupt zu finden sind. Die Einwohner sind großenteils Armenier, stehen jedoch unter der Herrschaft der Tataren. In diesem Land gibt es viele Städte, doch Erzincan ist die bedeutendste und Sitz eines Erzbischofs. Nach ihr sind die wichtigsten Erzurum und Ercis. Im Sommer kommen die östlichen Tataren mit ihrem Vieh in das Land, der guten Weide wegen, die hier zu finden ist, aber beim Nahen des Winters ziehen sie fort nach Süden, weil hier der Schnee im Winter so hoch liegt, daß die Pferde keine Nahrung mehr finden.

In diesem Land liegt ein Schloß, das Bayburt heißt, an dem man vorüber muß, wenn man von Trapezunt nach Tauris reist, und dort befindet sich eine reiche Silbermine. Im mittleren Teil Armeniens gibt es einen großen, hohen Berg, Ararat mit Namen, auf dem, wie man sagt, die Arche Noah nach der Sintflut stehengeblieben ist. Diesen Berg kann man in zwei Tagen kaum umgehen. Hinaufsteigen kann man nicht wegen des Schnees, der oben liegt und nie schmilzt und nach jedem Schneefall noch zunimmt. In den Niederungen, nach der Ebene zu, wird der Boden durch das Schmelzwasser des Schnees fruchtbar gemacht, und das Pflanzenleben ist dort so üppig, daß alles Vieh, das man aus den benachbarten Gegenden hier zusammentreibt, das reichste Futter findet.

Im Südwesten wird Armenien von den Ländern Mosul und Maredin begrenzt, die nachher beschrieben werden sollen, und von vielen anderen, die zu zahlreich sind, als daß man ausführlich darüber reden könnte. Nach Mitternacht liegt Georgien; dort findet man an der Grenze einen großen Brunnen mit Öl, so daß man viele Kamele damit beladen kann. Nicht zur Speise braucht man dieses Öl, sondern als Salbe zur Heilung von Hautkrankheiten bei Mensch und Vieh sowie für andere Übel; auch kann man es gut zum Brennen benutzen. In der benachbarten Gegend gebraucht man kein anderes. Von weither kommen die Leute, um es sich für ihre Lampen zu holen.

Die hier zunächst genannten drei Städte sind Erzincan (Arzingan), Erzurum (Argiron) und Ercis (Darziz) am Van-See. Trebisond, das so häufig genannte Trapezunt, ist das heutige Trabzon an der türkischen Schwarzmeerküste. Der Berg, auf dem die Arche liegengeblieben sein soll, ist der über 5000 Meter hohe Ararat.

5

In Zorzania nennen sie den König »David Melik«; das bedeutet in unserer Sprache: David der König. Einen Teil des Landes haben die Tataren unterworfen; der andere Teil ist, dank der Stärke seiner Festungen, im Besitz seiner eingeborenen Fürsten geblieben. Es liegt zwischen zwei Meeren, von denen das eine nach der Nordwestseite hin das »große Meer«, das andere nach Osten zu aber »Abaku« heißt. Dieses hat einen Umfang von 2800 Meilen und die Beschaffenheit eines Sees, denn es steht mit keinem anderen Meer in Verbindung. Es hat verschiedene Inseln mit schönen Städten und Schlössern. Einige von ihnen werden von einem Volk bewohnt, das vor dem großen Tataren-Khan, als dieser das Königreich Persien verwüstete, floh und Schutz auf diesen Inseln oder in der Unzugänglichkeit des Gebirges suchte. Andere Inseln sind unbewohnt. Das Kaspische Meer hat an der Mündung der Ströme, die es nähren, großen Fischreichtum, besonders an Stören und Lachsen.

Man hat mir gesagt, daß in alten Zeiten die Könige des Landes mit dem Zeichen eines Adlers auf der rechten Schulter geboren wurden. Die Bewohner sind von kräftiger Statur, sie sind kühne Schiffer, ausgezeichnete Bogenschützen und tapfere Soldaten. Sie sind Christen, und zwar Anhänger der griechischen Kirche; ihr Haar tragen sie kurz nach Art der Geistlichen des Westens. Dies ist das Land, in welchem Alexander der Große nordwärts vordringen wollte, aber nicht weiterkommen konnte wegen der Enge und Schwierigkeit eines gewissen Passes, der auf der einen Seite vom Meere bespült und auf der anderen von hohen Bergen und Wäldern begrenzt wird, so daß wenige Leute genügen, ihn gegen die ganze Welt zu verteidigen. Als Alexander dem Großen der Versuch mißlungen war, ließ er eine große Mauer am Eingang des Passes errichten und befestigte sie mit Türmen, um die, welche jenseits wohnten, von Anschlägen abzuhalten. Wegen seiner außerordentlichen Festigkeit hat der Paß den Namen des Eisernen Tores erhalten, und es heißt allgemein, Alexander habe die Tataren zwischen zwei Bergen eingeschlossen. Es ist jedoch nicht richtig, dieses Volk Tataren zu nennen, denn das waren sie in jenen Tagen nicht, sondern Kumani, gemischt mit anderen Völkern.

Viele Städte und Schlösser gibt es in diesem Lande. Was zum Leben gehört, findet sich im Überfluß. Viel Seide wird dort hergestellt, ferner fertigt man seidene, golddurchwirkte Stoffe. Man findet hier auch Geier von außerordentlicher Größe, und zwar von einer Gattung, die man Avigi nennt. Die Einwohner verdienen im allgemeinen ihren Lebensunterhalt durch Handel und Handarbeit. Die gebirgige Beschaffenheit des Landes mit seinen engen und festen Paßwegen hat die Tataren daran gehindert, das Königreich vollständig zu erobern. Bei einem Mönchskloster, das dem heiligen Leonhard geweiht ist, sollen sich folgende wunderbare Dinge zutragen. In einem Salzwassersee, der einen Umfang von vier Tagereisen hat und an dessen Ufer die Kirche liegt, erscheinen die Fische nicht eher als am ersten Frühlingstage, und von dieser Zeit bis zum Osterabend werden sie in ungeheurer Menge gefunden; aber von Ostern an werden sie nicht mehr gesehen und auch nicht während der ganzen übrigen Zeit des Jahres. Dieser See heißt der See Gelukhalat. In den vorher erwähnten See Abaku, der von Bergen umschlossen ist, münden die großen Flüsse Herdil, Gihon, Kur und Aras und noch viele andere. Neuerdings haben genuesische Kaufleute angefangen, ihn zu befahren, und holen von dorther eine Seidenart, die Ghellie genannt wird.

Es gibt eine schöne Stadt in diesem Lande. Sie heißt Tiflis und ist von schönen Vorstädten und zahlreichen befestigten Plätzen umgeben. Sie wird von armenischen und georgischen Christen sowie auch von Mohammedanern und Juden bewohnt; doch ist die Zahl der letzteren nicht groß. In Tiflis werden Seiden- und viele andere Stoffe angefertigt. Die Einwohner sind dem großen Tataren-Khan untertan.

Nachdem wir jetzt von den Ländern gesprochen haben, die im Norden an Armenien grenzen, wollen wir nun die behandeln, die im Süden und im Osten liegen.

Das Königreich Georgien (Zorzania) mit der Hauptstadt Tiflis lag zwischen dem Schwarzen Meer (großen Meer) und dem Kaspischen Meer, von persischen Schriftstellern auch Meer von Baku (Abaku) genannt.

Der große »Tataren-Khan« ist Dschingis, der diese Gebiete 1221 eroberte.

Der See Gelukhalat könnte das Kaspische Meer sein, ebensogut jedoch auch der Van-See in der heutigen Türkei, wenn auch die Ortsangaben dafür nicht recht zu stimmen scheinen.

Herdil ist eine Veränderung des Namens Etel, wie Araber

und Türken die Wolga zu nennen pflegten. Die Flüsse Kur – heute Kura – und Aras – heute Arax – münden südlich von Baku ins Kaspische Meer.

Der Gihon (oder Oxus) ist der heute in den Aral-See mündende Amu-Darja. Da Marco Polo von Tauris nach Trapezunt gereist ist, wird er Tiflis kaum gesehen haben.

6

Mosul ist ein Land, das von verschiedenen Völkern bewohnt wird. Die einen verehren Mohammed und werden Araber genannt. Die anderen bekennen sich zum christlichen Glauben, aber nach anderen Gesetzen als denen der römischen Kirche, von der sie in vielen Dingen abweichen. Sie heißen Nestorianer, Jakobiten und Armenier. Sie haben einen Patriarchen, den sie Jakobit nennen; von diesem werden Erzbischöfe, Bischöfe und Äbte geweiht und nach allen Gegenden Indiens, nach Kairo, Bagdad und anderen Plätzen geschickt, die von Christen bewohnt werden – geradeso wie vom Papst der römischen Kirche. Alle die Stoffe aus Gold und Seide, die wir Musselin nennen, werden in Mosul hergestellt, und alle großen Kaufleute, die Mossulini heißen und Gewürze oder Spezereien von einem Land ins andere führen, kommen aus dieser Gegend. In den gebirgigen Teilen des Landes wohnt der Volksstamm der Kurden, von denen einige Christen der nestorianischen und Jakobiten-Sekte, andere dagegen Mohammedaner sind. Die Kurden sind gesetzlose Banditen, die sich damit beschäftigen, Kaufleute zu überfallen und zu berauben.

Neben dieser Landschaft liegen noch andere, und zwar Mus und Maredin. Dort wird Baumwolle in großer Menge erzeugt. Die Bewohner dieser Gegenden sind Fabrikanten und Kaufleute und alle dem Khan der Tataren untertan.

Baldach ist eine mächtige Stadt, in der früher der Kalif aller Sarazenen residierte. Auf dem großen Strom, der mitten durch die Stadt fließt, führen die Kaufleute ihre Güter zum Indischen Meer. Die Entfernung wird wegen der Windungen seines Laufes mit siebzehn Tagereisen angegeben. Diejenigen, welche die Reise unternehmen, kommen, bevor sie in See gehen, zu der Stadt Balsora, in deren Umgebung es Palmenhaine mit den besten Datteln der Welt gibt. In Baldach werden golddurchwirkte Seidenstoffe hergestellt, außerdem Damast und mit Tierfiguren verzierter Samt. Fast alle Perlen, die von Indien nach Europa gehen, werden hier gefaßt und

durchstochen. Man kann in Baldach das mohammedanische Gesetz sowie Magie, Physik, Astronomie und Physiognomie studieren. Es ist die ausgedehnteste und vornehmste Stadt, die in jenem Teil der Welt zu finden ist.

Mosul liegt im nördlichen Irak, Baldach – heute Bagdad – am Mittellauf des Tigris und Balsora – heute Basra – am Schatt-el-Arab, dem gemeinsamen Unterlauf von Euphrat und Tigris, nahe dem Persischen Golf.

8

Der oben erwähnte Kalif, der die größten Schätze zusammengetragen hatte, die je ein Fürst besessen, kam elendiglich um, und zwar auf folgende Weise: Zu der Zeit, als die Tataren-Fürsten ihre Herrschaft auszudehnen begannen, waren unter ihnen vier Brüder, von denen der älteste Mangu hieß und am Königssitz der Familie regierte. Nachdem sie nun das Land Kataia und andere Gebiete in jener Gegend unterworfen hatten, gelüstete es sie nach weiteren Eroberungen. Sie faßten den Gedanken, ein großes, allgemeines Reich zu gründen, und nahmen sich vor, die Welt untereinander zu teilen. Deshalb vereinbarten sie, einer von ihnen solle nach Osten vorrücken, ein anderer nach Süden, und die beiden letzten sollten ihre Eroberungen auf die übrigen Länder ausdehnen. Der südliche Teil fiel Ulau zu, der ein gewaltiges Heer sammelte und, nachdem er die Länder an seinem Wege unterworfen hatte, im Jahre 1250 zum Angriff auf Baldach vorrückte. Da er jedoch von der großen Stärke der Stadt und von der riesigen Zahl ihrer Einwohner gehört hatte, wollte er lieber List als Gewalt anwenden. Um den Feind über die wahre Stärke seiner Truppen – es waren 100 000 Reiter und dazu noch Fußsoldaten – zu täuschen, stellte er eine Abteilung seiner Armee auf der einen und eine zweite Abteilung auf der anderen Seite vor der Stadt auf, aber so, daß beide durch einen Wald verborgen waren. Er selbst trat an die Spitze der dritten Abteilung und rückte kühn vor, bis er nur noch eine kurze Strecke vom Tor entfernt war. Der Kalif unterschätzte die scheinbar so schwache Streitmacht, verließ sich auf die Wirksamkeit des gewöhnlichen Gebetsrufs Mohammeds und dachte an nichts Geringeres als an die gänzliche Vernichtung des Feindes. So rückte er mit seinen Wachen aus der Stadt. Sobald Ulau ihn kommen sah, trat er listig den Rückzug an, bis er den Kalifen in den Wald gelockt hatte, wo die beiden anderen Abteilungen seines Heeres warteten. Diese schlossen sich nun von zwei Seiten zusammen, die Armee des Kalifen wurde umzingelt und vernichtet, er selbst zum Gefangenen gemacht und die Stadt dem Eroberer übergeben.

Als Ulau in Baldach einzog, entdeckte er zu seinem großen Erstaunen einen ganz mit Gold gefüllten Turm. Er berief den Kalifen vor sich und warf ihm seinen Geiz vor, der ihn abgehalten hatte, seine Schätze zur Bildung einer Armee zu verwenden, die seine Hauptstadt gegen den schon lange drohenden Angriff der Feinde hätte verteidigen können. Anschließend gab er Befehl, den Kalifen in demselben Turm einzuschließen, wo dieser dann mitten unter seinen Reichtümern umkam.

Ich glaube, daß unser Herr Jesus Christus es für gut hielt, das Unrecht gegen seine treuen Christen, die von diesem Kalifen so grausam verfolgt worden waren, zu rächen. Von seiner Thronbesteigung im Jahre 1225 an beschäftigte dieser sich Tag und Nacht mit dem Gedanken, wie er die in seinem Reiche wohnenden Christen bekehren oder – falls sie sich weigerten – wie er einen Vorwand für ihre Hinrichtung finden könnte. Er beriet sich zu diesem Zweck mit seinen Gelehrten, und die fanden dann auch eine Stelle im Evangelium, welche lautet: »So ihr Glauben habt als ein Senfkorn, so mö-

get ihr sagen zu diesem Berge: Hebe dich von hinnen dorthin, so wird er sich heben und euch wird nichts unmöglich sein.«
Erfreut über diese Entdeckung und überzeugt davon, daß dies vollkommen ausgeschlossen sei, befahl der Kalif allen nestorianischen und jakobitischen Christen, von denen eine große Zahl in Baldach wohnte, sich zu versammeln. Diesen wurde nun die Frage vorgelegt, ob sie glaubten, daß alles, was in ihrem Evangelium stünde, auch wahr sei. Sie antworteten, daß alles wahr sei. »Nun denn«, sagte der Kalif, »wenn es wahr ist, laßt uns doch sehen, welcher von euch den Beweis seines Glaubens geben kann. Denn wenn sich nicht einer unter euch findet, dessen Glaube an seinen Herrn auch nur so groß ist wie ein Senfkörnlein, so werde ich im Recht sein, wenn ich euch von nun an als ein verderbtes, schlechtes und treuloses Volk betrachte. Ich gebe euch zehn Tage, vor deren Ablauf ihr entweder durch die Macht dessen, den ihr anbetet, den vor euch stehenden Berg entfernen oder das Gesetz unseres Propheten annehmen müßt; in beiden Fällen sollt ihr sicher sein. Wollt ihr das aber nicht, so bereitet euch nur darauf vor, den qualvollsten Tod zu erdulden.«

Da die Christen wußten, daß keine Gnade zu erwarten sein und daß der Kalif eifrig bemüht sein würde, sie zu vernichten, zitterten sie bei seinen Worten für ihr Leben; aber dessen ungeachtet vertrauten sie darauf, daß ihr Heiland sie aus der Gefahr erlösen werde. Sie hielten eine Versammlung ab und berieten, zu wem sie ihre Zuflucht nehmen sollten. Es gab keinen anderen Ausweg, als die Allmacht Gottes anzurufen und ihn anzuflehen, er möchte ihnen Rettung senden. Allesamt, groß und klein, warfen sich Tag und Nacht auf die Erde, vergossen Tränen und beteten beständig zu Gott. Als acht Tage vergangen waren, kam im Traume endlich eine göttliche Offenbarung über einen Bischof von tugendhaftem Leben, welche ihn anwies, einen gewissen einäugigen Schuhmacher aufzusuchen; diesen sollte er vor den Berg rufen, da er imstande sei, ihn durch Gottes Gnade zu versetzen. Als der Bischof den Schuhmacher gefunden und ihn mit der Offenbarung bekannt gemacht hatte, erwiderte dieser, er fühle sich nicht würdig; denn seine Verdienste seien nicht derart, daß sie ihn zu solcher Gnade berechtigten. Da er jedoch von den armen, geängstigten Christen gedrängt wurde, willigte er endlich ein. Man muß nun wissen, daß er ein Mann von festen Grundsätzen und gottesfürchtiger Rede war, der seinen Sinn rein und treu auf Gott gerichtet hatte, regelmäßig an der Feier der Messe teilnahm sowie eifrig in den Werken der Nächstenliebe und streng in der Beobachtung der Fasten war. Einstmals hatte es sich zugetragen, daß ein hübsches junges Weib zu ihm in den Laden kam und sich ein Paar Pantoffeln anmessen ließ; als sie ihm aber den Fuß reichte und dabei zufällig einen Teil ihres Beines entblößte, erregte dessen Schönheit in ihm eine augenblickliche Begierde, aber schnell faßte er sich, entließ sie sofort und gedachte der Worte des Evangeliums, die da heißen: »Ärgert dich dein Auge, so wirf es von dir. Es ist dir besser, daß du einäugig in das Reich Gottes gehest, denn daß du zwei Augen habest und werdest in das höllische Feuer geworfen.« So ergriff er eines seiner Schuhmacherwerkzeuge und stieß sich damit das rechte Auge aus. Damit hatte er bewiesen, daß die Echtheit seines Glaubens über allen Zweifel erhaben war.

Der festgesetzte Tag kam heran. Zu früher Stunde wurde der Gottesdienst abgehalten; dann bewegte sich eine feierliche Prozession, der das Heilige Kreuz vorangetragen wurde, zu der Ebene, in der sich der Berg befand. Der Kalif, der davon überzeugt war, daß sich alles als nichtige Zeremonie erweisen würde, wollte anwesend sein. Seine Wachen begleiteten ihn, um die Christen, wenn ihr Vorhaben fehlschlüge, zu vernichten. Dort nun kniete der fromme Handwerker vor dem Kreuz nieder und bat mit zum Himmel erhobenen Händen den Schöpfer, er möge gnädig auf die Erde niederblicken und dem Volke zum Ruhm und zur Verherrlichung seines Namens beistehen, damit die Aufgabe erfüllt würde, die sie lösen sollten, und seine Gewalt allen, die seinen Glauben schmähten, offenbar werde. Als er sein Gebet beendet hatte, rief er mit lauter Stimme: »Im Namen des Vaters, des Sohnes und des Heiligen Geistes befehle ich dir, Berg, hebe dich auf von diesem Platze!« Kaum hatte er diese Worte gesprochen, so bewegte sich der Berg, und die Erde zitterte gleichzeitig in einer wunderbaren und schrecklichen Weise. Der Kalif und alle, die um ihn waren, wurden von Schrecken ergriffen und blieben lange in einem Zustand des Grauens. Viele von ihnen wurden Christen, und sogar der Kalif selbst nahm insgeheim das Kreuz an.

Zum Andenken an die besondere Gnade, die Gott ihnen erwiesen hatte, begingen alle Christen, Nestorianer und Jakobiten von dieser Zeit an in feierlicher Weise den Tag, an welchem das Wunder stattgefunden hatte.

9

In der Provinz Irak gibt es viele Städte und befestigte Plätze; die Stadt Tauris ist am bedeutendsten und volkreichsten unter allen. Ihre Einwohner beschäftigen sich besonders mit Gewerbe und Handel und stellen verschiedene Arten von Seidenstoffen her, von denen einige mit Gold durchwirkt sind und hoch bezahlt werden. Die Stadt hat eine für den Handel vorteilhafte Lage, so daß Kaufleute aus Indien, von Baldach, Mosul, Cremessor und aus verschiedenen Teilen Europas hierher kommen, um zu kaufen und zu verkaufen. Auch kann man an diesem Ort Perlen und Edelsteine im Überfluß bekommen. Wer solchen Handel mit fremden Ländern treibt, gelangt zu großem Reichtum; die übrige Bevölkerung aber bleibt im allgemeinen arm. Sie besteht aus einer Mischung von verschiedenen Nationen und Sekten, Nestorianern, Armeniern, Jakobiten, Georgiern, Persern und Mohammedanern – die letzteren sind in der Überzahl – und den eigentlichen Taurisern. Jede Klasse der Bewohner hat ihre eigene Sprache. Die Stadt ist von köstlichen Gärten umgeben, welche die schönsten Früchte liefern. Die mohammedanischen Einwohner sind treulos und verräterisch. Nach ihrer Lehre ist jeder in vollem Recht, der dem Anhänger eines anderen Glaubens etwas stiehlt, diejenigen aber, welche durch einen Christen ein Unrecht erleiden, werden als Märtyrer angesehen. Wenn die Gewalt ihrer Herrscher sie daher nicht im Zaume hielte, würden sie viele Greuel begehen. Bevor die Sarazenen sterben, kommt ein Priester zu ihnen und fragt, ob sie glauben, daß Mohammed der wahre Prophet Gottes sei. Wenn sie antworten, daß sie dies glauben, wird ihnen die Seligkeit zugesprochen. Infolge der Leichtfertigkeit der Absolution, die jeglicher Schändlichkeit freien Raum gibt, ist es ihnen gelungen, einen großen Teil der Tataren zu ihrem Glauben zu bekehren; denn diese sehen ihn als Freibrief an, Verbrechen zu begehen.

Von Tauris nach Persien sind es zehn Tagereisen.

10

Nicht weit von Tauris liegt ein Kloster, das seinen Namen von dem heiligen Barsamo herleitet und wegen der dort herrschenden Frömmigkeit berühmt ist. Dort leben ein Abt und viele Mönche, die in ihrer Kleidung dem Orden der Karmeliter gleichen. Damit sie ihr Leben nicht in Müßiggang verbringen, beschäftigen sie sich mit dem Weben von Gürteln, die sie während der Gottesdienstfeier auf den Altar ihres Heiligen legen; wenn sie aber ihren Gang in die umliegenden Gebiete machen, um Almosen zu erbitten – wie es

auch die Brüder des Ordens vom Heiligen Geist machen –,
so schenken sie die Gürtel ihren Freunden und Leuten von
Rang. Man glaubt nämlich, diese Gürtel seien gut gegen
Gichtleiden, und aus diesem Grunde werden sie eifrig von
Leuten jeden Standes gesucht.

11

Persien ist ein großes Reich, das in vergangenen Zeiten sehr
berühmt und mächtig war, jetzt aber von den Tataren verwüstet worden ist.

In Persien liegt die Stadt Saba, von der aus die drei Magier
aufbrachen, als sie sich auf den Weg zu Jesu Christi Geburtsstätte machten; hier liegen sie auch nebeneinander begraben,
in drei großen und schönen Grabstätten. Über jedem Grabmal befindet sich ein viereckiges Gebäude, das sorgfältig
erhalten wird. Die Körper der drei Magier sind völlig unversehrt und haben noch Haar und Bart. Einer von ihnen hieß
Kaspar, der zweite Melchior und der dritte Balthasar. Marco
Polo bemühte sich sehr, bei den Einwohnern von Saba Erkundigungen über die drei Magier einzuziehen; doch er konnte
niemanden finden, der ihm etwas darüber zu berichten
wußte, außer daß es drei Könige seien, die man dort in alten
Zeiten begraben habe. Aber an einem Ort, der drei Tagereisen von Saba entfernt war, hörte er, was ich euch erzählen
will. Er fand dort ein Schloß, das hieß Cala Ataperistan. Das
bedeutet »Schloß der Feueranbeter«. Und diesen Namen besitzt es zu Recht; denn das Volk dort betet das Feuer an, und
ich werde euch berichten, weshalb:

Es heißt nämlich, daß in alten Zeiten drei Könige jenes
Reiches aufbrachen, um einen Propheten anzubeten, der damals geboren worden war, und daß sie drei verschiedene
Gaben mitbrachten, nämlich Gold, Weihrauch und Myrrhen,

um in Erfahrung zu bringen, ob jener Prophet ein Gott, ein irdischer König oder ein Mensch sei. Denn, so dachten sie, wenn er das Gold nimmt, so ist er ein König, nimmt er den Weihrauch, so ist er ein Gott, nimmt er aber die Myrrhen, so ist er ein Mensch.

Als sie an die Stelle kamen, wo das Kind geboren worden war, trat der jüngste der drei Könige zuerst ein. Und er fand das Kind gerade in dem Alter, in dem er selbst war. Da ging er sehr verwundert wieder hinaus. Darauf trat der nächstältere ein, und auch er fand, wie der erste, das Kind in seinem Alter. Endlich trat der älteste ein, und es ging ihm, wie es den beiden anderen ergangen war; er ging gedankenvoll hinaus. Als nun die drei wieder beisammen waren, erzählte ein jeder, was er gesehen und erlebt hatte, und sie gerieten darüber in große Verwunderung. Da beschlossen sie, alle drei zusammen einzutreten, und als sie ihren Vorsatz ausführten, fanden sie das Kind dreizehn Tage alt. Sie beteten es an und gaben ihm Gold, Weihrauch und Myrrhen; das Kind aber gab ihnen eine geschlossene Büchse. Dann reisten die Könige wieder ab, um in ihr Land zurückzukehren.

Saba – heute Saweh – findet man südwestlich von Teheran, der heutigen iranischen Hauptstadt.

Das 11. und 12. Kapitel fehlt bei Ramusio, vielleicht des legendären Inhalts wegen. In alten Handschriften sind die beiden Kapitel jedoch enthalten.

12

Als sie mehrere Tagereisen zurückgelegt hatten, sagten sie, sie wollten sehen, was das Kind ihnen gegeben hätte. Sie öffneten die Büchse und fanden einen Stein darin. Darüber gerieten sie in große Verwunderung und fragten sich, welche

Bewandtnis es damit wohl hätte. Die Bedeutung des Steines aber war folgende: Als sie ihre Geschenke dem Kinde darbrachten, dachten sie bei sich, daß es der wahre Gott, der wahre König und der wahre Mensch sein müsse, und sie erkannten, daß der Glaube, der in ihnen zu wurzeln begonnen hatte, so fest sein müsse wie ein harter Stein. Aus diesem Grunde erhielten sie von dem Kinde den Stein; denn es hatte ihre Gedanken genau erkannt. Da sie aber nicht wußten, daß der Stein eine solche Bedeutung besaß, schleuderten sie ihn in einen Brunnen; und sofort fiel vom Himmel ein Feuer in jenen Brunnen, in den der Stein geworfen worden war.

Als die drei Könige dieses Wunder sahen, erschraken sie heftig und bereuten es sehr, daß sie den Stein fortgeworfen hatten. Denn sie erkannten nun, daß er eine große und heilige Bedeutung hatte. So nahmen sie von diesem Feuer, brachten es in ihr Land und trugen es in eine reiche und schöne Kirche. Dort wurde es beständig unterhalten und als Gottheit verehrt, und alle Opfer, die man darbrachte, wurden mit diesem Feuer angezündet; wenn es aber einmal geschah, daß das Feuer erlosch, gingen die Priester in die Städte der Umgegend, wo Anhänger desselben Glaubens lebten, ließen sich von dem Feuer geben und brachten es in ihre Kirche. Das ist der Grund, weshalb die Leute dieses Landes das Feuer verehren. Und oft machen sie eine Reise von zehn Tagen, um sich dieses Feuer zu verschaffen.

So erzählten es die Bewohner des Schlosses dem Marco Polo, und sie versicherten ihm, daß ihr Bericht auf Wahrheit beruhe, daß einer der drei Könige aus einer Stadt gekommen sei, die den Namen Saba führte, der zweite aus Ava und der dritte aus jenem Schlosse, wo sie das Feuer zusammen mit dem Volke der ganzen Umgebung verehren.

Nachdem ich diese Erzählung mitgeteilt habe, will ich jetzt von den Ländern Persiens und ihren Sitten berichten.

Persien ist ein überaus großes und weites Land, in dem es viele Königreiche gibt: Das erste, in das man gleich beim Eintritt in das Land gelangt, heißt Kasibin. Das zweite, das in südwestlicher Richtung liegt, heißt Kurdistan. Das dritte heißt Lor. Das vierte, in nördlicher Richtung gelegene, heißt Suolistan, das fünfte Spaan, das sechste Siras, das siebente Soncara, und das achte, das an der äußersten Grenze Persiens liegt, heißt Timocain. Das Land zeichnet sich durch seine außerordentlich schönen Pferde aus, von denen viele nach Indien gebracht und dort zu hohen Preisen verkauft werden. Auch die größten und schönsten Esel der Welt findet man hier; sie werden oft zu noch höheren Preisen als die Pferde gehandelt, weil sie leichter zu füttern sind, schwerere Lasten tragen und an einem Tage weiter kommen als Pferde und Maulesel, die nicht annähernd so widerstandsfähig sind. Deshalb suchen auch Kaufleute, die lange Reisen machen und weite Wüsten passieren müssen, wo kaum eine Pflanze zu finden ist und man wegen der Entfernung der Brunnen große Tagereisen machen muß, mit besonderem Eifer sich Esel zu verschaffen, die leichter vom Fleck kommen und viel weniger Futter brauchen. Auch der Kamele bedient man sich hier, denn diese Tiere tragen ebenfalls große Lasten und sind billig zu unterhalten; allerdings sind sie nicht so schnell wie Esel.

Die Kaufleute dieser Länder führen die Pferde nach Ormus und anderen Plätzen an der Küste des Indischen Meeres, wo sie von denen gekauft werden, die sie nach Indien bringen. Dort aber leben sie, da sie in einem gemäßigten Klima geboren sind, wegen der großen Hitze nicht lange. In einigen dieser Gegenden sind die Bewohner wild und blutrünstig und machen sich ein Gewerbe daraus, einander gegenseitig umzubringen. Sie würden auch den Kaufleuten und Reisenden viel Böses antun, wenn sie nicht ihre östlichen Herren fürchteten, die solche Verbrechen streng bestrafen. Auch hat man die Anordnung getroffen, daß auf allen gefährlichen Straßen die Einwohner den Kaufleuten auf Verlangen kräftige und zuverlässige Männer als sicheres Geleit zwischen den Distrikten stellen.

In den Städten sind Kaufleute und zahlreiche Handwerker, die viele aus Gold und Seide gewirkte Stoffe herstellen, anzutreffen. In dieser Gegend gibt es Baumwolle im Überfluß, ferner wachsen Weizen, Gerste, Hirse und verschiedene andere Getreidearten, auch Wein und Früchte verschiedener Sorten. Wenn jemand nun meint, daß die Sarazenen ja keinen Wein trinken dürfen, so kann man dem entgegenhalten, daß sie ihr Gewissen in diesem Punkte dadurch beruhigen, daß sie den Wein über dem Feuer kochen, wodurch er teilweise verdunstet und teilweise süß wird, weshalb sie ihn dann trinken können, ohne gegen das Gebot zu verstoßen. Indem sie seinen Geschmack abwandeln, brauchen sie ihn nicht mehr als Wein zu bezeichnen, obgleich er es in Wirklichkeit nach wie vor ist.

Kasibin – heute Kaswin – liegt nordwestlich von Teheran an der bedeutenden Straße nach Rescht am Kaspischen Meer, die gebirgige Landschaft Lor – heute Luristan – südwestlich von Spaan – heute Isfahan –, und Siras ist Schiras. Soncara – heute Schabankara – findet man südöstlich von Schiras und Timocain oder Tunocain in der heutigen Provinz Chusistan.

14

Yasdi ist eine bedeutende Stadt an der persischen Grenze mit großem Handelsverkehr. Es wird ein bestimmter Seidenstoff – bekannt unter dem Namen Yasdi – dort hergestellt und von den Kaufleuten in alle Länder der Welt gebracht. Die Einwohner sind mohammedanischen Glaubens. Wer die Stadt verläßt, braucht acht Tage zur Durchquerung einer Ebene, in der sich nur drei Plätze finden, wo man unterkommen kann. Der Weg führt durch weite Dattelbaumwälder, in denen es Wild und Geflügel im Überfluß gibt. Reisende, denen es Vergnügen bereitet, können sich hier nach Herzenslust dem Weidwerk ergeben. Auch wilde Esel gibt es dort. Nach acht Tagereisen gelangt man dann in das Königreich Kierman.

Yasdi – heute Jesd – liegt etwa in der Mitte des heutigen Iran.

15

Kierman ist ein Königreich an der östlichen Grenze Persiens und wurde früher von eigenen, erblichen Königen regiert. Seitdem aber die Tataren das Land ihrer Herrschaft unterworfen haben, setzen sie Statthalter ihrer eigenen Wahl ein. In den Bergen des Landes findet man die köstlichen Edelsteine, die wir unter dem Namen Türkis kennen. Auch gibt es umfangreiche Eisenvorkommen hier. Die Bevölkerung des Landes stellt Kriegsgeräte in großer Vollkommenheit her, wie Sättel, Zaumzeug, Sporen, Schwerter, Bögen, Köcher und alle Arten von Waffen, deren man sich hier bedient. Frauen und Mädchen verfertigen Stickereien aus Seide und Gold in verschiedenen Farben und Mustern. Es sind dies geschmackvolle Arbeiten, die vornehmen Leuten als Vorhänge, Decken und Kissen dienen.

In den Bergen trifft man die edelsten Falken, die irgendwo ihre Schwingen erheben. Sie sind kleiner als die Wanderfalken, an der Brust, am Schwanz und am Leib rot und flie-

gen so schnell, daß kein anderer Vogel ihnen entkommen kann.

Wenn man Kierman verläßt, wandert man acht Tage lang auf angenehmen Wegen durch eine Ebene, in der sich Rebhühner und anderes Wild im Überfluß findet. Auch stößt man auf viele Städte, Schlösser und verstreute Wohnungen, bis man endlich an einen ausgedehnten Berghang gelangt, der zwei Tagereisen weit abwärts führt. Dort gibt es viele Obstbäume, aber die Gegend, die früher dicht bevölkert war, ist jetzt ganz verlassen, und man begegnet nur noch Hirten, deren Vieh hier weidet. In dem Teil des Landes, den man durchzieht, bevor man an die Bergneigung kommt, herrscht große Kälte, gegen die man sich nur mit vielen Kleidern und Pelzen schützen kann.

Kierman – heute Kirman – liegt südsüdöstlich von Yasdi.

16

Wenn man den soeben erwähnten Abhang verlassen hat, gelangt man in eine Ebene, die sich in südlicher Richtung fünf Tagereisen weit ausbreitet. Gleich zu Beginn derselben stößt man auf die Stadt Kamandu, die einstmals überragende Bedeutung besaß, diese inzwischen aber verloren hat, da sie wiederholt von den Tataren zerstört worden ist. Die benachbarte Landschaft heißt Reobarle. Hier herrscht ein sehr warmes Klima, in dem Weizen, Reis und andere Getreidearten gut gedeihen. In dem Teil, der den Hügeln am nächsten liegt, wachsen Granatäpfel, Quitten und verschiedene andere Früchte, unter denen besonders eine Sorte von Adamsäpfeln hervorzuheben ist, die man in unseren Breiten nicht kennt. Auch Turteltauben finden sich hier in großen Mengen, zumal die Mohammedaner sie als Nahrung verschmähen. Ebenso gibt es viele Fasanen und Birkhühner; die letzteren unterscheiden sich von denen anderer Länder durch ihre rot-weiße Färbung, auch haben sie rote Schnäbel und rote Füße. Einige Viehrassen sind von ungewöhnlicher Beschaffenheit, besonders eine Art großer, weißer Ochsen mit glattem Fell und kurzen, dicken, stumpfen Hörnern. Zwischen den Schultern haben sie eine höckerige Erhebung oder einen Buckel. Es sind schöne Tiere, die wegen ihrer Stärke große Lasten tragen können. Dabei knien sie nieder wie die Kamele. Auch Schafe findet man dort, so groß wie Esel; sie haben lange, dicke Schwänze, die dreißig Pfund und mehr wiegen, fett sind und köstlich schmecken.

In diesem Land gibt es viele Städte, die von hohen und dicken Erdmauern umgeben sind; damit schützen sich die Bewohner gegen die Einfälle der Karaunas, die das Land durchstreifen und alles rauben, was sie erreichen können. Damit der Leser sich von diesem Volk ein Bild machen kann, muß ich von dem Fürsten Nugodar erzählen, dem Neffen Zagatais, der in Turkestan regierte. Dieser Nugodar lebte am Hofe Zagatais; er war überaus ehrgeizig und wollte sich selbst zum Herrscher machen. Er hörte von dem Land Malabar in Indien, das zu dieser Zeit von dem König Asidin beherrscht wurde und noch nicht von den Tataren unterworfen worden war. Da stellte er heimlich ein Heer von 10 000 Mann aus den verworfensten und heruntergekommensten Leuten, die er finden konnte, auf und trennte sich von seinem Onkel, ohne diesem von seinen Absichten etwas mitzuteilen. Er rückte durch Balaschan in das Königreich Kesmur ein, wo er wegen der schwierigen Wege viel Leute und Vieh verlor, und fiel dann in das Land Malabar ein. Er nahm dem völlig überraschten Asidin die Stadt Dely und noch viele andere Städte ab und richtete sich dort als Herrscher ein. Die Tataren, die er dorthin geführt hatte, vermischten sich mit den dunkelhäutigen indischen Frauen und zeugten eine Rasse, welcher der Name Karaunas gegeben wurde, was in der Sprache des Landes dort Mischvolk bedeutet. Seitdem betreibt dieses Volk seine Räubereien, nicht allein in Reobarle, sondern auch in jedem anderen Land, das seinem Zugriff erreichbar ist. Die Karaunas eigneten sich in Indien magische und teuflische Künste an; zum Beispiel vermögen sie eine Finsternis hervorzubringen, die das Tageslicht so sehr verdrängt, daß die Leute sich gegenseitig nicht mehr sehen können, auch wenn sie ganz nahe beieinander stehen. Sobald sie ihre räuberischen Züge unternehmen, bedienen sie sich dieser Kunst und können sich so unbemerkt nähern.

Reobarle ist besonders häufig das Opfer ihrer Untaten. Denn die Kaufleute, die sich in Ormus versammeln, um auf die von Indien her kommenden zu warten, schicken im Winter ihre von der langen Reise mitgenommenen Pferde und Maulesel in die Ebene, wo sie Futter im Überfluß finden und fett werden. Sobald die Karaunas davon erfahren, benutzen sie die Gelegenheit und machen auf einem großen Raubzug die Hirten, die das Vieh begleiten, zu ihren Sklaven, wenn diese kein Lösegeld zahlen können. Marco Polo selbst wurde in eine solche magische Finsternis gehüllt, entkam aber in das Schloß Konsalmi. Einige seiner Gefährten jedoch wurden gefangen und verkauft, andere erlagen den Schwertern der Feinde.

Die Stadt Kamandu ist noch nicht identifiziert worden. Die Landschaft Reobarle könnte Rudbar im Südwesten von Afghanistan sein. Die Ortsnamen Malabar und Dely sind wahrscheinlich unrichtig. Hormus (Ormus) war im Altertum und Mittelalter eine wichtige Hafenstadt am Ausgang des Persischen Golfs. Es verlor seine Bedeutung, als Indien von Europa aus auf dem Seeweg um das Kap der Guten Hoffnung erreicht werden konnte.

Am Ende der erwähnten Ebene, die sich fünf Tagereisen in südlicher Richtung ausdehnt, befindet sich ein Abhang von etwa zwanzig Meilen, der wegen der zahlreichen Räuber, die dort ihr Unwesen treiben und die Reisenden ständig ausplündern, sehr gefährlich ist. Dieser Abhang läuft in eine weitere Ebene von außerordentlicher Schönheit aus, die sich zwei Tagereisen lang hinzieht und die Ebene von Ormus genannt wird. Hier überschreitet man eine Menge hübscher Flüsse und Bäche. Man sieht auch ein Land voller Dattelpalmen, unter denen Birkhühner, Papageien und viele andere Vögel leben, die in unseren Breiten unbekannt sind. Schließlich erreicht man den Ozean. Dort erhebt sich auf einer nahe der Küste gelegenen Insel die Stadt Ormus. Der Hafen dieser Stadt wird von Kaufleuten aus allen Gegenden Indiens besucht, die Gewürze und Spezereien, köstliche Steine, Perlen, Gold- und Seidengewebe, Elefantenzähne und eine Menge anderer Waren mitbringen. Ormus ist ein mächtiger Handelsplatz mit vielen von ihm abhängigen Städten und Schlössern; es gilt als der Hauptort des Königreiches Kierman. Augenblicklich herrscht dort Rudmedin Achomak mit unumschränkter Gewalt, doch erkennt er zur gleichen Zeit den König von Kierman als seinen Oberherrn an. Wenn ein fremder Kaufmann in seinem Reich stirbt, nimmt er dessen ganzes Gut an sich und verleibt es seinem Schatze ein.

Im Sommer bleiben die Einwohner von Ormus wegen der großen Hitze und des ungesunden Klimas nicht in der Stadt, sondern ziehen sich in ihre Gärten längs der Küste oder auf Inseln in den Flüssen zurück, wo sie sich aus einer Art Weidengeflecht Hütten über dem Wasser bauen. Diese umgeben sie mit Pfählen, die auf der einen Seite ins Wasser und auf der anderen Seite ins Uferland getrieben werden. Ihre Hütten decken sie, um sich vor der Sonne zu schützen, mit Blättern.

Hier verbringen sie die heiße Jahreszeit, wenn Tag für Tag von neun Uhr morgens bis zum Abend ein Landwind so drückend weht, daß die Leute, die sich ihm aussetzen, ersticken müssen, weil sie keine Luft mehr bekommen. Niemand kann den bösen Wirkungen des Windes entfliehen, wenn er von ihm in der sandigen Ebene überfallen wird. Sobald die Einwohner merken, daß der Wind naht, tauchen sie bis an das Kinn ins Wasser und bleiben in dieser Lage, bis er wieder aufhört.

Als Beweis für die in diesem Lande herrschende außergewöhnliche Hitze erzählt Marco Polo folgende Begebenheit, die sich ereignete, als er sich zufällig in dieser Gegend befand: Da der Herrscher von Ormus versäumt hatte, dem König von Kierman seinen Tribut zu zahlen, wollte jener diesen selbst eintreiben, und zwar in der Zeit, als die vornehmsten Einwohner der Stadt auf dem Festland wohnten. Er sandte deshalb 1600 Reiter und 5000 Mann Fußvolk aus, um sie überraschend zu überfallen. Weil die Streitmacht des Königs von Kierman jedoch von ihren Führern falsch geführt wurde, kam sie nicht vor Anbruch der Nacht an ihrem Ziel an und machte halt, um sich in einem Hain in der Nähe von Ormus auszuruhen. Als die Soldaten aber am nächsten Morgen ihren Marsch fortsetzen wollten, wurden sie von dem heißen Wind überfallen, und sie erstickten alle. Nicht einer entkam, um seinem Herrn die Unglücksbotschaft zu überbringen. Als die Leute von Ormus davon erfuhren und die Leichname begraben wollten, damit sie nicht die Luft verpesteten, waren die Körper infolge der furchtbaren Hitze so zerstört, daß die Glieder, wenn man sie aufnahm, sich vom Rumpf lösten. Deshalb mußte man die Gräber unmittelbar neben der Stelle graben, wo die Toten lagen.

18

Die Fahrzeuge, die man in Ormus baut, sind primitiv, und es ist gefährlich, sich ihnen anzuvertrauen. Denn bei ihrem Bau dürfen keine Nägel verwendet werden, weil das Holz zu hart ist und so leicht wie irdene Ware zerspringt. Wenn man versucht, einen Nagel in das Holz zu schlagen, treibt es diesen zurück, und nicht selten zerbricht der Nagel dabei. Die Plan-

ken werden so vorsichtig wie nur irgend möglich mit einem eisernen Bohrer an ihren Enden angebohrt, dann werden hölzerne Nägel und Pflöcke hineingetrieben. Hierauf werden sie mit einer Art Kabelgarn, das man aus der Schale der indischen Nüsse gewinnt, zusammengebunden oder vielmehr genäht: Die Nüsse sind sehr groß und mit Fasern bedeckt, die an Roßhaare erinnern. Sie werden ins Wasser gelegt, bis die zarteren Teile faulen und die Stränge frei werden, und aus ihnen macht man die Fäden, mit denen die Planken zusammengenäht werden. Zum Abdichten der Schiffsböden verwendet man kein Pech, sondern schmiert sie mit einem aus Fischtran bereiteten Öl ein. Das Fahrzeug hat nur einen Mast, ein Steuer und ein Deck. Wenn es seine Ladung übernommen hat, wird es mit Häuten bedeckt, und auf diese Häute werden die Pferde gestellt, die nach Indien geliefert werden sollen. Auch gibt es keine eisernen Anker für diese Boote, sondern es wird eine Art von Mooring verwendet. Die Folge davon ist, daß sie bei schlechtem Wetter – das Meer dort ist sehr stürmisch – häufig an die Küste getrieben werden oder untergehen.

Die Einwohner von Ormus haben eine dunkle Hautfarbe und sind Mohammedaner. Sie säen ihren Weizen, Reis und andere Körner im November und ernten im März. Auch die Früchte werden in diesem Monat geerntet, mit Ausnahme der Datteln, die im Mai abgenommen werden. Aus den Datteln macht man einen guten Wein. Wer diesen jedoch genießt, ohne an ihn gewöhnt zu sein, bekommt zuerst einmal den Durchfall. Sobald man sich aber von diesem erholt hat, erweist der Wein sich als gut bekömmlich und wohl auch nahrhaft. Die Nahrung der Eingeborenen unterscheidet sich von der unsrigen; denn wenn diese Weizenbrot und Fleisch äßen, würde ihre Gesundheit darunter leiden. So leben sie hauptsächlich von Datteln und gesalzenen Fischen, von denen sie festgestellt haben, daß sie ihnen gut bekommen. Mit Ausnahme versumpfter Landstriche ist der Boden dieses Gebietes der gewaltigen, alles versengenden Hitze wegen nicht mit Gras bedeckt.

Wenn ein Mann von Ansehen stirbt, beweinen ihn die Frauen einmal im Laufe jedes Tages laut, und zwar vier Wochen lang; auch gibt es Leute hier, die aus solchem Wehklagen ein Gewerbe machen und dafür bezahlt werden, wenn sie über den Leichnamen von Verwandten weinen und schreien.

19

Nachdem ich von Ormus geredet habe, möchte ich vorerst noch nicht über Indien berichten, das ich zum Gegenstand eines besonderen Buches machen werde. Statt dessen werde ich jetzt in nördlicher Richtung nach Kierman zurückkehren. Wenn man also Ormus verläßt und einen anderen Weg in jenes Gebiet einschlägt, kommt man in eine schöne Ebene, die alle Arten von Früchten im Überfluß hervorbringt. Das Brot aber, das aus dem in diesem Land wachsenden Weizen bereitet wird, kann von niemandem gegessen werden, der nicht daran gewöhnt ist. Denn es hat einen bitteren Geschmack, und dieser kommt von dem dortigen Wasser, das bitter und salzhaltig ist. Überall gibt es warme, heilsame Quellen, die zur Heilung von Hautkrankheiten und anderen Beschwerden angewendet werden.

20

Wenn man Kierman verläßt und drei Tage unterwegs war, kommt man in eine Wüste, die sich sieben Tagereisen weit erstreckt. Hat man diese hinter sich, so gelangt man nach Ko-

binam. Während der ersten drei Tage in der Wüste findet
man nur wenig Wasser, und dieses ist so salzig, grün wie Gras
und von so ekelhaftem Geschmack, daß man es nicht trinken
kann. Wer durch diese Wüsten reisen will, muß deshalb einen
Wasservorrat mit sich nehmen. Das Vieh aber, das unter
Durst leidet, trinkt das schlechte Wasser und bekommt darauf sofort Durchfall. In den drei ersten Tagen sieht man keinerlei Anzeichen einer Besiedelung. Alles ist dürr und öde.
Vieh ist nicht zu finden, weil es keine Futterplätze gibt. Dann
endlich kommt man an einen Fluß mit frischem Wasser, dessen Lauf aber meistens unterirdisch ist. An einigen Stellen
jedoch hat die Gewalt des Stromes sich Öffnungen gegraben,
und dort gibt es Wasser, so viel man will. Hier kann der
ermüdete Reisende anhalten, um sich und sein Vieh von der
Mühsal der vorhergehenden Tage zu erholen. Die drei folgenden Tage gleichen wieder den drei ersten, dann endlich
kommt man in die Stadt Kobinam.

*Kobinam dürfte der Ort Kuhbanan etwa auf der Hälfte des
Weges zwischen Jesd und Kirman sein.*

21

Kobinam ist eine große Stadt, deren Einwohner Mohammedaner sind. Sie fertigen sehr große und sehr schöne Spiegel
aus herrlich poliertem Stahl an. In dem Land gibt es große
Antimonium- oder Zinkvorkommen, und man stellt Tutie,
ein ausgezeichnetes Heilmittel für die Augen, auf folgende
Weise her: In einem Bergwerk gibt es eine bestimmte Erde;
diese wird in einem glühenden Ofen, auf dem ein eiserner
Rost liegt, geröstet; der Dampf bleibt daran hängen und wird
hart, sobald er erkaltet. Das ist die Tutie, während der
grobe und schwere Teil, der nicht aufsteigt, sondern als aus-

geglühte Kohle im Ofen zurückbleibt, Spodium beziehungsweise Kupferasche wird.

Bei dem alten römischen Arzt Galen (2. Jahrhundert) findet man das erwähnte Verhüttungsverfahren. Das Erz trennt sich bei der Verhüttung in Tutia (Tutie), wie die Alchemisten den Galmei, den Zinkspat, nannten, und Spodos (Spodium), eine recht brauchbare Kupferschmelze. Der Zinkspat wiederum wurde zur Messing- und Gelbgußherstellung benutzt, da reines Zinkmetall erst im 16. Jahrhundert in Europa bekannt wurde. Es kam aus Ostindien und China.

22

Wenn man die Stadt Kobinam verläßt, kommt man in eine Wüste von acht Tagereisen Länge, die völlig unfruchtbar ist und nur ganz bitteres Wasser hat. Die Reisenden müssen daher so viel mit sich führen, wie sie für ihren Unterhalt brauchen. Nach diesen acht Tagen erreicht man das Land Timocain im Norden, an der persischen Grenze, das viele Städte und befestigte Plätze aufweist. Es gibt dort eine sehr große Ebene, die deshalb bemerkenswert ist, weil sie eine Baumart hervorbringt, die »der Sonnenbaum«, von den Christen aber »arbor secco« – der dürre oder fruchtlose Baum – genannt wird. Dieser Baum hat einen dicken Stamm und wächst sehr hoch; seine Blätter sind grün, auf der Oberseite aber weiß oder grau. Er bringt Hülsen oder Kapseln gleich denen, welche die Walnuß umschließen, hervor – jedoch ohne Früchte. Sein Holz ist hart und gelblich und gleicht dem des Buchsbaumes. Im Umkreis von hundert Meilen gibt es keine andere Baumart als diese – ausgenommen in einer Richtung, wo sich in einer Entfernung von zehn Meilen auch verschiedene andere Bäume finden. Die Einwohner erzählen, daß dort eine Schlacht zwischen Alexander und Darius stattgefunden habe.

Die Städte sind mit allem, was man zum Leben braucht, gut versorgt; es herrscht ein gemäßigtes, weder zu heißes noch zu kaltes Klima. Das Volk hängt am mohammedanischen Glauben. Es ist im allgemeinen ein gut aussehendes Geschlecht; die Frauen sind meiner Meinung nach die schönsten auf der Welt.

23

Nun soll über den Alten vom Berge berichtet werden. Die Landschaft, in der seine Residenz lag, erhielt den Namen Mulehet, was in der Sprache der Sarazenen »Ort der Ketzer« bedeutet, sein Volk aber wurde Mulehetites – das heißt: »Anhänger des ketzerischen Glaubens« genannt. Die folgende Erzählung über diesen Fürsten versichert Marco Polo von verschiedenen Personen gehört zu haben: Er hieß Aloeddin, und seine Religion war die Mohammeds. Er hatte in einem schönen, von zwei hohen Bergen umschlossenen Tal einen überaus herrlichen Garten anlegen lassen, in dem die köstlichsten Früchte und die duftigsten Blumen, die man sich nur denken kann, gediehen. Paläste von mannigfacher Größe und Gestalt waren auf verschiedenen Terrassen übereinander gebaut, geschmückt mit goldenen Schildern, Gemälden und reichen Seidenstoffen. In diesen Gebäuden waren viele Springbrunnen mit klarem, frischem Wasser zu sehen; an anderen Orten wiederum flossen ganze Bäche von Wein, Milch und Honig. In den Palästen hielten sich die schönsten Mädchen auf; sie waren in den Künsten des Gesanges erfahren, konnten auf verschiedenen Musikinstrumenten spielen, tanzten wunderbar und verstanden sich auf alle Vergnügungen und unterhaltenden Spiele. Geschmückt mit kostbaren

Kleidern wandelten sie durch die Gärten und erfüllten die Pavillons mit Lust und Seligkeit. Diesen herrlichen Garten aber hatte der Fürst nicht ohne eine besondere Absicht anlegen lassen. Mohammed hatte nämlich denen, die seine Gebote befolgen, die Freuden des Paradieses versprochen, wo man in Gesellschaft schöner Frauen jede Art sinnlichen Genusses finden sollte. Nun wollte der Fürst bei seinen Anhängern den Glauben verbreiten, daß auch er ein dem Mohammed ebenbürtiger Prophet sei und die Gewalt habe, seinen Günstlingen Einlaß ins Paradies zu verschaffen. Damit aber niemand ohne seine Genehmigung den Weg in dieses köstliche Tal finden könnte, ließ er am Eingang desselben ein festes, uneinnehmbares Schloß errichten, in das man nur auf geheimen Wegen gelangen konnte. Auch hielt der Fürst an seinem Hof eine Anzahl zwölf- bis zwanzigjähriger Jünglinge, die er aus denjenigen Einwohnern der benachbarten Gebirge ausgewählt hatte, die kriegerisch veranlagt waren und besonders verwegen zu sein schienen. Diesen erzählte er täglich von dem vom Propheten verkündigten Paradies und von seiner eigenen Macht, sie in dasselbe einzuführen: Von Zeit zu Zeit aber ließ er ihnen dann Schlafmittel einflößen und sie, wenn sie in todesähnlichen Schlaf versunken waren, in die verschiedenen Paläste seines Gartens bringen. Wenn sie nun aus ihrem tiefen Schlummer erwachten, waren sie wie berauscht von all den Herrlichkeiten, die ihnen schon beschrieben worden waren; ein jeder sah sich von lieblichen Mädchen umgeben, die sangen, spielten und sich durch die bezauberndsten Liebkosungen angenehm machten; auch wurde er von ihnen mit köstlichen Speisen und herrlichen Weinen bedient, bis er ganz trunken von dem Übermaß des Vergnügens, inmitten der Bäche von Milch und Wein, sich wirklich im Paradiese glaubte und die gebotenen Freuden nur mit äußerstem Widerwillen verlassen hätte. Wenn nun vier oder fünf Tage auf diese Weise vergangen waren, wurden sie wieder in tiefen

Schlaf versetzt und aus dem Garten gebracht. Anschließend führte man sie vor den Fürsten, und sie antworteten auf dessen Frage, wo sie gewesen seien: »Im Paradies – durch die Gnade Eurer Hoheit!« Und angesichts des ganzen, voller Staunen und Neugier zuhörenden Hofes erzählten sie von ihren ungewöhnlichen Erlebnissen. Daraufhin wandte sich der Fürst an sie und sagte: »Wir haben die Versicherung unseres Propheten, daß der, welcher seinen Herrn verteidigt, ins Paradies kommen wird; wenn ihr also meinem Gebot folgt und meinen Befehlen gehorsam seid, so wartet dieses glückliche Los euer!« Begeistert über solche Worte, schätzten sich alle glücklich, die Befehle ihres Herrn ausführen und in seinem Dienst sterben zu dürfen. So geschah es, daß der Fürst, wenn irgendein benachbarter Herrscher sein Mißfallen erregte, diesen durch die von ihm erzogenen Meuchelmörder töten ließ, von denen keiner zögerte, sein eigenes Leben zu opfern, das er gering schätzte, wenn er nur seines Herrn Befehle ausführen konnte. Infolgedessen wurde die Schreckensherrschaft des Fürsten in allen Nachbarländern außerordentlich drückend empfunden. Aloeddin hatte auch zwei Statthalter, von denen der eine in Damaskus und der andere in Kurdistan residierte. Diese folgten seinem Befehl und zogen die Jugend zu unbedingtem Gehorsam heran. So gab es keinen noch so mächtigen Herrscher, der dem Tod durch Meuchelmord hätte entgehen können, wenn er sich einmal die Feindschaft des Alten vom Berge zugezogen hatte. Da dessen Land aber im Reiche Ulaus, des Bruders des Großkhans, lag und dieser von den entsetzlichen Taten hörte, sandte er im Jahre 1262 eine seiner Armeen aus, die den Fürsten in seiner Burg belagerte. Die Burg war so stark befestigt, daß sie drei Jahre standhielt. Endlich wurde Aloeddin durch Hungersnot gezwungen, sich zu ergeben, worauf ihn der Sieger hinrichten ließ. Die Burg aber wurde niedergerissen und der Paradiesgarten zerstört.

24

Wenn man diese Burg verläßt, folgt man dem Weg über eine weite Ebene und dann durch ein Land, in welchem Tal und Hügel wechseln, wo Weide, Gras und Früchte im Überfluß wachsen. Diese Landschaft breitet sich volle sechs Tagereisen aus; sie ist voller Städte und fester Plätze, und die Einwohner dort sind alle Mohammedaner. Dann beginnt eine Wüste von vierzig bis fünfzig Meilen Tiefe. Dort gibt es wieder kein Wasser, und der Reisende muß sich damit versorgen, bevor er seinen Marsch antritt.

Am Ende des sechsten Tages erreicht man die Stadt Sapurgan, die dadurch berühmt ist, daß sie die besten Melonen der Welt hat. Diese werden auf folgende Weise konserviert: Man schneidet sie spiralenförmig in dünne Scheibchen wie bei uns die Kürbisse, trocknet sie an der Sonne und verkauft sie dann in großen Mengen in die Nachbarländer, wo sie sehr begehrt sind, weil sie süß wie Honig sind. Auch viel Wild, vor allem Vögel, gibt es dort.

Wir verlassen diese Stadt, um nun von einer anderen zu reden, die Balach heißt und sehr groß und prächtig ist. Sie war früher noch bedeutender, ist aber von den Tataren wiederholt schwer zerstört worden. In dieser Stadt nahm – so berichten wenigstens ihre Einwohner – Alexander die Tochter des Königs Darius zur Frau. Bis hierhin verlief einst die Nordostgrenze des Persischen Reiches. Wenn man von hier aus nach Osten weiterzieht, kommt man in zwölf Tagen durch ein Land, in dem keine menschliche Siedlung zu sehen ist, da alle Bewohner sich in die festen Plätze des Gebirges geflüchtet haben, um sich gegen die Angriffe gesetzloser Räuber zu schützen, welche diese Gegenden durchstreifen. Hier gibt es Wasser in jeder Menge und verschiedene Arten von Wild. Auch Löwen halten sich in diesem Lande auf.

Sapurgan wird die Stadt Shibargan im Norden von Afghanistan sein. In der Nähe findet man auch Balck (Balach), häufiger Vazirabad genannt.

25

Nach diesen zwölf Tagen erreicht man in einer freundlichen und fruchtbaren Gegend die Burg Thaikan, wo ein großer Getreidemarkt abgehalten wird. Die Hügel südlich der Burg sind recht hoch. Einige von ihnen bestehen aus weißem, außerordentlich hartem Salz. Aus einem Umkreis von dreißig Meilen kommen die Leute hierher, um sich damit zu versorgen, denn dieses Salz wird als das reinste der ganzen Welt angesehen. Es ist jedoch so hart, daß es nur mit eisernen Instrumenten abgeschlagen werden kann. Und es ist in solchen Mengen vorhanden, daß alle Länder der Erde mit ihm versorgt werden könnten. Auf den anderen Hügeln wachsen Mandeln und Pistaziennüsse, und die Einwohner treiben Handel mit diesen Früchten.

Wenn man von Thaikan drei Tage weiter in nordöstlicher Richtung zieht, gelangt man in ein an Wein und Früchten reiches, bevölkertes Land. Aber die Bewohner dort sind blutdürstig und falsch. Auch sind sie den Ausschweifungen, insbesondere dem Trunk ergeben, wozu sie die Güte ihrer süßen Weine verführt. Auf dem Kopf tragen sie lediglich eine zehn Spannen lange Schnur, die sie rund binden. Sie sind verwegene Jäger und fangen viele wilde Tiere; sie tragen keine anderen Kleider als die Häute der von ihnen getöteten Tiere, aus denen sie sich auch ihre Schuhe machen.

Thaikan – heute Talikan – in der Nähe von Shibargan.

26

Nach weiteren drei Tagereisen erreicht man die Stadt Scassem. Sie wird von einem Herrn regiert, den man bei uns Baron oder Graf nennen würde und der in den Bergen noch andere Städte beziehungsweise feste Plätze besitzt. Durch die Mitte der genannten Stadt fließt jetzt ein recht ansehnlicher Strom. Hier gibt es Stachelschweine, die sich zusammenrollen, wenn die Jäger ihre Hunde auf sie hetzen, und mit großem Grimm die Stacheln herausschießen, mit denen sie Menschen und Hunde verwunden. Die Bewohner des Landes haben ihre besondere Sprache. Die Hirten, die das Vieh hüten, leben in den Bergen und haben sich Höhlenwohnungen gegraben. Das ist nicht schwierig, da die Hügel nicht aus festem Gestein, sondern aus Erde bestehen. Wenn man von hier aus weiterzieht, sieht man drei Tage lang kein Haus und findet keine Nahrung. Nur für die Pferde ist genügend Futter vorhanden. Man muß sich deshalb vorher mit allem versorgen, was man unterwegs braucht. Am dritten Tage kommt man bald in das Land Balaschan.

Scassem – heute Kischm – östlich von Talikan. Die Provinz Balaschan ist das Gebiet Badachschan nördlich des Hindukusch im Nordosten von Afghanistan.

27

Die Einwohner des Landes Balaschan gehören dem mohammedanischen Glauben an. Dieses große Königreich wird von erblichen Fürsten beherrscht, die von Alexander und der Tochter des Perserkönigs Darius abstammen. Sie alle haben den Titel Zulkarnen geführt, und das heißt Alexander.

In Balaschan findet man Edelsteine, die Balaß-Rubine genannt werden und sehr wertvoll sind. Sie kommen in den hohen Bergen vor, werden aber nur in einem gesucht; dieser heißt Sikinan. Dort läßt der König Minen graben, ganz wie für Gold und Silber; denn nur auf diese Weise können sie gefunden werden. Da die Todesstrafe darauf steht, wagt niemand, auf eigene Faust nachzugraben, es sei denn, er hat durch besondere Gunst des Königs die Genehmigung dazu erhalten. Gelegentlich macht der König die Steine durchreisenden Fremden zum Geschenk, da man sie auf anderem Wege nicht käuflich erwerben und ohne seine Erlaubnis auch nicht ausführen kann. Er verfolgt damit die Absicht, daß die Rubine seines Landes, mit denen sein Ansehen verbunden ist, ihren Wert und ihren hohen Preis bewahren; denn wenn sie nach Belieben gegraben und aus dem Königreich ausgeführt werden könnten, würden sie bald ihren Wert verlieren; in so großer Menge sind sie vorhanden. Einige schickt er als Geschenke an Könige und Fürsten, andere gibt er als Tribut seinem Oberherrn, dem Mongolen-Khan, und wieder andere vertauscht er gegen Gold. Dieses erlaubt er auszuführen. Es gibt auch Berge im Lande, in welchen man Adern des Lapislazuli findet, die die Azurfarbe liefern. Sie sind die besten der Welt.

Die Silber-, Kupfer- und Bleiminen sind gleichfalls sehr ergiebig. Balaschan ist ein kaltes Land. Die Pferde, die hier geboren werden, sind von vorzüglicher Rasse und laufen sehr schnell. Ihre Hufe sind so hart, daß sie nicht beschlagen zu werden brauchen. Die Einwohner sind imstande, den steilsten Berg hinaufzugaloppieren, wo kein Vieh zu laufen wagen würde. Sie versichern, es sei noch nicht lange her, daß in diesem Lande Rosse lebten, die von Alexanders berühmtem Bukephalus abstammten, und diese wären alle mit einem Mal an der Stirn zur Welt gekommen. Die ganze Zucht aber war im Besitz eines der Oheime des Königs, der hingerichtet wurde, weil er sie seinem Neffen nicht abtreten wollte, wor-

auf seine Witwe in verzweifeltem Zorn über den Mord alle Pferde erwürgen ließ; so ging diese Rasse der Welt verloren. In den Bergen gibt es Falken von der Art, die Sakerfalken genannt wird; dies sind prachtvolle Falken, die sehr schnell fliegen; auch gibt es dort ausgezeichnete Habichte und Sperber oder Finkenfalken. Die Leute des Landes sind in der Jagd auf Wild und Geflügel sehr erfahren.

Guter Weizen und eine Art Gerste ohne Grannen wachsen hier. Oliven gibt es nicht; das Öl wird aus bestimmten Nußarten und aus einem Korn gepreßt, daß man Sesam nennt und das dem Flachssamen gleicht, abgesehen davon, daß es heller in der Farbe ist. Das auf diese Weise gewonnene Öl ist besser und aromatischer als jedes andere.

In diesem Königreich gibt es viele Engpässe und Burgen, die Schutz gegen feindliche Einfälle gewähren. Die Bewohner sind gute Bogenschützen und pflegen sich mit den Fellen wilder Tiere zu bekleiden; Stoffe sind selten bei ihnen. Die

Berge bieten den Schafen Weide, die in riesigen Herden von vier-, fünf- und sechshundert Stück grasen, alle wild, und obgleich viele gefangen oder getötet werden, merkt man nicht, daß sie weniger werden. Das Gebirge ist so hoch, daß ein Mann von morgens bis abends steigen muß, um die Gipfel zu erreichen. Zwischen den Bergen aber breiten sich weite Hochebenen voller Wiesen und Blumen aus, und große Ströme mit dem klarsten Wasser stürzen durch die Felsklüfte. In den Flüssen findet man Forellen und viele andere schmackhafte Fischarten. Auf den Höhen der Berge ist die Luft so rein und gesund, daß die Bewohner der Städte in den Tälern diese aufsuchen, sobald sie vom Fieber oder von anderen Krankheiten befallen werden. Schon innerhalb von drei Tagen erlangen sie dann ihre Gesundheit wieder. Marco Polo versichert, daß er die Wirkung am eigenen Leibe erfahren hat; denn nachdem er beinahe ein Jahr krank in dem Lande gelegen hatte, wurde ihm der Klimawechsel geraten, woraufhin er sogleich wieder gesund wurde.

Eine besondere Art der Kleidung ist bei den Frauen der höheren Stände zu finden: Diese tragen nämlich unter dem Gürtel eine Art Hosen, zu denen, je nach den vorhandenen Geldmitteln, sechzig, achtzig oder hundert Ellen feiner, in zahllose Falten gelegter Baumwolle verwendet werden, um den Hüftumfang zu betonen. Wer die vollsten Hüften hat, wird nämlich für die Schönste gehalten.

28

Wenn man von Balaschan aus zehn Tage weit nach Süden reist, kommt man in das Land Bascia, dessen Volk eine eigene Sprache spricht. Es hat eine dunkle Hautfarbe, betet Götzenbilder an und ist in der Kunst der Magie erfahren, deren Studium es mit Fleiß betreibt. Die Einwohner von

Bascia tragen Ringe aus Gold und Silber, die mit Perlen
und wertvollen Steinen geschmückt sind, in den Ohren. Das
Klima des Landes ist stellenweise außerordentlich heiß. Die
Nahrung der Einwohner besteht aus Fleisch und Reis.

29

Kesmur ist eine Provinz, die sieben Tagereisen von Bascia
entfernt liegt. Auch ihre Einwohner haben eine besondere
Sprache und sind mehr als alle anderen in der Kunst der
Magie bewandert. Sie können sogar ihre Götzenbilder, die
doch von Natur stumm und taub sind, zum Sprechen bringen, den Tag verfinstern und viele andere Wunder bewirken. Sie sind die hervorragendsten unter den götzendienenden Nationen, und von ihnen kommen die Götzenbilder, die
in anderen Ländern verehrt werden. Vom Lande Kesmur
führt eine Wasserstraße zum Indischen Ozean. Die Einwohner sind dunkelfarbig, aber keineswegs schwarz, und die
Frauen, obgleich dunkel, sind sehr hübsch. Die Nahrung der
Bevölkerung besteht aus Fleisch mit Reis und anderem Korn,
doch ist sie im allgemeinen sehr anspruchslos. In diesem Land
gibt es außer der Hauptstadt noch viele andere Städte und
befestigte Plätze. Man findet dort auch Wälder, Wüsten und
schwierige Pässe, die die Bewohner vor feindlichen Einfällen
schützen. Ihr König ist keiner Macht tributpflichtig.

Unter der Bevölkerung befinden sich zahlreiche Asketen,
die gemeinsam leben, strenge Enthaltsamkeit im Essen,
Trinken und Umgang mit dem weiblichen Geschlecht beobachten und sich jeder Art sinnlicher Genüsse enthalten, um
die von ihnen verehrten Götzen ja nicht zu erzürnen. Diese
Leute erreichen ein beträchtliches Alter. Sie besitzen mehrere
Klöster, in denen es auch Aufseher gibt, die unseren Äbten
entsprechen; bei dem Volk stehen sie in sehr hohem Ansehen.

Die Eingeborenen dieses Landes töten kein Lebewesen und vergießen kein Blut, und wenn sie einmal Fleisch essen wollen, so lassen sie die im Lande wohnenden Mohammedaner das Tier schlachten. Die Korallen, die aus Europa hierher gebracht werden, bezahlen sie besser als irgendein anderes Volk der Welt.

Wenn ich nun in derselben Richtung weiterwandern wollte, würde ich nach Indien kommen. Aber ich habe es für zweckmäßig gehalten, die Beschreibung dieses Landes für ein drittes Buch aufzusparen, und will deshalb nach Balaschan zurückkehren, von dort den direkten Weg nach Kataia verfolgen und – wie ich es von Anfang an getan habe – nicht nur die Länder beschreiben, durch welche der Weg unmittelbar führt, sondern auch die links und rechts des Weges liegenden.

Marco Polo hat sich längere Zeit in Balaschan aufgehalten und berichtet im 28. und 29. Kapitel, was er über benachbarte Länder erfahren hat. Bei Bascia könnte es sich um die Gegend von Peschawar, südlich des Hindukusch, handeln. Kesmur ist Kaschmir. Marco Polo bezeichnet die Bewohner als Götzendiener, womit er stets die Buddhisten bezeichnet. Heute sind drei Viertel der Bevölkerung Mohammedaner, der Rest Hindus.

30

Wenn man von Balaschan aus in ostnordöstlicher Richtung wandert, kommt man an vielen Städten und Ansiedlungen, die am Flußufer liegen und dem Bruder des Königs von Balaschan gehören, vorüber. Nach drei Tagereisen erreicht man eine Landschaft, die Vokan genannt wird und sich wiederum drei Tagereisen ausbreitet. Die Einwohner sind Mohammedaner, haben eine besondere Sprache, sind sehr gesittet und tapfer im Krieg. Sie haben verschiedene Methoden, wilde Tiere zu fangen. Ihr Herr erhält sein Land als Lehen vom König von Balaschan. Wenn man dieses Land verläßt und drei Tage immer weiter in ostnordöstlicher Richtung wandert, dabei Berg auf Berg übersteigt, gelangt man endlich auf einen Punkt, wo man glauben könnte, daß die Gipfel ringsum das Land zum höchsten der Welt machen. Zwischen zwei Gebirgskämmen sieht man hier einen großen See, aus dem ein schöner und freundlicher Fluß strömt, der eine weite, grüne Ebene bewässert. Diese Weide ist so vorzüglich, daß sie innerhalb von zehn Tagen das magerste Vieh fett macht. In dieser Ebene gibt es eine Menge wilder Tiere, darunter vor allem Schafe von außerordentlicher Größe, die Hörner von drei, vier oder gar sechs Spannen Länge haben. Aus diesen fertigen die Schäfer Löffel und allerlei Geschirr an; auch Zäune machen sie daraus, um ihr Vieh gegen die Wölfe zu schützen, die – wie sie erzählen – das Land heimsuchen und großen Schaden unter Schafen und Ziegen anrichten.

Zwölf Tage lang führt der Weg über eine Hochebene, die Pamer genannt wird. Da man während der ganzen Zeit auf keine menschliche Ansiedlung trifft, muß man sich zuvor mit allem Nötigen versorgen. So hoch sind hier die Berge, daß man keine Vögel in der Nähe der Gipfel sieht, und es wurde sogar behauptet, daß Feuer, die man anzündet, wegen der Schärfe der Luft nicht dieselbe Hitze geben wie in niedrigen Gebieten, auch nicht so kräftig bei der Zubereitung der Speisen wirken.

Wenn man diese zwölf Tagereisen hinter sich hat, muß man noch weitere vierzig Tage in derselben Richtung wandern, muß Berge, Täler und viele Flüsse überschreiten, ohne eine Hütte oder etwas Grün zu sehen. Sogar inmitten der höchsten Berge wohnt hier ein wilder, böswilliger und götzendienerischer Stamm, der von wilden Tieren lebt und sich in deren Felle kleidet.

Im 30. Kapitel nimmt Marco Polo die Beschreibung seines Reisewegs wieder auf, der sich von Balaschan – heute Badachschan – aus recht genau verfolgen läßt. Der genannte Fluß ist der Pjandsh, einer der Quellflüsse des Amu-Darja. Der Pjandsh heißt in seinem Oberlauf auch Wachan-Darja nach der Landschaft Wachan (Vokan), die er durchfließt. Die Beschreibung des Hochlands von Pamir (Pamer), des »Daches der Welt«, gehört wohl zu den interessantesten Teilen des Reiseberichts. Der Paß Kalta-davan, den Marco Polo benutzt hat, liegt ebenso hoch wie die Spitze des Mont Blanc. Die Schafe werden noch heute Marco-Polo-Schafe genannt. Die Beobachtung, daß das Feuer in dieser Höhe (von durchschnittlich 4000 Metern) nicht so »kräftig ... wirke«, ist für jene Zeit bemerkenswert. Tatsächlich kocht Wasser bei dem niedrigen Luftdruck in dieser Höhe schon bei 86°.

31

Endlich erreicht man einen Platz, der Kashcar heißt und früher, wie man sagt, ein unabhängiges Königreich gewesen ist, jetzt aber unter der Herrschaft des Großkhans steht. Seine Einwohner sind Mohammedaner. Das Land ist groß und hat außer Kashcar, der größten und wichtigsten, noch viele andere Städte und Burgen aufzuweisen. Das Volk spricht seine eigene Sprache und lebt von Handel und Handwerk, besonders von der Herstellung baumwollener Stoffe. Es gibt hier hübsche Äcker, Baumgärten und Weinberge; neben Baumwolle werden auch Flachs und Hanf gewonnen. Die Kaufleute des Landes ziehen in alle Welt hinaus; aber in Wahrheit ist es ein schmutziges und habsüchtiges Volk, das schlecht ißt und noch schlechter trinkt. Außer den Mohammedanern gibt es unter den Einwohnern von Kashcar viele nestorianische Christen, denen es gestattet ist, nach ihren eigenen Ge-

setzen zu leben und Kirchen zu bauen. Dieses Land ist fünf
Tagereisen lang.

Kashcar – heute Kaschgar – liegt im chinesischen Ostturkestan in einer fruchtbaren Flußebene.

32

Samarcan ist eine vornehme Stadt, geschmückt mit schönen
Gärten und umgeben von einer Ebene, in der alle Früchte
wachsen, die man sich nur wünschen kann. Die Einwohner,
teils Christen, teils Mohammedaner, sind dem Neffen des
Großkhans untertan; doch sind die Beziehungen zwischen
beiden Parteien nicht freundschaftlich, sondern es herrscht
ständiger Kampf und Krieg.

Wie es heißt, soll hier einmal ein Wunder stattgefunden
haben, und zwar unter folgenden Umständen: Hundertfünfundzwanzig Jahre vor unserer Zeit bekehrte sich ein Fürst
namens Zagatai – der Bruder des (damals regierenden)
Großkhans – zum Christentum. Die Freude der christlichen
Einwohner der Stadt darüber war so groß, daß sie unter
dem Schutz des Fürsten eine Kirche errichteten und sie Johannes dem Täufer weihten. Diese war so konstruiert, daß das
ganze Gewicht des runden Daches auf der in der Mitte stehenden Säule ruhte, unter die als Fundament ein Quaderstein gelegt worden war, den die Christen mit Erlaubnis des
Fürsten aus einem den Mohammedanern gehörenden Tempel genommen hatten; und die Mohammedaner hatten nicht
gewagt, ihnen das zu verwehren. Nach dem Tode Zagatais
aber zeigte sein Sohn und Nachfolger keine Neigung, Christ
zu werden, und die Muselmänner erreichten, daß die Christen ihnen den Stein zurückgeben mußten. Obgleich diese
eine Entschädigung in Geld zahlen wollten, waren jene nicht

bereit, auf den Vorschlag einzugehen, weil sie hofften, daß nach der Wegnahme des Steines die Kirche zusammenfallen würde. In dieser verzweifelten Lage konnten die Christen sich nur unter demütigen Tränen dem Schutz des glorreichen St. Johannes empfehlen. Als nun der Tag kam, an dem sie den Stein zurückgeben sollten, erhob sich durch die Gnade des Heiligen die Säule drei Spannen über ihr Fundament, so daß der Stein ohne weiteres unter ihr entfernt werden konnte. In dieser Stellung – ohne jegliche andere Stütze – ist sie noch heute zu sehen.

In Samarcan – heute Samarkand – ist Marco Polo gewiß nicht gewesen. Der Bericht weist – abgesehen von den Legenden – Ungenauigkeiten auf, die übrigens teilweise auf Ramusio zurückgehen: Dschagatai (Zagatai) war nicht ein Bruder, sondern ein Onkel von Kublai-Khan. Er trat nicht zum Christentum über, sondern begünstigte es nur den Mohammedanern gegenüber. Seine Regierungszeit lag nicht 125, vielmehr etwa 70 Jahre zurück.

33.

Von hier aus kommt man in die Provinz Karkan, die sich fünf Tagereisen weit ausdehnt. Ihre Einwohner, zum großen Teil Mohammedaner, aber auch einige nestorianische Christen, sind Untertanen des Großkhans. In diesem Lande gibt es Nahrungsmittel in Hülle und Fülle, außerdem Baumwolle. Die Einwohner sind in Künsten und Handwerken erfahren. Sie haben häufig geschwollene Beine und Kröpfe, eine Krankheit, die auf das schlechte Trinkwasser zurückzuführen ist. Weiter ist nichts Bemerkenswertes von hier zu berichten.

Da Marco Polo Samarkand nicht besucht hat, bemißt er die Entfernung des Landes Karkan – heute Jarkand – im westlichen Ostturkestan auch von Kaschgar aus.

34

Wenn man in ostnordöstlicher Richtung weiterreist, kommt man zunächst in das Land Kotan, das sich acht Tagereisen weit erstreckt. Es steht unter der Herrschaft des Großkhans, seine Einwohner aber sind Mohammedaner. Es gibt viele Städte und befestigte Plätze hier; die Hauptstadt jedoch, die dem Land seinen Namen gegeben hat, heißt Kotan. Alles, was der Mensch zum Leben braucht, findet er hier im Überfluß. Auch Baumwolle, Flachs, Hanf, Korn, Wein und andere Güter werden produziert. Die Einwohner besitzen Landgüter, Weinberge und zahlreiche Gärten. Sie verdienen sich ihr Leben durch Handel und Gewerbe, sind aber keine guten Soldaten.

Kotan – heute Chotan – ist ebenso wie Jarkand eine uralte Stadt in Ostturkestan.

35

Die Provinz Peyn dehnt sich fünf Tagereisen in ostnordöstlicher Richtung aus. Sie steht unter der Herrschaft des Großkhans und hat viele Städte und feste Plätze, deren bedeutendster ebenfalls Pcyn heißt. Diese Stadt liegt an einem Fluß, in dessen Bett viele Steine gefunden werden, die man Chalcedon und Jaspis nennt. Die Einwohner, die von Handel und Gewerbe leben, haben die rohe Gewohnheit, daß die Frau eines Mannes, der länger als zwanzig Tage ausbleibt, sich einen anderen Mann nehmen kann, wenn sie will, während der Mann aus demselben Grunde dort, wo er sich gerade aufhält, neuerdings heiraten kann. Alle jetzt genannten Provinzen – also Kashcar, Kotan, Peyn usw. bis zur Wüste Lop – liegen in den Grenzen von Turkestan.

Es besteht erhebliche Uneinigkeit darüber, was mit der Provinz Peyn gemeint sein könnte. Man wird das Gebiet wohl an der Karawanenstraße suchen müssen, die von Chotan über Charchan Bazar (Ciarcian) zum See Lop-Nor führt, am südlichen Rande der Sandwüste Takla-Makan entlang. Vermutlich hat sich die Wüste inzwischen weiter nach Südwesten ausgedehnt. Oder es handelt sich, wofür manche Angaben bei alten orientalischen Schriftstellern sprechen, um die Stadt Keiya, auch Yutien genannt.

36

Auch Ciarcian ist eine in nordöstlicher Richtung liegende Provinz Turkestans. In früheren Zeiten war es ein blühendes, fruchtbares Land, die Tataren aber haben es sehr verwüstet. Seine Einwohner sind Mohammedaner. Ciarcian wird von mehreren großen Strömen durchflossen, in deren Betten man ebenfalls Chalcedone und Jaspise findet; diese werden nach Kataia verkauft, und zwar in so großer Menge, daß sie einen wichtigen Handelsartikel für den Export darstellen. Das Wasser hier ist großenteils bitter und schmeckt widrig, nur an vereinzelten Stellen ist es süß und gut.

Wenn eine tatarische Armee durch das Land zieht und die Einwohner sind Feinde der Tataren, so werden sie ausgeplündert; sind sie aber befreundet, so wird ihr Vieh getötet und verzehrt. Deshalb flieht die gesamte Bevölkerung, sobald ihr die Ankunft fremder Truppen gemeldet wird, mit ihrem Vieh zwei Tagereisen weit in die sandige Wüste bis zu einer Stelle, wo sich frisches Wasser findet; und auf diese Weise rettet sie sich. Aus demselben Grund verbergen die Einwohner ihre Erntevorräte in Höhlen unter dem Sand und nehmen in jedem Monat nur so viel davon, wie sie für ihren Lebensunterhalt brauchen. Niemand außer ihnen selbst kennt die Plätze, an denen sie Zuflucht suchen, weil der Wind ihre Spuren sofort wieder verweht.

Wenn man von Ciarcian weiterzieht, geht der Weg fünf Tage lang über Sand, und es gibt, mit wenigen Ausnahmen, nur schlechtes Wasser hier. Sonst gibt es nichts Bemerkenswertes zu berichten. Nach diesen fünf Tagen erreicht man die Stadt Lop am Rande der großen Wüste.

Die Lop-Wüste findet sich westlich des Lop-Nor, der seine Lage ständig wechselt. Eine Stadt Lop besteht nicht mehr. Die Geschichten über die Lop-Wüste finden sich in zahlreichen alten Berichten.

37

Die Stadt Lop liegt in nordöstlicher Richtung am Rande der großen Wüste gleichen Namens. Sie gehört zum Reich des Großkhans, und ihre Einwohner sind Mohammedaner. Wer durch die Wüste reisen will, hält sich für gewöhnlich längere Zeit in dieser Stadt auf, um sich auf die Durchquerung vorzubereiten. Zu diesem Zweck beladen die Reisenden eine Anzahl kräftiger Esel und Kamele mit Proviant sowie mit ihren Waren. Ist der Proviant aufgezehrt, bevor sie die Wüste hinter sich haben, so schlachten und essen sie ihre Lasttiere. Im allgemeinen nimmt man lieber Kamele zu dieser Reise, weil sie schwere Lasten tragen können und anspruchslos in ihrer Ernährung sind. Man muß sich für mindestens einen Monat mit Proviant versorgen, weil man soviel Zeit braucht, um die Wüste auf dem kürzesten Weg zu durchqueren. Ein sinnloses Unterfangen wäre es, wollte man die Wüste ihrer Länge nach durchwandern; denn man würde dazu fast ein Jahr brauchen und könnte für eine so lange Zeit keine Lebensmittel mit sich führen. Während dieser dreißig Tage geht die Reise unaufhörlich über sandige Flächen und kahle Berge; aber nach Verlauf eines jeden Tagesmarsches erreicht man einen Platz, an dem es Wasser gibt, zwar nicht genügend für eine große Zahl, aber doch genug für fünfzig bis hundert Personen samt ihren Lasttieren. An drei oder vier von diesen Halteplätzen ist das Wasser salzig und bitter; an den anderen jedoch – etwa achtundzwanzig an der Zahl – ist es süß und gut. Auf diesem Weg trifft man keine vierfüßigen Tiere und keinen Vogel, weil kein Futter für sie zu finden ist.

Es gilt als wohlbekannte Tatsache, daß diese Wüste vielen bösen Geistern zum Aufenthalt dient, die den Reisenden allerlei sonderbares Blendwerk zu ihrem Verderben vorführen. Wenn am Tage Leute auf dem Weg zurückbleiben oder vom Schlaf überfallen beziehungsweise aus anderen Gründen aufgehalten werden, bis die Karawane über einen Hügel gezogen und nicht mehr länger sichtbar ist, so hören sie sich ganz unerwartet bei ihrem Namen rufen, und zwar mit einer ihnen bekannt erscheinenden Stimme. Da sie nun glauben, der Ruf komme von ihren Gefährten, werden sie vom rechten Wege abgelenkt und müssen, da sie die richtige Richtung nicht finden, zurückbleiben und elendiglich umkommen. In der Nacht dagegen glauben sie, das Getrappel eines großen Reitertrupps auf der einen oder anderen Seite des Weges zu hören, und da sie aus diesem Geräusch schließen, daß es die Tritte ihres Zuges sind, wenden sie sich der Richtung zu, aus welcher der Lärm kommt. Bei Tagesanbruch müssen sie dann erkennen, daß sie irregeführt worden und in ihren Untergang gezogen sind. Auch wird erzählt, daß einige Personen mitten in der Wüste etwas gesehen haben, das ihnen wie ein Trupp bewaffneter Leute erschien, der auf sie zukam; und aus Furcht, angegriffen und beraubt zu werden, hätten sie die Flucht ergriffen. Da sie nun auf diese Weise den rechten Weg verloren und nicht gewußt hätten, in welcher Richtung sie ihn wieder suchen sollten, wären sie grausam verhungert. In der Tat sind die Geschichten, welche von diesen Geistern berichtet werden, wunderbar und kaum glaublich. So sollen sie zuweilen die Luft mit den Klängen von Musik, mit dem Lärm von Trommeln und mit Waffengeklirr erfüllen, wodurch sie die Reisenden veranlassen, enger zusammenzurücken und in strengerer Ordnung zu marschieren. Deswegen halten es die Reisenden auch für nötig, bevor sie sich der Nachtruhe überlassen, zur Vorsicht weiter vorn ein Signal aufzustellen, welches ihnen den Weg zeigt, den sie am anderen Tage weiterziehen wollen. Ferner hängen sie jedem Lasttier eine Glocke um, damit es nicht so leicht verlorengeht. Das sind die außerordentlichen Gefahren, denen man unvermeidlich begegnet, wenn man durch diese Wüste zieht.

38

Wenn man nach einer Reise von dreißig Tagen die Wüste durchquert hat, kommt man in die Stadt Sachion, die dem Großkhan gehört. Das Land aber heißt Tanguth. Dessen Bewohner sind Götzendiener. Es gibt auch Turkomanen unter ihnen, außerdem einige nestorianische Christen und Mohammedaner. Diejenigen, welche Götzen anbeten, reden eine Sprache, die sich von der der übrigen Bewohner unterscheidet. Dieses Volk treibt keinen Handel, sondern nur Ackerbau. Im Lande gibt es eine Menge Klöster, die mit Götzenbildern von allen möglichen Gestalten und Formen angefüllt sind. Diese Götzenbilder werden von der Bevölkerung mit der größten Ehrfurcht betrachtet. Die Leute bringen ihnen Opfer und empfehlen, wenn ihnen ein Sohn geboren wurde, diesen dem Schutz eines Götzen. Diesem zu Ehren zieht der Vater einen Widder in seinem Hause auf; nach Ablauf eines Jahres wird an dem besonderen Festtag des Götzen der Sohn mit dem Widder vor ihn geführt und das Tier anschließend geopfert. Das Fleisch kocht so lange, bis ein Gebet gesprochen worden ist, in dem der Götze um die Erhaltung und Gesundheit des Kindes angefleht wird, und man glaubt, daß der Götze während dieser Zeit den besten Saft des Fleisches eingesogen habe. Das abgekochte Fleisch wird dann nach Hause getragen, alle Verwandten und Freunde werden eingeladen und verzehren es in andächtiger Festlichkeit. Die Knochen des Widders werden in hübschen Urnen aufbewahrt. Die Priester bekommen als ihren Anteil den Kopf, die Füße, die Eingeweide und die Haut, außerdem einige Stücke Fleisch. Bei Begräbnissen haben diese Heiden ebenfalls besondere Zeremonien. Stirbt zum Beispiel eine Person von Rang, deren Körper verbrannt werden soll, so rufen die Verwandten Sterndeuter und machen diese mit dem Jahr, dem Tag und der Stunde der Geburt des Verstorbenen bekannt. Darauf befragen jene nun das Horoskop, und wenn sie die Konstellation oder das Zeichen und den herrschenden Planeten bestimmt haben, zeigen sie den Tag an, an dem das Begräbnis stattfinden soll. Wenn es aber geschieht, daß der Planet zu jener Zeit nicht im Aufsteigen begriffen ist, so lassen sie den Körper eine Woche oder länger und zuweilen volle sechs Monate aufbewahren, bevor die Zeremonie ausgeführt wird. In der Hoffnung auf günstige Aspekte und aus Angst vor den Wirkungen eines ungünstigen Einflusses wagen es die Verwandten nicht, den Leichnam eher zu verbrennen, als bis die Sterndeuter die geeignete Zeit festgestellt haben. Da es nun in vielen Fällen nötig ist, den Körper lange im Hause zu behalten, wird, um diesen gegen Fäulnis zu schützen, ein Sarg aus Brettern angefertigt, die eine Handbreit dick, gut zusammengefügt und bemalt sind. In diesen legen sie den Leichnam, außerdem noch süß duftende Harze, Kampfer und andere Spezereien; die Fugen werden mit einer Mischung aus Pech und Kalk gefüllt und das Ganze mit Seide bedeckt. Während dieser Zeit werden an jedem Tag Brot, Wein und andere Lebensmittel auf den Tisch gestellt, die dort so lange stehenbleiben, wie eine gute Mahlzeit dauert, und dann glaubt man, daß der Geist, welcher anwesend ist, sich am Geruch der Speisen gesättigt habe. Zuweilen verbieten die Sterndeuter den Verwandten, den Leichnam durch die Haupttür aus dem Haus zu tragen, weil sie aus der Stellung der Gestirne oder aus anderen Erscheinungen erfahren haben wollen, daß ein derartiges Verfahren Unglück hervorrufen würde; deshalb muß der Tote dann auf einer anderen Seite aus dem Haus getragen werden. In einigen Fällen zwingen die Sterndeuter die Verwandten sogar, die Mauer, die gerade dem günstigen Planeten gegenübersteht, zu durchbrechen und den Toten durch diese Öffnung zu tragen, indem sie ihnen einreden, daß der Geist des Abgeschiedenen in Zorn geraten und ihnen Leid zufügen werde, wenn sie dies nicht täten. Wenn also ein Haus vom Unglück befallen oder eine zu diesem gehörende Person von Mißgeschick, Verlusten oder einem vorzeitigen Tod heimgesucht wird, so versäumen die Astrologen nicht, dieses Unglück der Tatsache zuzuschreiben, daß das Begräbnis nicht beim Aufsteigen des Planeten, unter dem der Verstorbene geboren wurde, stattgefunden habe, sondern zu einer Zeit, als er einem bösen Einfluß ausgesetzt war, oder weil er nicht durch die richtige Tür hinausgetragen worden ist. Da die Verbrennung der Toten außerhalb der Stadt erfolgen muß, werden auf dem Wege, den die Prozession einschlägt, hölzerne Hütten mit Hallen errichtet, die mit Seide bedeckt werden. In diesen wird der Leichnam jedesmal, sobald sie an ihnen vorbeikommen, abgestellt. Dort werden ihm Speisen und Getränke vorgesetzt, und das wiederholt sich, bis der festgesetzte Ort erreicht ist. Die Leute glauben, daß der Geist des Verstorbenen sich auf diese Weise erfrische und stärke, um an der Brandstätte aushalten zu können. Bei dieser Gelegenheit wird auch noch eine andere Zeremonie vollzogen: Die Angehörigen des Verstorbenen nehmen eine Menge Papierstücke, die sie aus der Rinde eines bestimmten Baumes anfertigen und mit Figuren von Männern, Frauen, Pferden, Kamelen sowie mit Geldstücken und Kleidern bemalen, und verbrennen sie gleichzeitig mit der Leiche, in dem Glauben, der Verstorbene werde im Jenseits von all diesen Dingen Gebrauch machen können. Und dies geschieht unter dem Schall vieler lärmender Instrumente.

Sachion – heute Satschou –, eine Oasenstadt am Ostrand der Wüste, liegt nördlich des Richthofen-Gebirges. Ein Land Tanguth gibt es nicht mehr, doch die – nach ihren Zelten so benannten – »schwarzen« Tanguten leben noch heute, allerdings weiter im Süden am Kukunor-Gebirge.

39

Kamul ist eine Landschaft, die zu der großen Provinz Tanguth gehört; sie hat viele Städte und Burgen und ist dem Großkhan untertan. Die Hauptstadt heißt ebenfalls Kamul. Diese Landschaft liegt zwischen zwei Wüsten, nämlich der großen, schon beschriebenen Wüste und einer anderen von geringerer Ausdehnung, die man innerhalb von drei Tagen durchwandern kann. Die Einwohner sind Götzenanbeter und haben ihre besondere Sprache. Sie leben von den Früchten, die bei ihnen im Überfluß wachsen, und sind imstande, alle Bedürfnisse der Reisenden zu befriedigen. Die Männer geben sich ganz dem Vergnügen hin und beschäftigen sich nur

mit Musizieren, Singen, Tanzen, Lesen und Schreiben, mit einem Wort, sie sind sehr vergnügungssüchtig. Wenn Fremde kommen und Unterkunft und Bequemlichkeit in ihren Häusern suchen, so macht ihnen das die größte Freude. Sie geben ihren Frauen, Töchtern, Schwestern und anderen weiblichen Verwandten strengen Befehl, alle Wünsche ihrer Gäste zu erfüllen, während sie selbst das Haus verlassen und sich auf ihre Villen zurückziehen, von wo aus sie für alles sorgen, was die Familie und der Fremde nötig haben. Dafür erwarten sie jedoch Zahlung, wie ausdrücklich hervorgehoben werden soll. Sie kehren nicht in das Haus zurück, solange der Fremde darin wohnt. Die Sitte, ihre Frauen gelegentlichen Gästen zu überlassen, welche dieselben Rechte in Anspruch nehmen wie sie selbst, betrachten sie als ein Mittel, ihre Ehre und ihr Ansehen zu vergrößern. Denn sie sehen die gastfreundliche Aufnahme von Fremden, die nach den Gefahren und Mühen einer langen Reise der Freude und Erholung bedürfen, als eine ihren Göttern angenehme Handlung an, die den Besitz der Familie vermehrt, sie vor allen Gefahren schützt und Glück in allen Unternehmungen zur Folge hat. Die Frauen sind wirklich sehr hübsch und sehr sinnlich, und sie folgen den Befehlen ihrer Männer in dieser Hinsicht sehr genau.

Als Mangu-Khan in diesem Lande Hof hielt, kam diese anstößige Sitte ihm zu Ohren. Daraufhin erließ er ein Gesetz, das dem Volk von Kamul befahl, eine so entwürdigende Gewohnheit aufzugeben, und den Leuten verbot, Fremde zu beherbergen, die ihr Unterkommen in den öffentlichen Karawansereien suchen sollten. Widerwillig gehorchten die Einwohner dem Befehl ihres Herrn ungefähr drei Jahre lang. Da sie während dieser Zeit aber feststellen mußten, daß die Erde ihnen nicht mehr die gewohnten Früchte bot und daß viele unglückliche Ereignisse über ihre Familien kamen, entschlossen sie sich, eine Abordnung an den Großkhan zu schicken und ihn zu bitten, er möge ihnen gestatten, die Gewohnheit wieder aufzunehmen, die sie seit den ältesten Zeiten ausübten. Denn seitdem sie die Pflichten der Gastfreundschaft vernachlässigt hätten, habe das Wohlergehen ihrer Familien gelitten, und Unglück sei über sie hereingebrochen. Als der Großkhan diese Klage gehört hatte, erwiderte er: „Da ihr solchen Wert darauf legt, in eurer eigenen Schmach und Schande zu verharren, so sei euch gewährt, worum ihr bittet. Geht, fahrt fort in euren unwürdigen Gewohnheiten und Sitten und verschafft euch auch in Zukunft durch eure Weiber den Lumpenlohn ihrer Entehrung." Mit dieser Antwort kehrten die Gesandten nach Hause zurück, zur großen Freude des gesamten Volkes, das bis zum heutigen Tag seine alte Gewohnheit beibehalten hat.

*Kamul-heute Hami –, eine Oase mit mehreren Ortschaften,
von denen eine noch heute Komul heißt, liegt am Südhang
des Gebirges Karlik-tag im Norden der Wüste.*

40

Der Landschaft Kamul folgt die Landschaft Tschintschintalas, die im Nordnordwesten an die Wüste grenzt und sich sechzehn Tagereisen ausdehnt. Sie ist dem Großkhan untertan, und es gibt Städte sowie verschiedene befestigte Plätze in ihr. Die Einwohner der Provinz gehören drei religiösen Sekten an. Einige unter ihnen bekennen sich nach der nestorianischen Lehre zu Christus, andere folgen Mohammed, und wieder andere beten Götzen an. In dieser Landschaft gibt es einen Berg mit Stahl-, Zink- und Antimongruben. Auch eine Substanz von der Natur des Salamanders findet sich hier, die, zu Tuch gewebt und ins Feuer geworfen, nicht verbrennt. Die folgende Art, sie herzustellen, lernte ich von einem meiner Reisegefährten, einem vielseitig gebildeten Turkomanen, der Curficar hieß und die Aufsicht über die Bergwerke der Provinz führte. Die Substanz, die aus dem Berg gewonnen wird, besteht aus Fasern, die denen der Wolle ähnlich sind. Sie wird der Sonne ausgesetzt und getrocknet, dann in einem ehernen Mörser zerstoßen und darauf so lange gewaschen, bis alle erdigen Teile sich gelöst haben; dann spinnt man sie zu Fäden und webt sie zu Tuch. Um nun das Gewebe weiß zu machen, legt man es ins Feuer und läßt es ungefähr eine Stunde darin; dann zieht man es heraus, unbeschädigt von den Flammen und weiß wie Schnee. Auf die gleiche Art wird das Tuch später wieder gereinigt, wenn es Flecken bekommen hat. Von dem Salamander in Gestalt einer Schlange dagegen, der im Feuer leben soll, habe ich in den östlichen Ländern keine Spur entdecken können. Man sagt, daß in

Rom ein leinenes Tuch aus diesem Stoff aufbewahrt wird, in
das das Schweißtuch unseres Herrn eingehüllt war, und daß
dies ein Geschenk eines Tatarenfürsten an den Papst gewesen sei.

Tschintschintalas ist kaum noch zu lokalisieren. Am häufigsten wird angenommen, daß es sich um eine Gegend nördlich von Hami am Fuß des Altai-Gebirges handelt. Dann wäre Succuir die Stadt Sutschou.
Die »Substanz von der Natur des Salamanders« (dem man Feuerfestigkeit zuschrieb) ist Asbest.

41

Wenn man die Landschaft Tschintschintalas verläßt und
zehn Tage in ostnordöstlicher Richtung weiterzieht, durch
ein Land, das kaum besiedelt ist, kommt man in die Provinz
Succuir, in der es viele Städte und Burgen gibt. Die Hauptstadt der Provinz heißt ebenfalls Succuir. Die Bewohner des
Landes sind dem Großkhan untertan. Hier findet man auf
den Bergen in großen Mengen den besten Rhabarber. Die
Kaufleute sammeln ihn und versenden ihn in alle Teile der
Welt. Es ist eine bekannte Tatsache, daß sie auf der Reise in
die Berge keine anderen Lasttiere mitnehmen dürfen als
solche, die an das Land gewöhnt sind. Denn es wächst dort
eine giftige Pflanze, auf deren Genuß hin den Tieren die
Hufe abfallen. Diejenigen aber, die aus diesem Land stammen, kennen das Kraut und meiden es sorgsam. Das Volk
von Succuir ernährt sich von den Früchten des Feldes und
dem Fleisch seines Viehes; es beschäftigt sich nicht mit Handel. Die Landschaft ist sehr gesund und die Farbe ihrer Bewohner braun. Der Distrikt Succuir gehört zusammen mit
zwei anderen zu der großen Provinz Tanguth.

42

Kampion, die Hauptstadt des Landes Tanguth, ist eine große und prächtige Stadt mit der Gerichtsbarkeit über die ganze Provinz. Der größte Teil des Volkes betet Götzen an, es gibt aber auch einige Mohammedaner und ebenfalls einige Christen hier. Die letzteren besitzen drei große und schöne Kirchen. Die Götzendiener haben viele Klöster und Abteien, die im Stil des Landes gebaut sind; in diesem stehen eine Menge Götzenbilder, teils aus Holz, teils aus Lehm, teils aus Stein, immer aber mit Gold bedeckt. Es sind meisterhafte Werke, von denen einige sehr groß und andere klein sind. Die ersteren sind volle zehn Schritte lang und liegen zurückgelehnt; die kleineren Figuren stehen hinter ihnen und haben das Aussehen von Schülern, die ihre Ehrfurcht bezeugen. Sowohl die großen wie die kleinen werden andächtig verehrt. Diejenigen Personen unter den Götzendienern, die sich dem religiösen Dienst geweiht haben, führen – nach ihren Ansichten über Moral – ein strengeres Leben als die anderen und enthalten sich aller fleischlichen Genüsse. Der unerlaubte Umgang mit dem weiblichen Geschlecht wird von den Leuten hier im allgemeinen für kein besonderes Vergehen gehalten. Sie sind der Meinung, daß die Verbindung keine Sünde sei, wenn ein Weib den Mann begehrt, wenn aber ein Mann ein Weib begehrt, so sei es Sünde.

Es gibt hier einen Kalender, der dem unsrigen ähnlich ist. Nach seinen Vorschriften darf man während drei, vier oder fünf Tagen kein Blut vergießen und kein Fleisch, auch kein Geflügel essen, wie es bei uns am Freitag, am Sabbat und an den Vigilien der Heiligen Brauch ist. Die Männer vom weltlichen Stand haben an die dreißig Frauen, einige mehr, andere weniger, je nachdem sie für deren Unterhalt sorgen können. Denn es gibt keine Mitgift hier, sondern die Männer müssen ihren Frauen sogar ein Leibgedinge in Vieh,

Sklaven und Geld geben. Die zuerst geheiratete Frau behält immer den höheren Rang in der Familie. Wenn aber der Mann bemerkt, daß eine der Frauen sich gegen die anderen nicht anständig benimmt, oder wenn sie ihm auf eine andere Weise unangenehm wird, so kann er sie fortschicken. Die Männer wählen sich diejenigen Frauen zu ihren Bettgenossen, welche ihnen nahe blutsverwandt sind, und heiraten sogar ihre Schwiegermütter. Auch vieles andere, was wir als große Sünde ansehen, ist ihnen völlig gleichgültig. In Kampion blieben Marco Polo, sein Vater und sein Onkel ungefähr ein Jahr, da es die Verhältnisse erforderten.

Kampion ist das heutige Kantschou im Südosten von Sutschou.

43

Wenn man die Stadt Kampion verläßt und zwölf Tage nach Norden reist, erreicht man die Stadt Ezina am Anfang der Sandwüste. Ezina liegt noch in der Provinz Tanguth, seine Einwohner beten Götzen an. Sie haben Kamele und viel Vieh von den verschiedensten Rassen. Die Früchte des Bodens und das Fleisch des Viehs genügen ihren Bedürfnissen; daher kümmern sie sich nicht um den Handel. Reisende, die durch diese Stadt kommen, versorgen sich hier mit Lebensmitteln für vierzehn Tage, weil sie so lange brauchen, um die im Norden gelegene Wüste zu durchwandern, in der es keine menschlichen Ansiedlungen gibt. Mit Ausnahme sehr weniger Bewohner, die im Sommer auf den Bergen und in einigen Tälern leben, ist hier auch kein Mensch zu sehen. Hat man die Wüste durchquert, so kommt man am nördlichen Rand derselben zu einer Stadt, die Karakoran heißt.

Alle Landschaften und Städte, die bis jetzt erwähnt wurden, nämlich Sachion, Kamul, Tschintschintalas, Succuir, Kampion und Ezina gehören zu der großen Provinz Tanguth.

Die heute nicht mehr vorhandene Stadt Etsin (Ezina) muß am Fluß Edsin Gol gelegen haben, der von Kantschou aus nach Norden in die Wüste Gobi fließt.
Karakoran – heute Karakorum – war 1220 von Dschingis-Khan zu seiner Residenz gemacht worden. Knapp fünfzig Jahre später wurde sie aufgegeben und verfiel. Die Ruinen liegen am Oberlauf des Orchon-Flusses auf etwa 47° Nord, 102° Ost. Diese Stadt hatten bereits Plano Carpini, der 1245 in Europa aufbrach, und Wilhelm von Rubruk, den Ludwig der Heilige 1253 aussandte, besucht, möglicherweise auch die beiden älteren Polos auf ihrer ersten Reise. Rubruk fand hier außer Orientalen auch Russen, Georgier, Ungarn, Franzosen, Deutsche, Flamen und Engländer.

44

Die Stadt Karakoran hat einen Umfang von etwa drei Meilen und ist der erste Platz, an dem die Tataren in alten Zeiten ihre Residenz errichteten. Sie ist von einem starken Erdwall umgeben, da es in diesem Teil des Landes nicht viel Steine gibt. Außerhalb des Walles, aber nicht weit davon entfernt, steht eine sehr umfangreiche Burg mit einem hübschen Palast, den der Gouverneur des Platzes bewohnt.

45

Nun sollen die Ereignisse, welche die Herrschaft der Tataren einleiteten, erzählt werden: Diese wohnten in den Ländern des Nordens, Jorza und Bargu, jedoch ohne richtige Wohnungen, das heißt ohne Städte und feste Plätze. Dort gab es weite Ebenen, gute Weideplätze, große Ströme und also Überfluß an Wasser. Sie hatten keinen Herrn und waren nur einem mächtigen Fürsten tributpflichtig, der, wie ich erfahren habe, in ihrer Sprache Un-Khan hieß, was, wie einige glauben, dieselbe Bedeutung wie Priester Johann in unserer Sprache hat. Ihm lieferten diese Tataren jährlich den zehnten Teil ihres Viehs ab. Im Laufe der Zeit vermehrte sich der Stamm so außerordentlich, daß Un-Khan seine Stärke zu fürchten begann und den Plan faßte, sie in verschiedenen Haufen auf bestimmte Landstriche zu verteilen, die er ihnen anwies. Aus dem gleichen Grund hob er auch, sooft sich Gelegenheit dazu bot – zum Beispiel ein Aufstand in einem der von ihm unterworfenen Länder –, drei oder vier Prozent ihrer Bevölkerung aus und entsandte diese zur Unterstützung des Aufstandes. So verringerte er ihre Macht nach und nach. Endlich aber erkannten die Tataren, wie er sie in vollkommene Abhängigkeit von sich zu bringen suchte, und beschlossen daraufhin, Einigkeit untereinander herzustellen. Sie entschieden sich dafür wegzuziehen und zogen nach Norden, durch eine weite Wüste, bis sie gewiß waren, daß sie sich in sicherer Entfernung von Un-Khan befanden. Dann weigerten sie sich, diesem noch länger Tribut zu zahlen.

46

Einige Zeit nachdem sie sich in jenem Lande niedergelassen hatten, es war um das Jahr 1187, schritten die Tataren zur Wahl eines Königs und wählten Dschingis-Khan, einen Mann von erprobter Rechtlichkeit, großer Weisheit, mächtiger Beredsamkeit und außerordentlicher Tapferkeit. Dieser begann seine Regierung so gerecht und so gemäßigt, daß sein Volk ihn mehr als einen Gott liebte und verehrte. Und der Ruhm seiner bedeutenden Eigenschaften breitete sich über jenen Teil der Welt aus, so daß alle Tataren, wie weit sie auch verstreut sein mochten, sich seinem Befehl unterstellten. Da er sich nun an der Spitze so vieler tapferer Männer sah, erwuchs der Wunsch in ihm, aus der Wüste, die ihn umgab, hinauszuziehen. Er gab seinen Leuten den Befehl, sich mit Bogen und anderen Waffen auszurüsten, die sie als Hirten zu gebrauchen gelernt hatten. Dann machte er sich zum Herrn von Städten und Ländern, und der Erfolg seiner Gerechtigkeit sowie seiner anderen Tugenden war so groß, daß das Volk überall bereit war, sich ihm zu unterwerfen, und sich glücklich schätzte, wenn es unter seinen Schutz treten konnte. Auf diese Weise kam er in den Besitz vieler neuer Länder.

Der Erfolg des Dschingis-Khan kann nicht überraschen, wenn man bedenkt, daß zu dieser Zeit jede Stadt und jede Landschaft entweder vom Volk selbst oder aber nur von einem kleinen Fürsten beherrscht wurde. Weil nun unter diesen keine allgemeine Verbindung bestand, war es unmöglich, einer so furchtbaren Macht Widerstand zu leisten. Nach Unterwerfung dieser Gebiete setzte Dschingis-Khan Statthalter ein, deren Verwaltung so vorzüglich war, daß der Bevölkerung weder an ihrem Leib noch an ihrem Besitz Schaden widerfuhr. Auch machte er es sich zur Gewohnheit, die Vornehmsten aus den Provinzen mit sich zu führen, denen er Gnadenbeweise zuteil werden ließ.

Als er aber sah, welcher Erfolg seinen Unternehmungen beschieden war, wandte er sich der Ausführung noch größerer Pläne zu. Er schickte Gesandte an den Hof des Priesters Johann mit einer Botschaft, über deren Unannehmbarkeit er sich durchaus im klaren war; er verlangte nämlich dessen Tochter zur Frau. Als jener das vernahm, rief er unwillig aus: »Wie kann dieser Dschingis-Khan nur so anmaßend sein, da er doch weiß, daß er mein Knecht ist, und es dennoch wagen, die Hand meiner Tochter zu verlangen! Macht euch schleunigst auf den Weg und teilt ihm mit, daß er elendiglich umkommen soll, wenn er seine Bitte wiederholt!« Erzürnt über diese Antwort, sammelte Dschingis-Khan eine sehr große Armee und drang an ihrer Spitze in das Reich des Priesters Johann ein. In einer großen Ebene, Tenduk genannt, schlug er sein Lager auf und sandte Boten an den Fürsten mit der Aufforderung, sich zu verteidigen. Darauf marschierte dieser ebenfalls mit einem gewaltigen Heer in die Ebene und stellte sich in einer Entfernung von etwa zehn Meilen auf. Bei diesem Stand der Dinge beauftragte Dschingis-Khan seine Sterndeuter, ihm zu sagen, welches der beiden Heere in der bevorstehenden Schlacht siegreich sein werde. Da nahmen diese ein grünes Rohr, spalteten es der Länge nach in zwei Teile und schrieben auf den einen den Namen ihres Herrn, auf den anderen aber den Namen des Un-Khan. Dann setzten sie sich in einiger Entfernung voneinander auf den Boden und erklärten dem König, die beiden Rohrhälften würden während der folgenden Beschwörung, durch die Macht der Götter gezwungen, aufeinander losrücken und miteinander kämpfen; der Sieg aber werde dem zufallen, dessen Stück auf das des anderen stiege. Das ganze Heer war versammelt, um das Schauspiel zu sehen, und während nun die Sterndeuter damit beschäftigt waren, in ihren Zauberbüchern zu lesen, sah man, wie die beiden Rohrstücke sich bewegten und miteinander kämpften; nach kurzer Zeit aber stellte sich das, welches den Namen Dschingis-Khan trug, hoch oben auf das des Feindes.

Als der König und seine Soldaten diesen Vorgang beobachtet hatten, schritten sie begeistert zum Angriff gegen die Armee des Un-Khan, durchbrachen deren Reihen und schlugen sie vollkommen. Der Un-Khan selbst wurde getötet; sein Reich fiel in die Hände des Eroberers, und Dschingis-Khan heiratete seine Tochter. Nach dieser Schlacht fuhr er noch sechs Jahre lang fort, sich zum Herrn vieler anderer Länder zu machen, bis er endlich bei der Belagerung einer Burg, die

Thaigin hieß, von einem Pfeil ins Knie getroffen wurde und an dieser Wunde starb. Er wurde auf dem Berg Altai begraben.

Chinesische Geschichtsschreiber berichten zwar von dem Pfeilschuß bei der Belagerung von Taitung (bei Marco Polo Thaigin) im Jahre 1212, melden aber, daß Dschingis-Khan noch weitere fünfzehn Jahre gelebt habe. Sie beurteilen übrigens diesen Khan weniger günstig, als es Marco Polo tut, dessen Darstellung sich offenbar ausschließlich auf mongolische Quellen stützt.

47

Auf Dschingis-Khan folgte Cuy-Khan, dann Bathuy-Khan, der vierte war Alacou-Khan, der fünfte Mangu-Khan und der sechste Kublai-Khan, der bedeutender war als alle anderen. Denn er erbte nicht nur, was seine Vorfahren besessen hatten, sondern erwarb dazu auch noch, wie man sagen kann, den übrigen Teil der Welt. Der Titel Khan entspricht unserem Titel Kaiser. Es hat sich die Sitte fest eingebürgert, alle Großkhane und Fürsten aus dem Geschlecht Dschingis-Khans zur Bestattung nach einem hohen Berg, dem Altai, zu schaffen – wo auch immer sie sterben mögen. Außerdem ist es üblich, daß diejenigen, welche den Leichnam ihres Fürsten durch das Land geleiten, alle Personen, die ihnen unterwegs begegnen, erwürgen, indem sie zu diesen sagen: »Geht hinüber in die andere Welt und dient dort eurem verstorbenen Herrn!« Denn sie glauben, daß alle, welche auf diese Weise getötet werden, wirklich seine Diener im Jenseits sein werden. Ähnlich verfahren sie mit den Pferden aus dem Marstall des Khans. Damit dieser sich ihrer dort bedienen kann, töten sie die besten unter ihnen. Als der Leichnam Mangu-Khans

nach dem Berg Altai gebracht wurde, erschlugen die seinen
Leichnam begleitenden Reiter in ihrem fürchterlichen Wahn
etwa zehntausend Personen, die ihnen in den Weg gekommen
waren.

*Die hier gegebene Aufzählung der Großkhane ist unrichtig.
Auf Dschingis folgte 1228 Ogodai, dessen Tod im Jahre 1241
alle mongolischen Unternehmungen zum Stillstand brachte.
Seine Witwe Töregene übernahm die Regentschaft. 1246
konnte sie die Wahl ihres Sohnes Güyük (bei Marco Polo
Cuy-Khan) gegen Dschingis-Khans Sohn Batu (Bathuy-
Khan) durchsetzen. 1248 übernahm Oghul Kaimisch, die
Witwe des sehr früh gestorbenen Güyük, die Regentschaft.
1251 wurde Möngke (Mangu-Khan), ein Sohn des jüngsten
Dschingis-Sohnes Tolui, gewählt. Kublai und Hülegü sind
Brüder Möngkes. Kublai übernahm 1260 das Großkhanat
und starb 1294. Danach erkannten die einzelnen Khane kein
Oberhaupt mehr über sich an.*
  *Bei dem hier genannten Altai handelt es sich nach mongo-
lischen Autoren um zwei kleinere Gebirgszüge nordostwärts
der Stadt Ulan-Bator in der Mongolischen Volksrepublik.*

48

Die Tataren haben nirgends feste Wohnsitze, sondern ziehen, sobald der Winter naht, in wärmere Gegenden, um
Weide für ihr Vieh zu suchen. Im Sommer dagegen suchen
sie kühlere Regionen in den Bergen auf, wo es Wasser und
Gras gibt und ihre Tiere nicht von Pferdefliegen oder anderen stechenden Insekten geplagt werden. So wandern sie immer weiter, da das Gras nirgends ausreicht, um ihre riesigen
Herden zu ernähren. Ihre Hütten oder Zelte bestehen aus
Pfählen, die mit Filz bedeckt sind. Sie sind rund und so kunst-

voll gebaut, daß man sie zu einem Bündel zusammenfalten und ohne weiteres mit sich führen kann, und zwar auf einer Art vierrädrigem Wagen. Wenn die Zelte wieder aufgestellt werden, bringen die Tataren die Türen immer auf der Südseite an. Außerdem gibt es bei ihnen noch ein anderes, zweirädriges Fuhrwerk, das ebenfalls mit Filz bedeckt und so ausgezeichnet konstruiert ist, daß man einen ganzen Regentag lang darin sitzen kann, ohne naß zu werden. Diese Wagen werden von Ochsen oder Kamelen gezogen, und die Tataren führen ihre Familien, ihr Hausgerät und ihre gesamte Nahrung in ihnen mit sich. Die Frauen kümmern sich um den Handel, kaufen, verkaufen und sorgen für alle Lebensbedürfnisse ihrer Eheherren und Familien; denn die Männer beschäftigen sich nur mit Jagd, Falkenbeize und dem Waffenhandwerk. Sie haben die besten Falken der Welt sowie die besten Hunde. Die Tataren leben von Fleisch und Milch. Das Fleisch bekommen sie durch die Jagd, vor allem von einem kleinen Tier, das unserem Kaninchen ähnlich ist und das man den Sommer über in der Ebene reichlich findet. Doch essen sie auch Fleisch von Pferden, Kamelen und sogar von Hunden. Sie trinken Stutenmilch, welche sie so gut zuzubereiten verstehen, daß sie die Eigenschaft und den Wohlgeschmack weißen Weines erhält; diese nennen sie dann Kemurs.

Ihre Frauen sind die keuschesten und ehrbarsten in der Welt; sie lieben und ehren ihre Männer sehr. Treulosigkeit in der Ehe wird von ihnen als ein ehrloses, niederträchtiges Laster betrachtet. Auf der anderen Seite ist es bewunderungswürdig, die Freundlichkeit der Männer im Umgange mit ihren Weibern zu sehen, unter denen, wenn sie auch zu zehn oder zwanzig sind, unübertreffliche Ruhe und Einigkeit herrscht. Nie hört man ein beleidigendes Wort unter ihnen; denn ihre Aufmerksamkeit ist ganz vom Handel und ihren verschiedenen häuslichen Geschäften sowie von der Sorge um

den Lebensbedarf der Familie, der Aufsicht über die Diener
und der Sorge für die Kinder, um welche sie sich gemeinschaftlich kümmern, in Anspruch genommen. Die Tugenden
der Bescheidenheit und Keuschheit bei den Frauen sind um
so preiswürdiger, als es den Männern gestattet ist, so viele
Frauen zu nehmen, wie sie wollen. Der Aufwand, den der
Mann für sie hat, ist nicht groß, und auf der anderen Seite ist
der Nutzen beträchtlich, den er aus ihrem Handel und aus
ihren sonstigen Arbeiten gewinnt; deshalb bezahlt er, wenn
er ein Mädchen zur Frau nimmt, den Eltern ein Heiratsgut.
Der Frau, welche zuerst geheiratet wird, erweist man die
größte Achtung, auch wird sie als die rechtmäßigste betrachtet, was sich gleichfalls auf die von ihr geborenen Kinder
erstreckt. Auf Grund der vielen Frauen, die sie haben, ist die
Nachkommenschaft der Tataren größer als die irgendeines
anderen Volkes. Nach dem Tode des Vaters kann dessen
Sohn alle hinterbliebenen Frauen übernehmen, mit Ausnahme seiner eigenen Mutter. Ihre Schwestern können die Tataren nicht ehelichen; dafür können sie beim Tod ihrer Brüder
ihre Schwägerinnen heiraten. Jede Hochzeit wird mit großem
Gepränge gefeiert.

49

Die Tataren haben den folgenden Glauben: Sie sagen, es
gebe einen großen und erhabenen Gott; für diesen verbrennen sie täglich Weihrauch, und zu diesem beten sie auch für
ihre geistige und körperliche Gesundheit. Daneben verehren
sie aber noch einen anderen Gott, der Natigay heißt und dessen Bild, mit Filz oder Tuch bedeckt, jeder in seiner Hütte
stehen hat. Neben diesen Götzen stellen sie ein Weib und
Kinder und stellen jenes zu seiner linken Seite und diese in
ehrerbietiger Haltung vor ihm auf. Ihn betrachten sie als die

Gottheit, welche sich um ihre irdischen Angelegenheiten kümmert, ihre Kinder schützt und über ihr Vieh und Getreide wacht. Sie erweisen ihm große Verehrung, und bei ihren Mahlzeiten unterlassen sie es nie, den Mund des Götzen sowie den seines Weibes und seiner Kinder mit einem fetten Brocken Fleisch einzuschmieren. Dann gießen sie etwas von der Brühe, in der das Mahl bereitet wurde, zur Tür hinaus, als Opfer für die anderen Geister. Ist dieses geschehen, so glauben sie, daß ihr Götze und seine Familie ihren Anteil erhalten haben, und essen und trinken ohne weitere Zeremonie. Ihre Waffen sind Bögen, eiserne Kolben und zuweilen auch Speere, aber mit Pfeil und Bogen sind sie am geschicktesten, da sie sich derselben schon von Kindheit auf und auch bei ihren Vergnügungen bedienen. Sie tragen Rüstungen aus dicken Häuten von Büffeln und anderen Tieren, die am Feuer getrocknet und dadurch außerordentlich hart werden. Sie sind in der Schlacht tapfer bis zur Verzweiflung, achten ihr Leben gering und stellen sich ohne Zögern allen Gefahren kühn entgegen. Ihre Natur ist grausam. Sie sind fähig, jede Art Entbehrung zu ertragen, und können, wenn es nötig ist, einen Monat von der Milch ihrer Stuten und von solchen wilden Tieren leben, die sie gelegentlich auf der Jagd erbeuten. Ihre Pferde werden nur mit Gras gefüttert und brauchen weder Gerste noch Hafer. Die Männer sind gewöhnt, zwei Tage und zwei Nächte lang auf dem Pferde zu bleiben, ohne abzusteigen, und schlafen so sitzend, während ihre Pferde grasen. Kein Volk auf Erden übertrifft sie an Tapferkeit, keines zeigt größere Geduld bei Entbehrungen. Sie sind ihren Führern uneingeschränkt gehorsam und mit geringen Kosten zu erhalten. Diese Eigenschaften, denen sie in erster Linie ihre militärische Tüchtigkeit verdanken, haben sie zu Herren der Welt gemacht.

50

Wenn einer der großen Tatarenfürsten einen Kriegszug unternimmt, so stellt er sich selbst an die Spitze einer Armee von hunderttausend Pferden und ordnet sie in folgender Weise: Er setzt einen Hauptmann über je zehn Mann ein und andere über je hundert, tausend und zehntausend Mann. So erhalten zehn von den Hauptleuten, die über zehn Mann gesetzt sind, ihre Befehle von dem, der über hundert kommandiert; unter diesen wieder je zehn von dem, der den Befehl über tausend hat. Auf Grund dieser Anordnung hat jeder Hauptmann nur auf seine zehn Mann beziehungsweise zehn Truppeneinheiten zu achten. Ein Heer von hunderttausend Mann wird ein Tuk genannt, und zehntausend Krieger bilden ein Toman. Wenn nun die Armee sich in Bewegung setzt, so wird eine Truppenabteilung zwei Tagemärsche vorausgeschickt, während andere Truppen auf den Flanken oder in der Nachhut marschieren, um das Heer vor einem Überfall zu schützen. Ist ein weiter Marsch vorgesehen, so wird nur wenig Gepäck mitgenommen, meistens nur das Gerät zum Kochen und Aufschlagen des Lagers. Jeder Krieger ist verpflichtet, achtzehn Rosse und Stuten mit sich zu führen, und kann so immer, wenn das Pferd, das er reitet, müde ist, ein frisches besteigen. Sie haben kleine Zelte aus Filz, unter welchen sie gegen Regen geschützt sind. Wenn es besondere Umstände erfordern, können sie zehn Tage reiten, ohne gekochte Speisen zu sich zu nehmen; dann leben sie vom Blut ihrer Pferde, denen sie eine Ader öffnen, um davon zu trinken. Auch haben sie Milch bei sich, die zu Teig verdickt und getrocknet ist. Diese wird so zubereitet: Man kocht die Milch, hebt den fetten oder rahmigen Teil ab und tut ihn in ein gesondertes Gefäß wie Butter; denn in der Milch selbst würde er nicht hart werden. Dann stellt man ihn in die Sonne, bis er zusammengetrocknet ist. Wenn die Tataren ihren Feldzug antreten, führen sie zehn Pfund davon mit sich und werfen jeden Morgen ein halbes Pfund zusammen mit entsprechend viel Wasser in eine Beutelflasche, die wie ein kleiner Schlauch aussieht. Beim Reiten wird der Inhalt der Flasche so heftig geschüttelt, daß eine dünne Suppe daraus entsteht.

Kommt es zur Schlacht, dann lassen die Tataren sich nie in ein Handgemenge mit dem Feind verwickeln, sondern umschwärmen ihn und schießen ihre Pfeile ab, zuerst von der einen, dann von der anderen Seite. Zuweilen stellen sie sich, als wollten sie fliehen, beschießen aber auf der Flucht ihre Verfolger mit Pfeilen und töten Mann und Roß, als ob sie Auge in Auge kämpften. Bei dieser Kampfesweise glaubt der Feind oft, er habe den Sieg errungen, während er in der Tat bereits der Unterlegene ist, denn sobald die Tataren sehen, daß sie ihm großen Schaden zugefügt haben, kehren sie plötzlich wieder um, nehmen den Kampf von neuem auf und überwältigen seine übrigen Truppen. Ihre Pferde können geschickt und schnell die Gangart wechseln und wenden sich auf ein gegebenes Zeichen sofort nach jeder gewünschten Richtung. Durch diese Manöver haben die Tataren viele Siege erkämpft. Alles, was hier erzählt wurde, gilt von den ursprünglichen Sitten der Tataren; diese aber sind heute sehr heruntergekommen. Diejenigen, welche in Kataia wohnen, haben ihre eigenen Gesetze aufgegeben und die Gewohnheiten der Völker angenommen, bei denen der Götzendienst herrscht. Die der westlichen Provinzen haben sich die Sitten der Sarazenen angeeignet.

51

Recht wird bei den Tataren in folgender Weise gesprochen: Wird ein Mann des Raubes überführt, worauf keine Todesstrafe steht, so wird er zu einer bestimmten Anzahl von Stockschlägen verurteilt, nämlich zu sieben, siebzehn, siebenundzwanzig, siebenunddreißig usw. bis hundert, je nach dem Wert des gestohlenen Gutes und nach den Umständen, unter denen der Diebstahl stattgefunden hat. Viele sterben an den Folgen dieser Körperstrafe. Wenn einer ein Pferd oder einen anderen Gegenstand stiehlt, worauf die Todesstrafe steht, so wird er durch einen Schwertstreich mitten durch den Leib getötet. Ist der Dieb aber in der Lage, den neunfachen Wert des gestohlenen Gutes zu ersetzen, so entgeht er jeder weiteren Strafe.

Es ist üblich, daß jedes Sippenhaupt oder jede andere Person, welche viel Vieh besitzt, den Hengsten, Stuten, Kamelen und Rindern ein Mal einbrennt und die Tiere dann auf eine Weide in die Berge schickt, ohne Hirten zu ihrer Aufsicht mitzugeben. Sollte eines von ihnen sich zu einer anderen Herde gesellen, so wird es dem Eigentümer zurückgeschickt. Schafe und Ziegen jedoch haben Leute, die über sie wachen. All ihr Vieh ist groß, wohlgenährt und außerordentlich schön.

Wenn ein Mann einen Sohn gehabt hat und ein anderer eine Tochter und beide Kinder seit einigen Jahren tot sind, so ist es üblich, eine Ehe zwischen ihnen zu schließen und das verstorbene Mädchen mit dem verstorbenen Knaben zu vermählen. Dann malen sie menschliche Figuren auf Papierstücke, welche Diener mit Pferden und anderen Tieren, Kleidungsstücke, Geld und Hausgeräte darstellen. Dies alles übergeben sie zusammen mit dem Ehevertrag, der in schönster Form aufgesetzt wird, den Flammen; denn sie glauben, daß im Rauch diese Dinge zu ihren Kindern in der anderen Welt hinübergehen und diese Mann und Frau im Sinne des Gesetzes werden. Nach dieser Feierlichkeit betrachten sich Väter und Mütter als Verwandte, genauso, als wenn wirklich eine Verbindung zwischen ihren Kindern stattgefunden hätte.

Nachdem ich also von den Sitten und Gewohnheiten der Tataren, wenn auch nicht von den glänzenden Taten ihres

Großkhans, der über sie alle herrscht, berichtet habe, wollen wir nun zu unserem früheren Thema zurückkehren, das heißt zu der großen Ebene, die wir durchwandert haben, als wir anhielten, um die Geschichte dieses Volkes zu erzählen.

52

Wenn man Karakoran und das Altai-Gebirge, den schon erwähnten Begräbnisplatz der kaiserlichen Familie der Tataren, verläßt, kommt man im Norden durch ein Land, welches die Ebene Bargu genannt wird und sich sechzig Tagereisen weit ausdehnt. Ihre Bewohner heißen Merkiten; sie sind eine wilde Horde und ernähren sich vom Fleisch bestimmter Tiere, von denen sie die größten auch zum Reiten benutzen; diese sehen wie Hirsche aus. Weiter ernähren sie sich von Vögeln, die es an ihren zahlreichen Seen und Sümpfen gibt, und von Fischen. Im Sommer suchen die Vögel, um sich zu mausern, diese Gewässer auf und sind dann, weil sie keine Federn haben und deshalb nicht fliegen können, leicht zu fangen. Diese Ebene grenzt im Norden an den Ozean. Die Gewohnheiten und Sitten der Bewohner gleichen denen der Tataren, die bereits beschrieben worden sind; auch sie sind dem Großkhan untertan. Sie haben weder Korn noch Wein; im Sommer jagen sie, im Winter aber fliehen alle Vögel und wilden Tiere vor der unvorstellbar großen Kälte. Nach vierzig Tagen kommt man von der Ebene Bargu an den Ozean. In seiner Nähe befindet sich ein Berg, auf dem viele Geier und Wanderfalken nisten. Dort gibt es weder Menschen noch Vieh, und von Vögeln sieht man nur eine Art, den sogenannten Bargelak, auf den die Falken Jagd machen. Wünscht der Großkhan eine Brut Wanderfalken zu bekommen, so schickt er an diesen Platz. Auf einer Insel in der Nähe der Küste gibt es Geierfalken in solcher Menge, daß der Kaiser so viel

bekommen kann, wie er nur möchte. Man darf nicht glauben, daß die Geierfalken, die den Tataren aus Europa geschickt werden, bis zum Hof des Großkhans gebracht werden. Sie kommen nur bis zur Levante, die an die Länder der Komanen und Armenier grenzt.

Die Ebene Bargu lag vermutlich ostwärts des Baikal-Sees. Die hirschähnlichen Tiere sind Rentiere.

53

Wenn man Kampion verläßt und fünf Tage weit nach Osten reist, kommt man in ein Königreich, das Erginul heißt. Es gehört zur Provinz Tanguth und ist dem Großkhan untertan. An der Grenze dieses Reiches gibt es verschiedene Besitztümer, deren Einwohner, abgesehen von wenigen Christen und Turkomanen, im allgemeinen Götzendiener sind. Auch die Hauptstadt heißt Erginul. Reist man von dort aus nach Südosten, so führt der Weg nach Kataia, und man kommt auf dieser Straße in die Stadt Singui. Hier findet man viele wilde Rinder, die an Größe den Elefanten gleichen; sie haben eine schöne Farbe, schwarzweiß gefleckt. Ihr Fell liegt an allen Teilen des Körpers glatt an, außer auf den Schultern, wo es fast drei Spannen hoch aufrecht steht. Dieses Haar oder vielmehr diese Wolle ist weiß und zarter und weicher als Seide. Marco Polo brachte diese Tiere als eine besondere Sehenswürdigkeit nach Venedig mit. Viele von diesen Rindern, die wild gefangen wurden, hat man gezähmt, und die Rasse, die von ihnen und der gewöhnlichen Kuh abstammt, besteht aus edlen Tieren, die viel ausdauernder sind als irgendeine andere Art. Man gewöhnt sie daran, schwere Lasten zu tragen und doppelt soviel Arbeit zu verrichten wie die gewöhnliche Gattung.

In diesem Land wird auch der schönste und kostbarste Moschus erzeugt. Das Tier, welches ihn liefert, ist nicht größer als eine Ziege, doch erinnert seine Gestalt an die Antilope. Sein Fell ähnelt dem der Ziege, Füße und Schwanz sind wie die der Antilope, aber es hat keine Hörner. Im ganzen ist es ein hübsches Tier. Zur Zeit des Vollmondes bildet sich eine Blase mit geronnenem Blut in seiner Nabelgegend; wenn man es fangen will, muß man also das Mondlicht ausnutzen. Die Tiere, deren Fleisch ein beliebter Leckerbissen ist, werden in großer Zahl gefangen. Marco Polo brachte den Kopf und die Füße eines Moschustieres getrocknet mit nach Venedig.

Die Einwohner dieses Landes beschäftigen sich mit Handel und verschiedenen Arten von Gewerben. Sie haben Korn im Überfluß. Die Ausdehnung des Landes beträgt fünfundzwanzig Tagereisen. Es gibt hier auch Fasane, die zweimal so groß wie die unsrigen, aber etwas kleiner als Pfauen sind.

Doch gibt es auch eine Menge anderer Vögel, von denen einige ein sehr schönes Gefieder haben. Die Einwohner sind Götzendiener; sie werden leicht dick und haben kleine Nasen. Ihr Haar ist schwarz, aber ihr Bart ist dünn; er besteht eigentlich nur aus wenigen zerstreuten Haaren am Kinn. Die Frauen vornehmeren Standes haben gleichfalls keine überflüssigen Haare; ihre Haut ist weiß und ihre Gestalt hübsch, aber in ihren Sitten sind sie sehr frei. Die Männer suchen die weibliche Gesellschaft sehr und können nach ihren Gesetzen so viele Frauen nehmen, wie sie wollen, vorausgesetzt, daß sie diese zu ernähren imstande sind. Wenn ein junges Mädchen zwar arm, aber schön ist, wird es von den Reichen gern zur Frau genommen, und diese machen, um es zu gewinnen, den Eltern und Verwandten üppige Geschenke. Denn die Schönheit wird in höchster Achtung gehalten.

Erginul könnte Liangchow, auch Wuwei genannt, entsprechen. Singui ist die Stadt Sining im Osten des Sees Kuku-Nor. Das Wildrind ist der Jak.

54

Wenn man von Erginul acht Tage nach Osten reist, kommt man in das Land Egrigaia. Dieses gehört ebenfalls noch zu der großen Provinz Tanguth und ist dem Großkhan untertan. Von den vielen Städten und Schlössern, die es dort gibt, ist die bedeutendste Kalacia. Die Einwohner sind überwiegend Götzendiener, doch gibt es auch drei Kirchen der nestorianischen Christen. In dieser Stadt werden schöne Tücher aus Kamelhaar und auch aus weißer Wolle gewebt, die feinsten, die es in der ganzen Welt gibt. Sie werden von den Kaufleuten in großer Menge aufgekauft und in viele andere Länder, besonders aber nach Kataia verschickt. Wir wollen diese

Provinz nun verlassen und von einem anderen Land berichten, das Tenduk heißt. Damit kommen wir in das Reich des Priesters Johann.

Egrigaia dürfte das heute meist Jintschwan genannte Ningsia sein. Es liegt dort, wo der Hwang-ho die Große Mauer quert. Kalacia – oder Chaladschan, wie frühe arabische Schriftsteller es nannten – ist nicht mehr bekannt. Tenduk könnte die Ruinenstadt Thian-te am Hwang-ho sein.

55

Tenduk, im ehemaligen Reich des Priesters Johann gelegen, ist eine östliche Provinz mit vielen Städten und Schlössern, die zur Herrschaft des Großkhans gehören; alle Fürsten aus der Familie des Priesters Johann sind abhängig geblieben, seit Dschingis-Khan das Land unterjochte. Die Hauptstadt heißt ebenfalls Tenduk. Der jetzige König ist Nachkomme des Priesters Johann und heißt Georg. Er ist Christ und Priester; der größere Teil der Einwohner ist christlichen Glaubens. Dieser König Georg erhält sein Land vom Großkhan zum Lehen, freilich nicht das ganze Reich des früheren Priesters Johann, sondern nur einen Teil desselben. Der Kaiser aber gibt ihm sowohl wie den übrigen Prinzen des Hauses seine Töchter oder andere Prinzessinnen der königlichen Familie zur Frau. In diesem Land findet man in großer Menge und sehr schön den Stein, aus dem die Azurfarbe gewonnen wird. Auch hier werden Stoffe aus Kamelhaar gewirkt. Das Volk verdient sich seinen Lebensunterhalt im Ackerbau, Handel und mit mechanischen Arbeiten. Obgleich der Herrschaft des Großkhans unterworfen, ist nicht nur der König Christ, sondern es liegt auch die Regierung des Landes in christlichen Händen. Unter den Einwohnern gibt es aber auch Götzenanbeter und Mohammedaner. – Es lebt dort eine Volksklasse, die unter dem Namen Argon bekannt ist und die aus der Mischung von zwei Rassen hervorging, nämlich aus heidnischen Eingeborenen von Tenduk und aus Mohammedanern. Diese sind nicht allein die schönsten Menschen im Lande, sondern auch die gebildetsten und geschicktesten Kaufleute.

56

Der oben erwähnte Georg ist der sechste Nachfolger des Priesters Johann, dessen Familie ihn als ihr Oberhaupt anerkennt. Zwei Landstriche gibt es dort, über welche diese ihre Herrschaft ausübt; sie werden bei uns Gog und Magog, von den Eingeborenen aber Ung und Mungul genannt, denn in dieser Provinz gab es zwei Volksstämme, bevor die Tataren von

dort aufbrachen. Die Ung waren die ursprünglichen Einwohner des Landes, während Mungul der Name ist, mit dem man oft die Tataren bezeichnet hat. Wenn man sieben Tagereisen durch dieses Land zieht, kommt man in der Richtung nach Kataia an vielen Städten vorbei, die von Götzendienern ebenso wie von Mohammedanern und nestorianischen Christen bewohnt werden. Die Einwohner verdienen ihren Lebensunterhalt durch Handwerk und Handel. Sie stellen schöne, goldene, mit Perlmutt verzierte Gewebe und Seidentücher aus verschiedener Farbe her, die denen in Europa ähnlich sind, außerdem wollene Tücher in großer Zahl. Die Leute sind alle dem Großkhan untertan. Eine der Städte hier ist durch die Produktion von Waffen und Kriegsgerät zu großer Berühmtheit gelangt. In den gebirgigen Gegenden des Landes befindet sich der Platz Idifa mit reichen Silbergruben in der Nähe, aus denen große Mengen dieses Metalls gewonnen werden. Auch für die Jagd ist das Land hervorragend geeignet.

Von den Orten, die im 56. Kapitel genannt werden, ist nichts mehr bekannt.

57

Wenn man die Stadt Idifa und das Land verläßt und drei Tage weiterreist, so kommt man zu einer Stadt namens Schanganor, was so viel heißt wie »weißer See«. Hier hat der Großkhan einen Palast, den er sehr gern besucht, weil er von Seen und Strömen, auf denen sich Schwäne aufhalten, und von Ebenen umgeben ist, auf denen man Kraniche, Fasanen, Rebhühner und andere Vögel in großer Zahl findet. Sein höchstes Vergnügen hier ist die Jagd mit Geierfalken und Sperbern. Es gibt fünf Arten von Kranichen. Die erste Gattung ist ganz schwarz wie die Krähen und hat lange Flügel. Die zweite Gattung hat noch längere Flügel, ist aber weiß, und die Flügelfedern sind mit runden Augen bedeckt wie die der Pfauen, jedoch von glänzendem Gold; der Kopf ist rot und schwarz und sehr zierlich, der Hals dagegen schwarz und weiß. Im ganzen ist es ein hübscher Vogel. Die dritte Art ist so groß wie unsere italienischen Kraniche. Zu der vierten gehören kleine Vögel, deren Gefieder rot und azurblau gestreift ist. Die fünfte ist grau und sehr groß; sie hat einen rot-schwarzen Kopf.

In der Nähe dieser Stadt liegt ein Tal, in dem Rebhühner und Wachteln in großen Mengen einzufallen pflegen. Um ihnen Futter zu verschaffen, läßt der Großkhan Hirse, Buchweizen und andere Körner in jeder Jahreszeit aussäen, und es ist streng verboten, die Saat anzurühren, damit es den Vögeln nie an Futter fehlt. Damit das Wild weder gefangen noch gestört werden kann, sind viele Wärter zu seiner Pflege bestellt; diese müssen den Vögeln auch im Winter Hirse streuen, welche sich mittlerweile so an die Fütterung gewöhnt haben, daß sie sogleich von überall her zusammenfliegen, sowie das Korn ausgestreut ist und der Wärter pfeift. Auch hat der Khan eine Anzahl kleiner Häuser errichten lassen, in denen sie die Nacht zubringen können; dank dieser Sorgfalt findet er die schönste Jagd vor, wenn er das Land besucht. Im Winter aber residiert er dort wegen der strengen Kälte nicht; deshalb läßt er sich die Vögel mit Kameltransporten überall dorthin senden, wo er gerade Hof hält.

Die frühere Stadt Schanganor werden wir in der Nähe des Chaban-Nor, eines Sees nördlich des 43. Breitengrades und außerhalb der Großen Mauer, und in der Landschaft Chaban im gleichen Gebiet suchen dürfen.

Xandu ist Shang-tu, die erste Residenz Kublai-Khans, die später seine Sommerresidenz wurde. Ihre Ruinen liegen etwa

45 Kilometer nordwestlich der heutigen Stadt Tolun nördlich von Peking.

58

Wenn man die zuletzt genannte Stadt verläßt und drei Tage in nordöstlicher Richtung weiterreist, kommt man zu der Stadt Xandu, die vom jetzt regierenden Großkhan erbaut worden ist. In dieser Stadt hat Kublai-Khan für sich einen Palast aus Marmor und anderen schönen Steinen errichten lassen, der durch seine großartige Anlage und seine künstlerische Ausführung Bewunderung erregt. Die eine Hauptfassade wendet sich der inneren Stadt, die andere deren Mauern zu, und von jedem Ende des Gebäudes läuft eine Mauer im Umfang von sechzehn Meilen um die benachbarte Ebene, zu der

man also nur durch den Palast gelangen kann. Innerhalb dieses königlichen Parks befinden sich üppige und schöne Wiesen mit vielen Bächen; dort wird verschiedenes Wild, wie Damhirsche, Rehe und Böcke, gehegt, welche den Falken, Sperbern und anderen Vögeln, die man zur Jagd braucht, zur Nahrung dienen. Die Zahl dieser Vögel beläuft sich auf zweihundert, und der Großkhan begibt sich wenigstens einmal in der Woche persönlich dorthin, um sie zu besichtigen. Häufig führt er auch, wenn er in diesen Tiergarten reitet, einen oder mehrere Leoparden auf Pferden mit sich. Diese stürzen sich, wenn er sie freigeben läßt, augenblicklich auf einen Hirsch oder ein anderes Stück Wild, das er für seine Falken bestimmt hat, und auf diese Weise vergnügt er sich. Mitten in diesem Park hat der Khan in einem anmutigen Hain ein königliches Lusthaus erbauen lassen, das auf schön vergoldeten und bemalten Säulen ruht. Um jede Säule entfaltet ein ebenfalls vergoldeter Drache seine Flügel, während er mit dem Kopf den Dachvorsprung stützt; seine Krallen aber sind rechts und links am Getäfel ausgestreckt. Das Dach besteht aus Bambusrohr, welches ebenfalls vergoldet und mit Firnis überzogen ist, so daß es durch Nässe nicht beschädigt werden kann. Die Bambusrohre, welche man dazu verwendet hat, haben einen Umfang von drei Spannen und sind zehn Klafter lang. Sie werden von den Enden her in zwei gleiche Teile zerschnitten, so daß sie Rinnen bilden. Um aber das Dach gegen den Wind zu schützen, ist jedes Rohr mit beiden Enden am Dachstuhl befestigt. Das Gebäude wird auf jeder Seite wie ein Zelt von über zweihundert starken seidenen Seilen gehalten; denn sonst könnte es, weil das Rohr so leicht ist, von stürmischen Winden umgerissen werden. Das Ganze ist so kunstvoll angelegt, daß alle Teile auseinandergenommen, abtransportiert und an anderer Stelle wieder aufgebaut werden können. Diesen Platz hat der Großkhan wegen seiner milden und heilsamen Luft als Erholungsort gewählt. Im

Juni, Juli und August hält er hier Hof. Es ist üblich, alljährlich am 28. Mondtag des letzten dieser Monate von hier abzureisen und einen anderen Ort aufzusuchen, um Opfer darzubringen.

Man muß nämlich wissen, daß der Großkhan in seinem Marstall ungefähr zehntausend Hengste und Stuten stehen hat, die weiß wie Schnee sind. Von der Milch dieser Stuten darf niemand trinken, der nicht zu der von Dschingis-Khan abstammenden Familie gehört – mit Ausnahme einer einzigen anderen Familie, welche Horiat heißt; ihr verlieh der Monarch dieses ehrenvolle Vorrecht zur Belohnung für tapfere, in seiner Gegenwart verrichtete Kriegstaten. Die Achtung aber, welche diesen Pferden erwiesen wird, ist so groß, daß niemand es wagt, sich vor sie hinzustellen oder sie in ihren Bewegungen zu hindern, wenn sie auf den kaiserlichen Wiesen weiden. Die Sterndeuter, welche in den Diensten des Khans stehen und sehr erfahren in allen magischen Künsten sind, haben erklärt, es sei seine Pflicht, alljährlich am 28. Mondtag im August die Milch dieser Stuten in den Wind zu sprengen, als ein Opfer für alle Geister und Götzen, um diese gnädig zu stimmen und dem Volk, Mann und Weib, Vieh, Geflügel, dem Korn und allen anderen Erdfrüchten ihren Schutz zu sichern. Der Großkhan befolgt diese Regel und begibt sich deshalb an diesem bedeutungsvollen Tag zu dem Ort, um mit eigener Hand das Milchopfer darzubringen. Bei dieser Gelegenheit zeigen die Sterndeuter zuweilen Proben ihrer bewundernswürdigen Geschicklichkeit. Wenn nämlich der Himmel sich bewölkt und Regen droht, besteigen sie das Dach des Palastes, in dem der Großkhan während dieser Zeit residiert, wehren durch ihre Zaubersprüche den Regen ab und beschwören das Unwetter. So bleibt der Palast selbst, auch wenn es ringsum im Lande regnet, stürmt und donnert, von den Elementen verschont. Es sind zwei Klassen von Götzendienern, die solche Wunder tun; man nennt sie Tebeth und Kesmir, und sie sind in den magischen Künsten erfahrener als irgendwelche Magier in anderen Ländern. Sie erklären, daß sie diese Werke nur durch die Heiligkeit ihres Lebens und auf Grund ihrer Bußübungen vollbringen könnten; indem sie sich aber auf diesen Ruf stützen, zeigen sie sich unrein und unanständig. Sie waschen sich weder das Gesicht, noch kämmen sie sich die Haare und leben alle miteinander sehr schmutzig. Ja, ihre abscheuliche und bestialische Lebensweise geht so weit, daß sie, wenn ein Verbrecher hingerichtet wird, dessen Leichnam mit sich nehmen, sein Fleisch am Feuer rösten und verschlingen. Von Menschen jedoch, die eines natürlichen Todes gestorben sind, essen sie kein Fleisch. Außer den schon erwähnten Namen haben sie auch noch einen anderen; man nennt sie nämlich Baksi, womit ihre religiöse Sekte beziehungsweise ihr Orden gemeint ist.

Diese Zauberer sind so erfahren in ihrer höllischen Kunst, daß man sagen kann, sie bringen alles fertig, was sie nur wollen. Wir wollen dafür ein Beispiel anführen – so unglaubhaft dieses auch scheinen mag: Wenn der Großkhan in seiner Staatshalle beim Mahle sitzt, so steht die Tafel, von der er speist, in der Mitte, und in einiger Entfernung von ihr befindet sich ein großes Büfett mit allen Trinkgefäßen. Die Zauberer aber machen durch ihre magischen Künste, daß die Flaschen mit Wein, Milch oder anderen Getränken sich von selbst in die Becher gießen, ohne daß ein Bedienter sie berührt, und daß die Becher dann zehn Schritt weit durch die Luft bis in die Hand des Großkhans fliegen. Sobald er diese geleert hat, fliegen sie wieder zum Büfett zurück, und das geschieht in Gegenwart der Personen, die eingeladen sind.

Wenn die Festtage ihrer Götzen nahen, gehen die Baksi in den Palast des Großkhans und reden folgendermaßen: »Hoher Herr, Ihr möget wissen, daß unsere Götter, wenn sie nicht durch ein Brandopfer geehrt werden, uns in ihrem Zorne schlechtes Wetter schicken werden, mit Brand im Korn, Pest im Reich und vielen anderen Plagen. Deshalb bitten wir Eure Hoheit, uns eine Anzahl Widder mit schwarzen Köpfen zu gewähren, ferner Weihrauch mit Aloe, damit wir die überlieferten Bräuche in pflichtgemäßer Feierlichkeit ausführen können.« Der Großkhan aber versäumt nie, ihre Bitte in allem zu erfüllen. Wenn nun der Tag gekommen ist, opfern sie die Widder und vollbringen das Zeremoniell, indem sie die Brühe, in welcher das Fleisch gekocht worden ist, vor ihren Götzen ausgießen.

Es gibt in diesem Lande Klöster und Abteien, die so groß sind, daß man sie für kleine Städte halten könnte; in einigen von diesen befinden sich wohl zweitausend Mönche, die sich, nach den irrigen religiösen Gebräuchen ihres Volkes, dem Dienst an ihren Göttern geweiht haben. Diese Mönche sind besser gekleidet als alle anderen; sie scheren sich Haupt- und Barthaare und begehen die Feste ihrer Götzen mit der ausgesuchtesten Feierlichkeit. Sie haben dabei Gesangschöre und brennende Fackeln. Einigen von ihnen ist es erlaubt zu heiraten. Auch gibt es noch einen anderen geistlichen Orden, dessen Mitglieder Sensim genannt werden. Sie haben strenge Enthaltsamkeit gelobt und führen ein hartes Leben; denn sie essen nichts anderes als eine Art Nudeln aus Mehlkleie, die so lange in warmes Wasser getaucht werden, bis die mehligen Teile sich von der Kleie gelöst haben. Diese Sekte betet das Feuer an, und ihre Anhänger werden von den anderen, weil sie nicht wie diese Götzen verehren, als Schismatiker betrachtet. Sie scheren ihr Haupt- und Barthaar wie die anderen und tragen Gewänder aus Hanf, die schwarz oder mindestens dunkel sind. Sie schlafen auf rohen Matten und nehmen größere Beschwerden auf sich als irgendein anderes Volk.

Wir wollen dieses Thema nun verlassen und von den großen, wunderbaren Taten des obersten Herrn und Kaisers Kublai-Khan reden.

ZWEITES BUCH

I

Wir haben uns vorgenommen, in diesem Buch über all die großen und bewundernswürdigen Taten zu berichten, die der jetzt regierende Großkhan, der Kublai-Khan heißt, vollbracht hat. Das Wort Khan bedeutet in unserer Sprache: Herr der Herren, und diesen Namen trägt er mit vollem Recht. Denn die Zahl seiner Untertanen, die Ausdehnung seiner Länder und die Größe seiner Einkünfte übertreffen die aller anderen Fürsten, die je gelebt haben und noch leben. Auch dient kein anderes Volk seinem Fürsten mit so unbedingtem Gehorsam. Das wird deutlich genug aus unserem Werk hervorgehen, so daß sich jeder von der Wahrheit unserer Behauptung überzeugen kann.

Man muß wissen, daß Kublai-Khan in gerader Linie von Dschingis-Khan, dem ersten Kaiser, abstammt und daß er rechtmäßiger Herr der Tataren ist. Er hat seine Regierung im Jahre 1256, im Alter von siebenundzwanzig Jahren, angetreten. Diese ist ihm wegen seiner großen Tapferkeit, seiner Jugend und seiner Klugheit zugesprochen worden, entgegen den Absichten seines Bruders, der von vielen tatarischen Fürsten und den Mitgliedern seiner Familie unterstützt wurde. Vor seiner Thronbesteigung diente er freiwillig in der Armee und war bestrebt, an jedem Kriegszug teilzunehmen. Er war stets tapfer und kühn, in bezug auf Kriegskunst und militärisches Geschick aber galt er als der fähigste und weiseste Feldherr, der die Tataren je ins Feld geführt hat. Von seiner Thronbesteigung an hörte er auf, persönlich an den Schlachten teilzunehmen, und übergab die Leitung der Kriege seinem Sohn oder seinen Hauptleuten – mit einer Ausnahme, von der nun die Rede sein soll: Ein gewisser Fürst Nayan, ein Oheim Kublais (obgleich erst dreißig Jahre alt), war als Statthalter über ein großes Gebiet gesetzt worden und dadurch in der Lage, ein Heer von 400 000 Pferden auf die Beine zu stellen. Da er sich auf diese Weise an der Spitze einer so großen Macht sah, faßte Nayan, von jugendlicher Eitelkeit getrieben, im Jahre 1286 den Entschluß, sich seiner Abhängigkeit zu entledigen und sich zum Selbstherrscher zu machen. In dieser Absicht sandte er geheime Boten an Kaidu, einen anderen mächtigen Fürsten, dessen Länder nach der großen Türkei zu lagen. Dieser war dem Großkhan, obgleich ein Neffe von diesem, feindlich gesinnt und im Begriff, sich gegen ihn zu erheben, weil er fürchtete, wegen früherer Vergehen bestraft zu werden. Kaidu war mit dem Angebot Nayans sehr zufrieden und versprach diesem, eine Armee von 100 000 Mann zu stellen. Beide Fürsten begannen nun ihre Truppen zusammenzuziehen; dem Kublai-Khan jedoch blieb dies nicht verborgen. Sobald der Kaiser von der Rüstung seiner Verwandten hörte, verlor er keine Zeit, sondern besetzte alle Pässe, die zu deren Ländern führten, um sie von allen Nachrichten über seine eigenen Vorkehrungen abzuschneiden. Dann gab er Befehl, mit größter Schnelligkeit alle Truppen zu sammeln, die zehn Tagemärsche von der Stadt Kambalu entfernt lagerten. Das waren etwa 360 000 Reiter, denen er noch ein Heer von 100 000 Mann Fußvolk hinzufügte, und zwar waren das die Krieger, die sich gewöhnlich in seiner unmittelbaren Umgebung befanden, besonders seine Falkoniere und Hofbedienten. Im Laufe von zwanzig Tagen war die gesamte Streitmacht mobilisiert. Hätte er dagegen die Armeen zusammengezogen, die zum ständigen Schutz in den verschiedenen Provinzen von Kataia standen, hätte er dazu dreißig bis vierzig Tage gebraucht; in dieser Zeit aber hätte der Feind Nachricht von seinen Rüstungen erhalten und Gelegenheit gehabt, sich entsprechend vorzubereiten.

Des Großkhans Absicht war indessen, durch Schnelligkeit, welche immer die Gefährtin des Siegers ist, den Vorbereitungen Nayans zuvorzukommen, ihn zu überraschen, solange er noch allein stand, und seine Streitkräfte sicherer und gründlicher zu vernichten, als es nach einer späteren Verbindung mit Kaidu möglich gewesen wäre.

An dieser Stelle soll der Hinweis eingefügt werden, daß es in jeder Provinz Kataias und Manjis wie auch in den anderen Teilen des Reiches unbotmäßige und aufrührerische Elemente gab, die jederzeit geneigt waren, gegen ihren Herren aufzustehen; deshalb war es erforderlich, daß der Großkhan Armeen in allen Gebieten mit großen Städten und einer umfangreichen Bevölkerungszahl unterhielt. Diese Truppen standen vier oder fünf Meilen vor den Städten und konnten eingreifen, wann es ihnen gefiel. Bei diesen Armeen hatte der Großkhan eingeführt, daß sie alle zwei Jahre wechselten, und zusätzlich wurden auch die an ihrer Spitze stehenden Offiziere ausgewechselt. Durch solche Vorsichtsmaßregeln wird das Volk in Ruhe gehalten, und Umstürze sind unmöglich. Die Truppen bekommen nicht nur ihren Sold aus den Einnahmen des Khans, sondern haben auch Vieh und Milch für ihren eigenen Bedarf. Dafür tauschen sie in den Städten alles ein, was sie brauchen. Auf diese Weise sind Armeen überall im Land, und zwar in einer Entfernung von dreißig, vierzig oder gar sechzig Tagereisen verteilt. Wenn nur die Hälfte dieser Truppenmasse an einem Ort versammelt wäre, würde ihre Zahl wie ein Wunder erscheinen, und niemand würde sie für möglich halten.

Als nun der Großkhan sein Heer, wie beschrieben, versammelt hatte, rückte er gegen die Länder Nayans vor, und zwar in Eilmärschen Tag und Nacht. So erreichte er diese nach fünfundzwanzig Tagen. Und er hatte sein Unternehmen so geschickt begonnen, daß weder der Fürst noch irgendeiner seiner Anhänger etwas davon bemerkt hatte. Als Kublai an einer Hügelkette angekommen war, hinter der Nayans Armee in einer Ebene lagerte, ließ er seine Truppen halten und gewährte ihnen zwei Ruhetage. Während dieser Zeit forderte er seine Astrologen auf, ihm mit Hilfe ihrer Künste zu sagen und in Gegenwart der ganzen Armee zu erklären, auf welche Seite sich der Sieg neigen werde. Sie erklärten, das Los werde Kublai zufallen. Es ist bei den Großkhanen immer Brauch gewesen, zur Weissagung Zuflucht zu nehmen und dadurch die Truppen zu begeistern. Voll Vertrauen auf den Erfolg bestiegen diese am nächsten Morgen die Berge und zeigten sich plötzlich dem Heere Nayans, das sie nachlässig gelagert, ohne Wachen und Vorposten überraschten, während der Fürst selbst in Gesellschaft eines seiner Weiber im Zelte schlief. Er wurde geweckt und beeilte sich, seine Truppen so gut wie möglich aufzustellen, während er sich darüber beklagte, daß seine Verbindung mit Kaidu nicht schneller zustande gekommen war. Kublai nahm in einem großen hölzernen Aufbau Platz, der von vier Elefanten getragen wurde, deren Leiber mit Panzern von dickem, im Feuer gehärtetem Leder gedeckt waren; auf den Panzern aber trugen sie Decken von golddurchwirktem Tuch. In dem Aufbau waren noch viele Armbrust- und Bogenschützen aufgestellt, und darüber wehte die kaiserliche Fahne, geschmückt mit den Bildern der Sonne und des Mondes. Der Großkhan stellte seine Armee, die aus dreißig Bataillonen zu Pferde bestand, von denen jedes zehntausend berittene Bogenschützen zählte, in drei großen Abteilungen auf, und die, welche auf der rechten und auf der linken Flanke standen, zog er so weit auseinander, daß sie die Armee Nayans überflügeln mußten. Vor jedem Bataillon zu Pferde standen fünfhundert Mann zu Fuß, die mit kurzen Lanzen und Schwertern bewaffnet waren und, sobald die Kavallerie eine Scheinflucht begann, sich hinter die Reiter setzten und sie begleiteten, sobald die aber, um von neuem anzugreifen, kehrtmachten, sprang das Fußvolk herunter und tötete mit seinen Lanzen die Pferde des Feindes. Als die Schlachtordnung hergestellt war, begann ein ungeheures Getöse von allerlei Blasinstrumenten, und anschließend erschollen Gesänge. Das ist Brauch bei den Tataren, bevor sie den Kampf beginnen, der auf ein Zeichen anfängt, welches durch Zymbeln und Trommeln gegeben wird. Das Zeichen wurde auf Befehl des Großkhans zuerst auf beiden Flügeln gegeben, und dann begann die Schlacht. Die Luft war erfüllt von einer Wolke von Pfeilen, die auf jeder Seite niederschossen, und lange Reihen von Männern und Rossen sah man zur Erde niederstürzen. Das laute Rufen und das Kriegsgeschrei der Männer zusammen mit dem Getrappel der Pferde und dem Geräusch der Waffen war so furchtbar, daß, wer es hörte, von Schrecken ergriffen werden mußte. Als die Pfeile verschossen waren, stürzten die Gegner mit Lanzen, Schwertern und eisenbeschlagenen Kolben aufeinander los. Es enstand ein solches Gemetzel, und solche Haufen Leichname von Menschen und namentlich von Pferden wurden aufgetürmt, daß es für die eine Partei unmöglich war, gegen die andere vorzurücken. Auf diese Weise blieb das Geschick des Tages lange unentschieden, und der Sieg schwankte zwischen den beiden Parteien vom Morgen bis zum Abend; denn so ergeben waren die Leute Nayans ihrem Herrn, der sehr freundlich und nachsichtig zu ihnen war, daß sie alle bereit waren, eher zu sterben, als dem Feinde den Rücken zu kehren. Als Nayan schließlich bemerkte, daß er fast umzingelt war, suchte er sich durch die Flucht zu retten, wurde aber alsbald zum Gefangenen gemacht und vor Kublai geführt, der Befehl gab, ihn zu töten. Und das geschah folgendermaßen: Man legte Nayan in zwei Teppiche, die so lange hin und her geschüttelt wurden, bis sein Geist sich vom Körper gelöst hatte. Diese Art der Hinrichtung wurde gewählt, weil Sonne und Luft nicht Zeugen sein sollten, daß das Blut eines Mitgliedes der kaiserlichen Familie vergossen würde. Die Überlebenden seiner Truppen aber unterwarfen sich dem Kublai-Khan und schwuren Treue. Es waren dies die Einwohner der vier edlen Provinzen Ciorza, Karli, Barskol und Sitingui.

Nayan hatte sich insgeheim der heiligen Taufe unterworfen, jedoch nie öffentlich zum Christentum bekannt. Bei dieser Gelegenheit aber hatte er es für angebracht gehalten, das Zeichen des Kreuzes auf seinen Bannern zu führen, und in seiner Armee befand sich eine große Zahl gefallener Christen. Als nun Juden und Sarazenen sahen, daß das Banner des Kreuzes besiegt worden war, verhöhnten sie die Christen: »Seht, das ist die Lage, in die euer Panier und alle, die ihm folgten, geraten sind!« Über diesen Spott führten die Christen beim Großkhan Klage, der die Spötter zu sich kommen ließ und sie scharf tadelte: »Wenn das Kreuz Christi sich der Sache Nayans nicht günstig gezeigt hat, so war das der Grund, daß jener ein Verräter an seinem Herrn gewesen ist, und für solche Elenden gibt es keine Gnade. Keiner soll deshalb wagen, den Gott der Christen zu verhöhnen, der die vollkommene Güte und Gerechtigkeit selbst ist.«

Kambalu ist Marco Polos Schreibung für das osttürkische Khanbaligh, Stadt des Khans. Dies ist der von Kublai-Khan erbaute Teil Pekings, der im Gegensatz zu der bereits vorhandenen »Chinesenstadt« (bei Marco Polo Taidu) noch lange nach ihm »Mongolenstadt« und sehr viel später »Verbotene Stadt« genannt wurde. Heute heißt sie »Stadt des großen Palastes«.

2

Als nun der Großkhan einen so gewaltigen Sieg errungen hatte, zog er mit großem Pomp in seine Hauptstadt Kambalu ein. Dies geschah im Monat November, aber er residierte dort auch noch während der Monate Februar und März, in welch letzteren unser Osterfest fiel. Da er feststellte, daß dies eines unserer höchsten Feste war, befahl er allen Christen, vor ihm zu erscheinen und ihre Heilige Schrift mit den vier Evan-

gelien mitzubringen. Nachdem er das Buch feierlich mit Weihrauch hatte beräuchern lassen, küßte er es ehrfürchtig, und das mußten auf seinen Befehl auch alle anwesenden Großen seines Reiches tun.

So hielt er es bei jeder der christlichen Festlichkeiten zu Weihnachten und Ostern und ebenso bei den Festtagen der Sarazenen, Juden und Heiden. Als er nach dem Grund seines Verhaltens gefragt wurde, antwortete er: »Es gibt vier Propheten, die von den vier verschiedenen Geschlechtern der Welt verehrt und angebetet werden. Die Christen betrachten Jesus Christus als ihren Gott, die Sarazenen Mohammed, die Juden Moses, und den Heiden ist Sogomombarkhan der höchste ihrer Götter. Ich achte und verehre alle vier und bitte den, welcher in Wahrheit der höchste unter ihnen ist, um seine Hilfe.«

Aus der Art, wie er sich dabei verhielt, konnte man aber schließen, daß der Großkhan den christlichen Glauben für den wahrhaftigsten und besten hielt; denn von seinen Anhängern, sagte er, werde nichts verlangt, was nicht heilig und gut sei. Auf keinen Fall aber wollte er ihnen gestatten, daß sie auf ihren Prozessionen das Kreuz mit sich führten, weil der Hochverehrte durch dieses getötet worden sei. Man kann vielleicht fragen, warum er sich nicht bekehren ließ und Christ wurde, wenn er den christlichen Glauben so verehrte. Den Grund dafür sagte er Nicolò und Maffeo Polo, als er diese als seine Gesandten zum Papst schickte und sie sich erlaubten, einige Worte über das Christentum an ihn zu richten. »Warum«, sagte er, »sollte ich ein Christ werden? Ihr selbst müßt zugeben, daß die Christen in meinen Ländern keine Wunder ausrichten können. Dagegen seht ihr, daß die Heiden tun können, was sie wollen. Wenn ich bei Tisch sitze, kommen die gefüllten Becher, ohne daß eine menschliche Hand sie berührt, zu mir, und ich trinke daraus. Die heidnischen Zauberer haben Gewalt über das böse Wetter und können es in eine andere Himmelsgegend verbannen. Sie haben auch noch viele andere Gaben dieser Art. Ihr seid Zeugen, daß die heidnischen Götzen reden und vorhersagen können, was man von ihnen verlangt.

Wenn ich nun ein Christ werden wollte, so würden mich die Fürsten meines Hofes und andere Leute, die nicht zu diesem Glauben neigen, fragen, was für Gründe mich denn bewogen hätten, mich taufen zu lassen. Was für außerordentliche Kräfte, so würden sie fragen, haben ihre Priester gezeigt, was für Wunder haben sie getan? Die Heiden dagegen behaupten, daß alles, was sie ausführen, durch ihre eigene Heiligkeit und den Einfluß ihrer Götzen zustande kommt. Darauf weiß ich nichts zu sagen, und sie werden mich für einen Menschen halten, der einem großen Irrtum verfallen ist, während die Magier mich sogar leicht umbringen könnten. Aber kehrt zu eurem Papst zurück und bittet ihn in meinem Namen, er möge hundert Männer schicken, die sich in eurer Glaubenslehre sehr gut auskennen, damit man sie den Heiden gegenüberstellen kann. Diesen sollen sie ihre Macht zeigen und darlegen, daß sie selbst über ähnliche Wunderkräfte verfügen, sie aber nicht ausüben wollen, weil sie Teufelswerk sind. Und sie sollen die heidnischen Zauberer in ihrer Gegenwart zwingen, von ihren Künsten abzulassen. Wenn ich das als Zeuge erlebe, werde ich die heidnische Religion verbieten und mich selbst taufen lassen. Und alle Fürsten meines Reiches werden meinem Beispiel folgen und sich gleichfalls taufen lassen, und ebenso alle meine Untertanen, so daß schließlich die Christen der Länder hier die Zahl der Christen in euren Ländern noch übertreffen werden.«

Aus diesen Worten geht klar hervor, daß der Großkhan, wenn der Papst ihm geeignete Männer geschickt hätte, um das Evangelium zu predigen, das Christentum angenommen haben würde, da er nun einmal für dieses eine Vorliebe besaß. Doch kehren wir zum Thema zurück, und erzählen wir von Auszeichnungen, die der Kaiser denen verleiht, die sich in der Schlacht besonders hervortun.

Sogomombarkhan ist das verderbte indische Wort Shakyamuni, ein Name Buddhas: Shakya war das Geschlecht, dem er entstammte, Muni heißt Einsiedler – der Einsiedler aus dem Geschlecht Shakya.

3

Der Großkhan beruft zwölf der weisesten unter seinen Fürsten, welche die Aufgabe haben, sich über das Verhalten der Obersten und Hauptleute in der Schlacht zu informieren und ihm darüber Bericht zu erstatten, damit er sie, wenn er ihre Verdienste kennengelernt hat, auf seine Weise belohnen kann. Er setzt dann diejenigen, die hundert Mann kommandiert hatten, über tausend und gibt ihnen viel Silbergeschirr sowie auch die hergebrachten Tafeln oder Zeichen des Befehls und des Adels. Die Tafeln, die denen verliehen werden, welche hundert Mann kommandieren, sind aus Silber, die tausend Mann kommandieren, erhalten Tafeln aus Gold oder vergoldetem Silber, und die über zehntausend Mann den Befehl führen, goldene Tafeln, auf denen das Haupt eines Löwen abgebildet ist. Die Inschriften auf den Tafeln beginnen mit folgenden Worten: »Durch die Gewalt und Macht des großen Gottes und durch die Gnade, welche er unserem Reiche angedeihen läßt, sei der Name des Khans gesegnet, und alle, die ungehorsam sind gegen die Befehle der Tafel, sollen Tod und Vernichtung erleiden.« Die Hauptleute, welche diese Tafeln empfangen, erhalten damit Privilegien, und in der Inschrift ist auseinandergesetzt, was für Pflichten und was für Rechte sie haben. Der, welcher an der Spitze von hunderttausend Mann steht oder der Oberbefehlshaber einer großen Armee ist, hat eine goldene Tafel, auf welcher der oben erwähnte Spruch steht, während unten an der Tafel ein Löwe mit den Bildern der Sonne und des Mondes eingegraben ist. Er übt auch die Privilegien seiner hohen Stelle aus, wie sie auf der prächtigen Tafel angegeben sind. Wenn er ausreitet, wird ein Sonnenschirm über sein Haupt gehalten, der seinen Rang anzeigt, und wenn er sich setzt, nimmt er einen silbernen Sessel. Einigen seiner Großen verleiht der Großkhan auch Tafeln, auf denen ein Geierfalke abgebildet ist; kraft derer sind sie ermächtigt, eine ganze Armee als Ehrenwache mit sich zu führen. Schließlich können sie die Pferde aus dem kaiserlichen Marstall nach Belieben benutzen oder sich Pferde eines Offiziers von niederem Rang aneignen.

4

Kublai-Khan ist von mittlerer Größe; seine Glieder sind ebenmäßig, und seine ganze Gestalt hat die günstigsten Proportionen. Er hat eine lichte, von leichtem Rot überzogene

Gesichtsfarbe, die seinem Wesen viel Anmut verleiht. Seine Augen sind dunkel und schön, seine Nase ist gerade und hervortretend. Er hat vier Frauen ersten Ranges, die als legitim anerkannt werden, und der erstgeborene Sohn einer jeden folgt in der Herrschaft nach dem Tode des Großkhans. Sie sind einander ebenbürtige Kaiserinnen und haben ihre besonderen Haushaltungen. Keine von ihnen hat weniger als dreihundert auserlesene Jungfrauen von großer Schönheit zu Dienerinnen, ferner viele Edelknaben und Verschnittene sowie auch Kammerdamen, so daß die Zahl der Personen, die zu dem Hof einer jeden Kaiserin gehören, sich auf etwa zehntausend beläuft. Wenn der Großkhan die Gesellschaft einer seiner Kaiserinnen wünscht, so schickt er entweder nach ihr oder begibt sich persönlich in ihren Palast.

Außerdem hat er noch eine Menge Beischläferinnen, die zu seinem Gebrauche aus der tatarischen Provinz Ungut herbeigeführt werden; in der Provinz liegt eine Stadt desselben Namens, deren Einwohner wegen ihrer schönen Gesichtsbildung und ihrer hellen Hautfarbe berühmt sind. Dahin sendet er in jedem zweiten Jahr – oder auch öfter, wie es ihm gerade gefällt – seine Beamten, welche für ihn vier- oder fünfhundert der erlesensten jungen Mädchen nach den Regeln der Schönheit auswählen, wie es ihnen in ihren Vorschriften aufgetragen worden ist. Das Verfahren bei der Auswahl ist folgendes: Sobald die Bevollmächtigten ankommen, wird Befehl gegeben, daß alle Jungfrauen der Provinz sich versammeln; zugleich werden geeignete Personen angestellt, um sie zu prüfen; nach genauer Untersuchung jeder einzelnen, das heißt ihres Haares, ihrer Gestalt, ihrer Augenbrauen, des Mundes, der Lippen und der anderen Gesichtszüge sowie der Harmonie der einzelnen Körperteile untereinander, geben sie ihren Wert zu sechzehn, siebzehn, achtzehn, zwanzig oder mehr Karat an, je nach dem Grad ihrer Schönheit. Die vom Großkhan geforderte Zahl zum Preis von vielleicht zwanzig oder zweiundzwanzig Karat, auf die ihre Aufträge lauten, wird dann unter den Erlesenen ausgewählt und an den Hof gebracht. Sobald sie ihm vorgestellt worden sind, läßt er eine neue Prüfung von einem besonderen Ausschuß von Aufsehern vornehmen, und nun findet eine neue Auswahl statt, worauf zwanzig oder dreißig nach einer höheren Schätzung für sein Bett zurückbehalten werden. Diese werden zunächst der besonderen Sorge von Frauen gewisser Großen des Hofes übergeben, deren Pflicht es ist, sie aufmerksam in der Nacht zu beobachten, um sich zu vergewissern, daß sie keine Mängel verhehlt haben, daß sie ruhig schlafen, nicht schnarchen, einen reinen Atem haben und frei von unangenehmem Körpergeruch sind. Wenn sie diese strenge Prüfung überstanden haben, werden sie in Gruppen zu je fünf geteilt, von denen die eine drei Tage und drei Nächte lang in des Großkhans innerem Zimmer wartet und jeden Dienst verrichten muß, der verlangt wird. Ist diese Zeit abgelaufen, so werden sie von einer anderen Partei abgelöst, bis alle Gruppen ihren Dienst erledigt haben; dann fangen die ersten fünf ihr Amt wieder von vorn an. Aber während die eine Partei im inneren Zimmer waltet, ist eine andere im äußeren, benachbarten Zimmer aufgestellt, so daß, wenn der Kaiser etwas verlangen sollte, wie Trank oder Speise, die ersteren seine Befehle den letzteren weitergeben, von denen die verlangten Dinge sogleich hergebracht werden, und so wird das Amt der Aufwartung nur von diesen jungen Mädchen verrichtet.

Die übrigen unter ihnen, deren Wert zu einer geringeren Taxe geschätzt worden ist, werden verschiedenen Herren der Hofhaltung zugeteilt, bei denen sie im Kochen, in der Anfertigung von Kleidern und anderen nützlichen Dingen unterrichtet werden, und wenn nun irgendein Herr, der zum Hofe gehört, den Wunsch ausspricht, ein Weib zu nehmen, so gibt ihm der Großkhan eine von diesen Damen mit einer hübschen Mitgift. In dieser Weise sorgt er für sie alle. Man könnte nun vielleicht annehmen, daß die Leute aus der genannten Provinz sich gekränkt fühlen, wenn ihre Töchter ihnen so gewaltsam vom Kaiser entrissen werden. Im Gegenteil! Sie betrachten es als eine Gunst und Ehre, die ihnen erwiesen wird, und fühlen sich außerordentlich geschmeichelt, daß der Kaiser selbst sich herabläßt, die Wahl unter ihren Töchtern zu treffen.

5

Der Großkhan hat zwanzig Söhne von seinen rechtmäßigen Frauen, von denen der älteste – Dschingis – bestimmt war, die Würde des Großkhans mit der Herrschaft des Reiches zu erben. Doch das Schicksal hat es anders gewollt; der Nachfolger starb vorzeitig, hinterließ jedoch einen Sohn namens Temur, der als Stellvertreter seines Vaters die Erbfolge antreten wird. Der Charakter dieses Fürsten ist gut, denn er zeichnet sich durch Weisheit und Tapferkeit aus. Außerdem hat der Großkhan noch fünfundzwanzig Söhne von seinen Konkubinen, die alle tapfere Soldaten und ständig mit militärischen Übungen beschäftigt sind. Diese hat er in den hohen Adel erhoben. Sieben von seinen legitimen Söhnen stehen an der Spitze von Königreichen und großen Provinzen, die sie weise beherrschen, wie man es von den Söhnen eines Vaters erwarten kann, der niemals von irgendeinem Manne tatarischen Geschlechtes übertroffen wurde.

6

Während dreier Monate im Jahr, nämlich im Dezember, Januar und Februar, pflegt der Großkhan in Kambalu, einer hoch im Nordosten der Provinz Kataia gelegenen Stadt, zu residieren. Im Süden des neuen Stadtteils steht ein großer Palast, der hier beschrieben werden soll: Das Ganze bildet ein ausgedehntes, von einer Mauer und einem tiefen Graben umgebenes Viereck von acht Quadratmeilen. Jeweils in der Mitte einer Front befindet sich ein Eingangstor, an dem sich das Volk versammelt, das aus allen Gegenden hier zusammenströmt. Innerhalb dieses Raumes steht eine zweite Mauer, die ein Viereck von sechs Meilen Länge einschließt und an ihrer Nordseite drei Tore hat, von denen das mittlere größer ist als die beiden anderen und immer geschlossen bleibt, außer wenn der Kaiser in den Palast einzieht oder ihn verläßt. Die anderen Tore bleiben den Begleitern und Dienern des Herrschers vorbehalten. In der Mitte einer jeden Abteilung dieser Mauern befindet sich ein schönes, geräumiges Gebäude, das als Zeughaus dient und in dem jeweils eine besondere Art von Kriegsgerät aufbewahrt wird. So werden zum Beispiel Sättel, Zaumzeug und anderes Geschirr, das zur Ausrüstung der Reiterei gehört, in dem einen Zeughaus gelagert, Bögen, Sehnen, Köcher, Pfeile und anderes Schießgerät in einem anderen, Panzer, Harnische und Waffenteile aus Leder in einem dritten usw. In diesem Bezirk steht wieder eine Mauer, die sehr dick und volle zwanzig Fuß hoch ist. Ihre Zinnen sind ganz weiß. Dieser Bezirk bildet wieder ein Viereck von vier Meilen; jede Seite mißt eine Meile; man sieht dort sechs Tore in demselben Verhältnis wie bei der ersten Ummauerung. Er enthält in gleicher Weise acht große Gebäude, in denen sich des Kaisers Garderobe befindet. Der Raum zwischen beiden Mauern ist mit schönen Bäumen geschmückt und enthält Wiesen, auf denen Hirsche, Moschustiere, Rehböcke, Damhirsche und andere Tiere gehegt werden. Jeder Raum innerhalb der Mauern, der nicht mit Gebäuden besetzt ist, wird auf folgende Weise eingerichtet: Es gibt dort üppige Weiden. Die Wege, welche durch die Wiesen führen, sind drei Fuß erhöht und gepflastert; es sammelt sich also kein Schlamm auf ihnen an und bleibt kein Regenwasser darauf stehen, sondern alles fließt ab und trägt dazu bei, die Vegetation zu fördern.

An dieser vier Meilen langen Mauer steht der Palast des Großkhans, der an Größe so ungeheuer ist, daß er seinesgleichen nie gehabt hat. Er reicht vom nördlichen bis zum südlichen Ende der Mauer und läßt einen Raum oder Hof frei, über den nur Personen von Rang und die militärischen Wachen schreiten dürfen. Er hat kein Obergeschoß, aber das Dach ist außerordentlich hoch. Der gepflasterte Grund oder die Plattform, auf welcher er steht, erhebt sich zehn Spannen über den äußersten Boden, und eine zwei Schritt breite Marmormauer ist um die Plattform in gleicher Höhe aufgeführt; sie umschließt den Grundriß des Gebäudes, und diejenigen, welche darauf umhergehen, sind von außen zu sehen.

Um den äußeren Rand der Mauer läuft ein schönes, mit Säulen verziertes Geländer, dem das Volk sich nähern darf. Die Wände der großen Hallen und Zimmer sind mit Drachen aus vergoldetem Schnitzwerk sowie mit Figuren von Kriegern, Vögeln, vierfüßigen Tieren und mit Schlachtenbildern geschmückt. Auf jeder der vier Seiten des Palastes befindet sich eine große marmorne Freitreppe, auf der man zu der das Gebäude umgebenden Marmormauer hinaufsteigt. Die große Halle ist erstaunlich lang und breit und kann zu Gastmählern für gewaltige Menschenmengen verwendet werden. Im Palast befinden sich sehr viele besondere Zimmer, die alle außerordentlich schön sind, so daß es unmöglich scheint, sich noch etwas Herrlicheres vorzustellen. Am hinteren Teil des Hauptpalastes stehen große Gebäude mit vielen Räumen, in denen der Schatz des Herrschers – Gold- und Silberbarren, köstliche Edelsteine und Perlen sowie goldene und silberne Gefäße – aufbewahrt wird. Dort sind auch die Zimmer seiner Frauen und Konkubinen, und dorthin zieht er sich zurück, um seine Staatsgeschäfte ungestört zu erledigen.

Gegenüber diesem großen Palast, in dem der Kaiser residiert, steht ein anderer Palast, der jenem in jeder Beziehung gleicht und dem ältesten Sohn des Kaisers, Dschingis, als Residenz zugewiesen worden ist. Dort wird dasselbe Zeremoniell beobachtet wie am Hofe des Vaters, da der Prinz der designierte Nachfolger desselben ist. Im Norden des Palastes, ungefähr einen Bogenschuß von der nächsten Mauer entfernt, erhebt sich ein künstlicher Erdhügel, dessen Höhe volle hundert Schritt und dessen Umfang ungefähr eine Meile beträgt. Dieser ist mit den schönsten immergrünen Bäumen besetzt; denn sobald der Großkhan erfährt, daß an irgendeinem Platze ein schöner Baum wächst, läßt er ihn mit allen Wurzeln ausgraben und, wenn er auch noch so groß und schwer ist, durch Elefanten zu diesem Hügel schaffen; weil der Hügel immer grünt, hat er den Namen des grünen Berges erhalten. Auf seinem Gipfel steht ein eleganter Pavillon, der gleichfalls völlig grün ist. All dieses zusammen, der Berg, die Bäume und das Gebäude, ist köstlich und wunderbar anzuschauen. Gegen Norden, ebenfalls noch im Bezirk der Stadt, sieht man eine große und tiefe künstliche Höhlung. Diese wird durch einen Bach mit Wasser versorgt und hat das Aussehen eines Fischteiches, dient aber dazu, das Vieh zu tränken. Der Strom, der von dort über einen Aquädukt läuft, füllt wiederum eine andere tiefe Höhle, die zwischen dem Privatpalast des Kaisers und dem seines Sohnes Dschingis gegraben wurde. In diesem Bassin befindet sich eine große Menge der verschiedensten Fische, mit denen die Tafel des Großkhans beliefert wird. Der Strom fließt am äußersten Ende des Wasserbehälters heraus, und man hat Vorsichtsmaßregeln getroffen, daß die Fische nicht entkommen können, indem man Gitter von Kupfer oder Eisen an den Stellen des Ein- und des Ausflusses angebracht hat. Auf dem Teich schwimmen auch Schwäne und andere Wasservögel. Von dem einen Palast zum anderen führt eine Verbindungsbrücke über das Wasser. Das ist die Beschreibung des großen Palastes. Wir wollen nun von der Lage und den Verhältnissen der Stadt Taidu berichten.

7

Da dem Großkhan von seinen Astrologen geweissagt worden war, es sei bestimmt, daß die Stadt Kambalu sich gegen ihren Herrn in Rebellion erheben werde, beschloß dieser, auf der gegenüberliegenden Seite des Flusses eine andere Hauptstadt zu errichten. Die neuerbaute Stadt erhielt den Namen Taidu, und alle in der Provinz Kataia gebürtigen Einwohner mußten die alte Stadt räumen und Wohnung in der neuen beziehen. Einige der Einwohner von Kambalu jedoch, deren Ergebenheit über jeden Zweifel erhaben war, erhielten die Erlaubnis zu bleiben – besonders aus dem Grunde, weil die neue Stadt die gewaltige Zahl von Menschen nicht fassen konnte.

Die neue Stadt Taidu hat ebenfalls einen quadratischen Grundriß und einen Umfang von vierundzwanzig Meilen, so daß jede Seite genau sechs Meilen lang ist. Der ganze Plan ist mit großer Regelmäßigkeit angelegt, und die Straßen sind so gerade, daß man, wenn man durch eines der Tore in die Stadt kommt, das Tor auf der gegenüberliegenden Seite derselben erblicken kann. Zu beiden Seiten der Straßen stehen Buden und Kaufläden aller Art. Alle Grundstücke innerhalb der Stadt, auf denen Wohnhäuser errichtet worden sind, sind rechteckig, und jeder Besitz bietet genügend Raum für die Gebäude mit den zugehörigen Höfen und Gärten. So gleicht die ganze Stadt einem Schachbrett und weist einen Grad von regelmäßiger Schönheit auf, der unbeschreiblich ist. Der Wall um die Stadt hat zwölf Tore, und über jedem Tor steht ein hübsches Gebäude mit Räumen, in denen die Waffen aufbewahrt sind; jedes Tor wird von tausend Mann bewacht. Man darf aber nicht meinen, daß diese Streitkräfte aus Furcht vor irgendwelchen feindlichen Mächten aufgestellt werden; sie sind nur eine der Ehre und Würde des Großkhans angemessene Wache. In der Stadtmitte hängt in einem hohen Gebäude eine große Glocke, die in jeder Nacht geläutet wird; nach dem dritten Glockenton darf sich niemand mehr auf den Straßen sehen lassen, außer in dringenden Angelegenheiten, wenn man zum Beispiel einer Frau in den Wehen oder einem schwerkranken Menschen Beistand holen will; doch selbst dann muß die ausgehende Person ein Licht mit sich führen.

Vor jedem Tor liegt eine Vorstadt von solcher Ausdehnung, daß die Zahl der Bewohner in den Vorstädten zusammen die der inneren Stadt sogar noch übertrifft. Hier gibt es in Abständen von etwa je einer Meile Gasthöfe und Karawansereien, in denen die auswärtigen Kaufleute Unterkunft finden, und jedem Volk ist auch ein besonderes Gebäude angewiesen. Die Zahl der käuflichen Frauen beläuft sich – alle zusammengerechnet – auf fünfundzwanzigtausend. Jedem Hundert und jedem Tausend dieser Personen sind Beamte als Aufseher beigegeben, die unter den Befehlen eines Oberhauptmanns stehen. Aus folgendem Grunde stellt man sie unter eine solche Aufsicht: Wenn Gesandte in einer Angelegenheit, welche die Interessen des Großkhans betrifft, ankommen, so ist es üblich, sie auf Seiner Majestät Kosten zu unterhalten und in ehrenvollster Weise zu traktieren; dann hat der Hauptmann den Auftrag, allen Angehörigen der Gesandtschaft eine dieser Kurtisanen zu verschaffen, die jede Nacht durch eine andere ersetzt werden muß. Für diesen Dienst, der als eine Art Tribut betrachtet wird, den sie ihrem Herrn zu geben haben, erhalten sie keine Belohnung.

Wachen in Abteilungen von dreißig oder vierzig Mann durchziehen während der ganzen Nacht ununterbrochen die Straßen und suchen sorgfältig nach Personen, die während der Sperrstunde, das ist nach dem dritten Schlage der großen

Glocke, sich außerhalb des Hauses befinden. Wird jemand unter solchen Umständen angetroffen, so fassen sie ihn augenblicklich, sperren ihn ein und führen ihn am anderen Morgen zur Untersuchung vor die zuständigen Beamten, die ihn nun nach dem Grade seines Vergehens zu einer schwereren oder leichteren Strafe verurteilen; diese besteht in der Regel in Stockschlägen, der sogenannten Bastonade, und hat zuweilen den Tod zur Folge. Auf diese Weise werden gewöhnlich die Verbrechen im Volke bestraft, weil kein Blut vergossen werden soll, was ihre Baksis oder gelehrten Sterndeuter sie zu vermeiden lehren. – Nachdem wir nun so das Innere der Stadt Taidu beschrieben haben, wollen wir von der Neigung zur Rebellion reden, welche ihre kataischen Einwohner gezeigt haben.

8

Von dem Kabinettsrat, der aus zwölf Personen besteht und über Länder, Regierung und alle Staatsgeschäfte verfügt, wird später noch die Rede sein. Diesem Rat gehörte ein Sarazene namens Achmak an, ein verschlagener und verwegener Mann, dessen Einfluß auf den Kaiser größer war als der aller anderen Kabinettsräte. Dieser war in seiner Verblendung so von ihm eingenommen, daß er ihm alles durchgehen ließ. Nach Achmaks Tod wurde jedoch entdeckt, daß er sich magischer Künste bedient hatte, um des Kaisers Vertrauen uneingeschränkt zu gewinnen und zu behalten. Er verlieh öffentliche Ämter, sprach Gericht über alle Verbrecher, und wenn er jemanden, dem er feindselig gesinnt war, verderben wollte, brauchte er nur zum Großkhan zu gehen und zu sagen: »Die und die Person hat sich des Majestätsverbrechens schuldig gemacht und verdient den Tod.« Dann pflegte dieser zu sagen: »Tut, war ihr für das beste haltet«, worauf Achmak den Verklagten sogleich hinrichten ließ. So mächtig waren die Beweise seiner Gewalt und so groß das Vertrauen, das der Großkhan in ihn setzte, daß niemand den Mut hatte, ihm zu widersprechen. Wenn jemand von ihm wegen eines Kapitalverbrechens angeklagt wurde, so hatte er, wie ängstlich er auch war, sich zu verteidigen, keine Mittel, die Beschuldigung zurückzuweisen, weil er sich keinen Fürsprecher verschaffen konnte; denn niemand wagte es, sich dem Willen Achmaks zu widersetzen. Auf diese Weise wurden viele ungerechte Todesurteile ausgesprochen. Außerdem erregte kein hübsches Weib seine Sinnlichkeit, ohne daß er es in seinen Besitz gebracht hätte. Wenn er Kunde erhielt, daß irgendein Mann eine hübsche Tochter hatte, so schickte er seine Helfershelfer zu dem Vater des Mädchens mit dem Auftrage, ihm zu sagen: »Was hast du für Absichten mit deiner schönen Tochter? Du kannst nicht besser handeln, als sie dem Oberstatthalter (so nannten sie ihn, weil er des Kaisers Stellvertreter war), dem Achmak, zum Weibe zu geben. Wir werden ihn bitten, daß er dir dieses Amt oder jene Stelle auf drei Jahre übergibt.« Dadurch wurde der Vater dann veranlaßt, sein Kind hinzugeben, und war die Angelegenheit so weit geordnet, dann ging Achmak zum Kaiser, teilte diesem mit, daß ein bestimmter Posten freigeworden sei, und empfahl den betreffenden Vater als den zur Ausübung des vakanten Amtes geeigneten Mann. Weil nun die Leute begierig auf so hohe Ämter waren oder weil sie sich einfach fürchteten, nein zu sagen, wurden Achmak die schönsten Mädchen geopfert, als Gemahlinnen oder Sklavinnen seiner Lüste. Seine fünfundzwanzig Söhne aber waren im Besitz der höchsten Staatsämter; auch hatte er große Schätze zusammengerafft, denn jeder, dem er ein Amt vermittelte, hielt es für unerläßlich, ihm ein wertvolles Geschenk zu machen.

Zwanzig Jahre lang übte Achmak seine Gewalt uneingeschränkt aus. Schließlich konnten die Kataier die immer noch zunehmenden Ungerechtigkeiten und Abscheulichkeiten, die er an ihren Familien beging, nicht mehr ertragen. Sie hielten deshalb Versammlungen ab, in denen sie über die Möglichkeit berieten, den allmächtigen Mann zu beseitigen und sich gegen die Regierung zu erheben. Unter den in erster Linie an der Verschwörung Beteiligten war auch Cen-ku, ein Befehlshaber über sechstausend Mann, erbittert über die Schändung seiner Mutter, seiner Frau und seiner Tochter. Er weihte einen seiner Landsleute, den Obersten über zehntausend Mann Van-ku, in den Plan ein, den er ausführen wollte, wenn der Großkhan nach Beendigung seines dreimonatigen Aufenthalts in Kambalu wieder abgereist sein und sich sein Sohn Dschingis ebenfalls in eine andere Residenz zurückgezogen haben würde, weil dann die Aufsicht über die Stadt dem Achmak übergeben war. Nachdem Van-ku und Cen-ku sich miteinander abgesprochen hatten, teilten sie ihre Pläne einigen der Vornehmsten unter den Kataiern mit und durch diese ihren Freunden in vielen anderen Städten. Es wurde beschlossen, daß am festgesetzten Tage, wenn die Feuerzeichen gegeben worden wären, sie sich auf einen Schlag erheben und alle die, welche Bärte trügen, erwürgen sollten, und die Feuerzeichen sollten auch noch an anderen Orten auflodern, damit das ganze Land ihrem Beispiel folge. Was die Bärte betrifft, so muß man wissen, daß die Kataier von Natur bartlos sind, während die Tataren, Sarazenen und Christen Bärte tragen. Weiter muß man sich erinnern, daß der Großkhan, weil er die Herrschaft über Kataia nicht durch legales Recht, sondern durch Waffengewalt erworben hatte, kein Vertrauen zu den Einwohnern besaß und deshalb alle Statthaltereien und alle Behörden der Provinzen Tataren, Sarazenen, Christen und anderen Fremden anvertraut hatte. Darum war seine Regierung allgemein bei den Eingeborenen verhaßt, die sich von den Tataren als Sklaven, noch schlimmer aber von den Sarazenen behandelt sahen.

Als sie ihre Pläne fertiggestellt hatten, beschlossen Van-ku und Cen-ku, nachts in den Palast einzudringen, wo der erstere seinen Platz auf einem der königlichen Sitze einnehmen, das Zimmer hell erleuchten lassen und einen Boten zu Achmak senden sollte, um ihn sofort vor Dschingis, des Kaisers Sohn, zu berufen, der angeblich in dieser Nacht zurückgekommen sei. Achmak war sehr erstaunt über diese Nachricht; da er aber großen Respekt vor dem Thronfolger hatte, gehorchte er augenblicklich. Unterwegs begegnete er dem tatarischen Offizier Kogatai, der Befehlshaber der Wache war, und dieser fragte ihn, wohin er denn so spät noch wolle. Achmak antwortete, er gehe, Dschingis seine Aufwartung zu machen, dessen Ankunft ihm soeben gemeldet worden sei. »Wie ist das möglich«, sagte der Offizier, »daß er so unbemerkt angekommen ist, daß ich nicht einmal einen Teil der Wache zu seiner Begleitung aufziehen lassen konnte?«

Die beiden Kataier aber waren überzeugt, daß sie nichts weiter zu befürchten haben würden, wenn es ihnen gelingen sollte, Achmak umzubringen. Als dieser nun den Palast betrat und so viele Lichter brennen sah, warf er sich in der üblichen Weise vor Van-ku nieder, denn er glaubte, das sei der Prinz. Cen-ku aber stand schon mit dem Schwert bereit und trennte mit einem Schlag das Haupt vom Rumpfe Achmaks. Kogatai jedoch war an der Tür stehen geblieben. Als er sah, was geschehen war, rief er »Verrat!« und schoß augenblicklich einen Pfeil auf Van-ku ab, den er auf diese Weise tötete. Dann rief er seine Leute herbei, ließ Cen-ku ergreifen und schickte den Befehl in der Stadt umher, daß sich bei Todesstrafe kein Mensch vor den Türen blicken lassen solle. Als die Kataier bemerkten, daß ihre Verschwörung entdeckt war, hielten sie sich, ihrer Führer beraubt, in ihren Häusern und konnten so den übrigen Städten das verabredete Zeichen nicht geben. Kogatai aber sandte umgehend Boten an den Großkhan mit einem ausführlichen Bericht über alles, was vorgefallen war. Dieser befahl darauf, eine gründliche Untersuchung anzustellen und die am Verrat Beteiligten nach dem Grade ihrer Schuld zu bestrafen. Am folgenden Tage begann Kogatai das Verhör, und alle Hauptrādelsführer wurden zum Tode verurteilt.

Als Kublai-Khan nach Kambalu zurückkehrte, wünschte er die Ursachen des Aufstandes kennenzulernen und mußte bald feststellen, daß Achmak nebst sieben seiner Söhne die von uns erwähnten Schandtaten begangen hatte. Er ordnete an, den von dem Toten zusammengerafften Schatz seinem eigenen einzuverleiben, den Leichnam Achmaks aber ließ er aus dem Grabe nehmen und auf die Straße werfen, damit er von den Hunden zerrissen würde; die Söhne schließlich, die ihres Vaters bösem Beispiel gefolgt waren, ließ er bei lebendigem Leibe schinden. Da der Kaiser aber auch die Grundsätze der verfluchten Sekte der Sarazenen in Erwägung zog, die sich nämlich kein Gewissen daraus machte, Verbrechen zu begehen und Andersgläubige zu ermorden, so daß Achmak und seine Söhne nicht einmal das Unrechte in ihren Handlungen erkannten, betrachtete er diese Sekte fortan mit Verachtung. Er ließ das Volk der Sarazenen vor sich kommen und untersagte ihnen viele Gebräuche, die ihnen von ihrer Religion vorgeschrieben waren. Auch sollten sie in Zukunft ihre Ehen nach den Sitten der Tataren schließen und Tiere nicht mehr durch Abschneiden der Kehle, sondern durch Bauchaufschlitzen töten. – Marco Polo war zu der Zeit, als sich dieses ereignete, am Orte der Begebenheiten.

9

Die Leibwache des Großkhans besteht aus zwölftausend Reitern, die Kasitan genannt werden, was »treue Soldaten ihres Herrn« bedeutet. Diese Truppe wird von vier Hauptleuten befehligt, von denen jeder dreitausend Mann kommandiert, und jeder von diesen dreitausend ist drei Tage und Nächte hintereinander ununterbrochen im Dienst. Nach Ablauf dieser Zeit wird die diensthabende Wache von der nächsten Abteilung abgelöst. Der Großkhan hat sich aber nicht etwa aus Furcht mit dieser Wache umgeben, sondern nur, weil sie der Würde seiner Stellung entspricht.

10

Wenn der Großkhan feierlich Hof hält, so geschieht dies in folgender Ordnung: Die Tafel des Herrschers steht vor seinem erhabenen Thron; zu seiner Linken sitzt die Kaiserin. Ihm zur Rechten, auf etwas niedrigeren Sesseln, sitzen seine Söhne, Enkel und andere Personen aus kaiserlichem Geschlecht. Die anderen Prinzen und Edlen haben ihre Plätze an noch niedrigeren Tafeln, und dieselben Regeln werden bei den Namen beobachtet, so daß alle, je nach ihrem Rang, an den ihnen zugewiesenen Plätzen sitzen. Die Tafeln sind so angeordnet, daß der Kaiser von seinem erhöhten Thronsitz aus das Ganze überschauen kann. Man darf jedoch nicht meinen, daß alle, die sich bei solchen Gelegenheiten versammeln, an Tafeln gesetzt werden können. Der größere Teil der Ritter und auch der Edlen muß im Gegenteil auf Teppichen sitzend speisen.

In der Mitte der Halle, in welcher der Kaiser an der Tafel sitzt, steht ein großes und prächtiges Kunstwerk in Gestalt eines viereckigen Schreines, der sehr schön mit Tierfiguren verziert und vergoldet ist. Dieser Schrein nimmt innen ein kostbares krugähnliches Gefäß auf, das mit Wein gefüllt wird. Auf jeder seiner vier Seiten steht ein kleineres Gefäß, das entweder mit Stutenmilch, Kamelmilch oder einem der anderen gebräuchlichen Getränke gefüllt ist. In diesem Büfett befinden sich auch die Trinkgefäße und Pokale. Einige von ihnen sind ganz aus Gold und so groß, daß sie für acht oder zehn Mann reichen würden. Die Menge und der Reichtum der dem Großkhan gehörenden Gefäße aus Gold oder Silber sind unvorstellbar. Hofherren von Rang sind beauftragt, darauf zu sehen, daß alle Fremden, die gerade zur Zeit des Banketts ankommen und mit der Etikette noch nicht bekannt sind, angemessene Plätze erhalten.

Diese Hofmeister gehen überall in der Halle umher und fragen die Gäste, ob einer von ihnen Wein, Milch, Fleisch oder sonst noch etwas wünscht, worauf dann das Verlangte augenblicklich von den Dienern herbeigebracht wird.

An jeder Tür der Halle oder des Zimmers, in dem der Kaiser sich gerade befindet, stehen zwei Männer von riesiger Gestalt, einer auf jeder Seite, mit einem Stabe in der Hand, um die Leute daran zu hindern, daß sie mit den Füßen die Türschwelle berühren, und sie zu nötigen, über dieselbe hinwegzuschreiten. Wenn sich einer aus Versehen dieses Vergehens schuldig macht, nehmen ihm die Wächter das Kleid, welches er für Geld einlösen muß, oder geben ihm ihrem Auftrag gemäß eine Anzahl Schläge. Da aber Fremde mit diesem Verbote unbekannt sein können, sind Kämmerer da, die sie einführen und warnen. Diese eigentümliche Vorsicht wird gebraucht, weil es als ein Zeichen böser Vorbedeutung betrachtet wird, wenn jemand die Türschwelle berührt. Beim Hinausgehen aus der Halle aber kommt es vor, daß einige Mitglieder der Gesellschaft betrunken sind; darum ist es unmöglich, die zufällige Berührung der Schwelle zu vermeiden, und es wird dann nicht so streng genommen. Die Herren, die am Büfett stehen und den Kaiser mit Trank und Speise bedienen, müssen Nase und Mund mit schönen Schleiern oder seidenen Tüchern bedecken, damit seine Speisen und sein Wein nicht von ihrem Atem berührt werden; wenn er aber trinken will, so zieht sich der dienende Page, sobald er ihm den Becher gereicht hat, drei Schritte zurück und knict nieder, worauf die Hofherren und alle, die zugegen sind, sich ebenfalls niederwerfen. Zu gleicher Zeit schlagen die Harfenspieler und andere Musikanten, die in großer Zahl anwesend sind, ihre Instrumente an und lassen sie so lange erklingen, wie der Kaiser trinkt; darauf nimmt die ganze Gesellschaft ihre Plätze wieder ein. Dieser ehrerbietige Gruß wird so oft wiederholt, als Seine Majestät zu trinken beliebt. Es ist kaum nötig zu sagen, wie köstlich zubereitet und reichlich die Speisen sind und mit welcher üppigen Pracht sie aufgetragen werden. Ist das Mahl beendet, so werden die Tische entfernt, und eine große Zahl verschiedener Leute wird in den Saal gelassen. Es sind Komödianten, Sänger und Musikanten, Gaukler und Zauberer, welche – zum Vergnügen aller Zuschauer – dem Großkhan ihre Künste vorführen. Sind diese Vorführungen vorüber, so begibt sich jeder nach Hause.

11

Alle Tataren und anderen Untertanen des Großkhans feiern dessen Geburtstag am achtundzwanzigsten Mondtag des Monats September, und das ist ihr größtes Fest, mit Ausnahme des Neujahrsfestes, von dem später noch die Rede sein wird. Der Kaiser legt an seinem Geburtstag ein überaus kostbares golddurchwirktes Gewand an, und bei dieser Gelegenheit werden 20 000 Fürsten, Edle und Oberhauptleute von ihm mit Gewändern bekleidet, die dem seinen in Farbe und Form ähnlich sind. Ihr Stoff ist zwar nicht so prächtig, doch sind sie aus Seide und von goldschimmernder Farbe, und gleichzeitig mit dem Gewand erhalten sie einen Gürtel aus gelbem Leder sowie ein Paar Stiefel. Diese Kleider werden an den dreizehn hohen Festtagen, die in die dreizehn Monate des Jahres fallen, getragen, und wenn die Herren in so prunkvoller

Aufmachung erscheinen, möchte man sie für lauter Könige halten. Sobald der Kaiser ein besonderes Kleid anlegt, tragen die Großen des Hofes ähnliche, aber weniger kostbare Kleider, die stets für diese Anlässe bereitliegen. Sie werden nicht Jahr für Jahr erneuert, sondern sind im Gegenteil so dauerhaft, daß sie mindestens zehn Jahre lang benützt werden können. Auf diesem Fest kann man sich eine Vorstellung von der Pracht am Hofe des Großkhans machen, die ihresgleichen in der ganzen Welt nicht hat.

Zu seinem Geburtstag senden die tatarischen Untertanen und auch die Völker eines jeden Königreiches und jeder Provinz dem Kaiser wertvolle Geschenke nach überkommenem Brauch. Auch erscheinen dann viele Leute bei Hofe, die um Fürstentümer nachsuchen, auf welche sie Anspruch zu haben glauben. Sie bringen Geschenke mit, und der Großkhan befiehlt daraufhin dem Gerichtshof der Zwölf, der für diese Angelegenheiten zuständig ist, ihnen geeignete Länder beziehungsweise Statthaltereien anzuweisen. Auch bitten an diesem Tage alle Christen, Heiden und Sarazenen, mit einem Wort: alle Völker seines Reiches, ihren Gott beziehungsweise ihre Götzen, den Kaiser zu segnen und zu erhalten und ihm langes Leben, Gesundheit und Glück zu verleihen.

12

Bekanntlich rechnen die Tataren den Anfang ihres Jahres vom Monat Februar an. Aus diesem Anlaß pflegen der Großkhan und alle seine Untertanen weiße Gewänder anzulegen, die nach ihrer Meinung von glückbringender Bedeutung sind. An diesem Tage sendet die Bevölkerung aller Provinzen und Königreiche, welche Gerichtsrechte unter dem Großkhan haben, diesem wertvolle Geschenke aus Gold, Silber und Edelsteinen mit vielen Stücken weißen Tuches, damit Seine Majestät sich das ganze Jahr über ununterbrochen des Glücks und Reichtums erfreuen möge. Aus demselben Grund machen alle anderen Würdenträger des Reiches einander Geschenke mit weißen Gegenständen, umarmen sich mit heiterer Miene und sagen (wie auch wir): »Möge das Glück dich das ganze Jahr hindurch begleiten und dir alles nach deinen Wünschen ausschlagen, was du unternimmst.« Bei dieser Gelegenheit werden dem Kaiser auch viele weiße Pferde geschenkt, und wenn diese nicht ganz weiß sind, so muß Weiß doch die vorherrschende Farbe sein.

Weiter ist es Brauch, daß die Geschenke, die man dem Großkhan darbringt, in der Zahl neunmal neun gegeben werden. So zum Beispiel sendet eine Provinz neunmal neun, das sind einundachtzig Pferde; oder neunmal neun Stück in Gold oder Tuch. Auf diese Weise erhält der Kaiser am Neujahrstag nicht weniger als 100 000 Pferde. An diesem Tage werden auch alle Elefanten aus dem Besitz des Großkhans – etwa fünftausend an der Zahl – mit Tüchern bedeckt, die wunderbar mit goldenen oder seidenen Tier- oder Vogelgestalten geschmückt sind, und am Herrscher vorbeigeführt; diesen folgt in gleicher Weise ein Zug von Kamelen; das aber ist ein sehr schönes Schauspiel.

Am Morgen des Festtages, bevor die Tafeln aufgestellt sind, ziehen der gesamte Adel in seinen verschiedenen Rangklassen sowie viele andere Persönlichkeiten, welche öffentliche Ämter bekleiden, feierlich in der großen Halle vor dem Kaiser auf. Wenn nun jeder den Platz, den ihm das Protokoll anweist, eingenommen hat, erhebt sich ein Würdenträger (den wir Oberhofzeremonienmeister nennen würden) und ruft mit lauter Stimme: »Bückt euch und betet an!« Darauf neigen sich alle und schlagen ihr Antlitz zur Erde. Dann ruft der Zeremonienmeister: »Gott segne den Kaiser und erhalte ihn lange in der Freude des Glücks!« Darauf antworten alle: »Gott erhalte den Kaiser!« Schließlich ruft der Mann: »Möge

Gott die Größe und das Glück seines Reiches mehren! Möge er alle die, welche dem Kaiser untertan sind, in den Segnungen des Friedens und des Glücks erhalten! Möge Überfluß in ihren Ländern herrschen!« Darauf wird geantwortet: »Gott gebe es!« Dann werfen sich alle viermal nieder. Ist das geschehen, so schreitet der Zeremonienmeister zu einem Altar, auf dem eine rote Tafel mit dem Namen des Großkhans steht. Daneben befindet sich ein Rauchfaß, mit dem der Zeremonienmeister in ehrfürchtiger Weise die Tafel und den Altar beräuchert. Ist diese Handlung beendet, so bringen alle ihre verschiedenen Gaben dar, wie oben schon beschrieben wurde. Nachdem der Kaiser einen Blick darauf geworfen hat, werden die Tafeln zum Fest vorbereitet, und die ganze Gesellschaft setzt sich in der bereits angegebenen Ordnung zu Tisch. Wenn im Anschluß an die Mahlzeit die Spielleute und Komödianten auftreten, wird unter anderem auch ein Löwe vorgeführt, der so zahm ist, daß er sich von selbst dem Großkhan zu Füßen legt und diesen als seinen Herrn anerkennt.

13

Wenn der Großkhan in der Hauptstadt von Kataia residiert, in den Monaten Dezember, Januar und Februar also, ordnet er an, daß vierzig Tagereisen weit im Lande große und allgemeine Treibjagden veranstaltet werden. Und die Amtleute müssen dann alle größeren Wildarten wie Eber, Hirsche, Rehböcke und Bären an den Hof senden. Das geschieht auf folgende Weise: Alle Leute, die Land in der Provinz besitzen, begeben sich zu den Plätzen, an denen diese Tiere sich aufhalten, und schließen einen engen Kreis um sie. Dort werden sie gestellt und erlegt, teils durch Hunde, teils mit Pferden. Die für den Kaiser bestimmten Tiere werden ausgeweidet und dann auf große Wagen verladen.

14

Der Großkhan besitzt viele Leoparden und Luchse, die zur Jagd gehalten werden, und auch viele besonders große Löwen. Diese haben ein prächtiges Fell und sind sehr schnell, so daß sie Eber, wilde Stiere, Bären, Hirsche, Rehböcke und anderes Wild greifen können. Es ist ein großartiger Anblick, wenn der losgelassene Löwe das Tier verfolgt und man die wilde Begierde sieht, mit der er es einholt. Zu diesem Zweck führt der Kaiser die Jagdtiere auf Wagen in Käfigen mit sich, in denen auch ein kleiner Hund eingesperrt ist, mit welchem sie sich bald anfreunden. Man schließt sie so fest ein, weil sie sonst zu aufgeregt sein würden, sobald sie das Wild erblicken, und dann wäre es nicht möglich, sie unter der nötigen Kontrolle zu halten. Der Großkhan hat auch Adler, die abgerichtet werden, auf Wölfe herabzustoßen; diese sind so groß und stark, daß kein Wolf imstande ist, sich ihrer Klauen zu erwehren.

Marco Polo bezeichnet die meisten Großkatzen als Löwen. Hier handelt es sich wohl um Tiger.

15

Der Großkhan hat zwei Männer in seinem Dienst, die Brüder sind; einer heißt Bayan und der andere Mingan. Diese sind, was man in unserer Sprache Jägermeister nennen würde, und haben die Aufsicht über alle Hunde, Windhunde, Dachshunde und Bullenbeißer. Jeder von ihnen befehligt ein Korps von zehntausend Jägern, und die Jäger des einen tragen rote Kleider, wenn sie im Dienst sind, die des anderen aber blaue Kleider. Auf der Jagd nimmt der eine Bruder mit seinen Jägern das Gebiet zur rechten Hand des Kaisers ein, während der andere mit den Seinen das Gebiet linker Hand vom Kaiser durchkämmt. So rücken sie in regelmäßiger Ordnung und in einer Frontbreite vor, die niemand im Laufe eines Tages von einem Ende zum anderen abgehen könnte, und auf diese Weise kann ihnen kein einziges Stück Wild entkommen. Es ist ein schönes und heiteres Schauspiel, die Jäger und ihre Hunde bei der Arbeit zu sehen, wenn der Kaiser auf der Jagd ist und Hirsche, Bären und andere Tiere nach jeder Richtung verfolgt werden. Die beiden Jägermeister sind verpflichtet, den Hof des Großkhans von Anfang Oktober bis Ende März täglich mit tausend Stück Wild – Wachteln ausgenommen – zu beliefern und auch mit einer möglichst großen Zahl von Fischen.

16

Wenn der Kaiser die übliche Zeit in seiner Residenz verbracht hat und der März beginnt, verläßt er Kambalu und begibt sich nach Nordosten, dem großen Ozean zu, der zwei Tagereisen weit entfernt ist. Dabei führt er zehntausend Falkner und Vogler mit sich, die Falken, Sperber und Geierfalken in großer Zahl abgerichtet haben, um das Wild an den Flüssen zu verfolgen. Dieses Jägerkorps wird in mehrere Züge von ein-, zweihundert und mehr Mann aufgeteilt, welche die Beize nach verschiedenen Richtungen hin verfolgen. Auch nimmt er zehntausend Mann mit, die Taskaol genannt werden und die Aufgabe haben, auf die Jagdvögel aufzupassen. Sie werden deshalb zu je zwei oder drei Mann nicht weit voneinander aufgestellt, so daß sie einen beträchtlichen Abschnitt überwachen können. Jeder von ihnen hat eine Pfeife und eine Kappe, mit denen er die Vögel locken und verwahren kann, und wenn der Großkhan den Befehl gibt, die Falken fliegen zu lassen, so brauchen die, welche sie loslassen, ihnen nicht zu folgen, weil ihre Kameraden ja aufzupassen haben, daß die Vögel nirgends hinfliegen, wo sie nicht gesichert sind und wo sie ihnen nicht notfalls sofort zu Hilfe kommen können. Jeder Vogel, der dem Kaiser oder einem seiner Fürsten gehört, trägt an seinem Bein ein kleines silbernes Täfelchen, auf dem der Name des Eigentümers und auch des Falkners eingegraben ist. So weiß man gleich, wenn der Falke gesichert ist, wem er gehört, und kann ihn seinem Eigentümer wieder zustellen. Wenn, obgleich der Name angegeben ist, der Eigentümer nicht gleich festgestellt werden kann, weil er dem Finder persönlich nicht bekannt ist, bringt man den Vogel einem Adeligen, der Bulangazi heißt; dieser Titel bedeutet, daß er der Aufseher über alle Dinge ist, deren Eigentümer nicht gefunden werden können. Wenn daher ein Schwert, ein Vogel oder irgendein anderer Gegenstand gefunden wird, von dem man nicht weiß, wem er gehört, dann bringt der Finder ihn sogleich zu diesem Adligen, der ihn sorgfältig aufbewahrt. Wer aber etwas findet, ohne es diesem Aufseher abzuliefern, gilt als Dieb. Der Platz des Bulangazi befindet sich immer auf dem erhabensten Punkt des Feldes und ist durch ein besonderes Fähnlein markiert, damit jeder ihn gleich findet.

Wenn der Großkhan in dieser Weise sich der Küste des Ozeans zubewegt, kommen viele interessante Zwischenfälle bei dem Jagdvergnügen vor, und man kann behaupten, daß sich kein anderes Vergnügen der Welt damit vergleichen läßt. Weil die Pässe in einigen Teilen des Landes, in denen der Kaiser der Jagd nachgeht, so eng sind, wird er nur auf zwei Elefanten getragen, zuweilen auch nur auf einem; unter anderen Umständen aber tragen ihn vier Elefanten, auf deren Rücken ein hölzerner, sehr zierlich aussehender Pavillon steht. Dessen Inneres ist mit golddurchwirktem Tuch ausgelegt, während er außen mit Löwenfellen bedeckt ist. Dieser bequeme Transport auf den Jagdzügen ist nötig, weil der Kaiser sehr unter der Gicht leidet. In dem Pavillon führt er immer zwölf seiner besten Geierfalken mit sich, außerdem zwölf Edle, denen er besonders gewogen ist, damit sie ihm Gesellschaft leisten. Seine Begleiter zu Pferde geben ihm Nachricht, wenn Kraniche oder andere Vögel in der Nähe sind. Daraufhin hebt er den Vorhang des Pavillons und läßt, wenn er das Wild entdeckt hat, seine Falken fliegen, welche sich auf die Kraniche stürzen und sie nach langem Kampf überwältigen. Der Anblick dieser Beize gewährt dem Kaiser, der auf seinem Ruhebett liegt, wie auch den Herren, die ihm aufwarten, und den Rittern, die ihn umgeben, die höchste Freude. Nachdem er das Weidmannsvergnügen auf diese Art einige Stunden genossen hat, begibt er sich an einen Platz, wo die Pavillons und Zelte seiner Söhne, der anderen Adligen, der Leibwachen und der Falkner aufgestellt sind – insgesamt wohl mehr als zehntausend, was herrlich anzuschauen ist. Das

Zelt, in dem der Großkhan Audienz erteilt, ist so groß, daß man zehntausend Soldaten in ihm unterbringen könnte und außerdem noch Raum für ihre Hauptleute und andere Standespersonen wäre. Der Eingang dieses Zeltes liegt im Süden; im Osten befindet sich ein anderes Zelt, das mit diesem verbunden ist und einen geräumigen Saal bildet, in dem sich der Kaiser mit einigen seiner Fürsten aufzuhalten pflegt. Und wenn er mit anderen Personen sprechen will, werden diese ihm auch in dem zweiten Zelt vorgeführt. Dahinter befindet sich ein großes, schönes Gemach, in dem er schläft, außerdem auch andere Zelte und Gemächer für die verschiedenen Leute seines Haushaltes, die aber nicht in unmittelbarer Verbindung mit dem großen Zelt stehen. Jedes dieser Zelte wird von drei hölzernen Säulen gestützt; es ist außen mit weiß, schwarz und rot gestreiften Löwenhäuten bedeckt und so geschickt angelegt, daß weder Regen noch Wind eindringen können. Innen sind sie mit Hermelin- und Zobelfellen bedeckt, die kostbarer sind als jedes andere Pelzwerk. Von den Tataren wird dieses Fell als König der Pelze bezeichnet. Mit ihm sind die Hallen sowie die Schlafzimmer geschmackvoll ausgestattet und abgeteilt. Die Seile, mit denen die Zelte befestigt werden, sind alle aus Seide. In der Nähe der großen Zelte des Kaisers stehen die Zelte seiner Gemahlinnen, die ebenfalls schön und prächtig sind. Die Damen haben auch ihre Geierfalken, Sperber und anderen Tiere, mit denen sie am Jagdvergnügen teilnehmen. Die Zahl der in diesem Lager versammelten Menschen übersteigt jede Vorstellungskraft; ein Fremder könnte meinen, er befinde sich mitten in einer volkreichen Stadt. Der Kaiser wird auf diesen Jagdzügen von seiner ganzen Familie und seinem Haushalt begleitet, bei dem sich auch seine Ärzte, Astronomen und alle anderen Hofbeamten befinden.

In diesem Teil des Landes bleibt er bis zum Osterabend und wird nicht müde, die Seen und Flüsse zu besuchen, wo er Störche, Schwäne, Reiher und viele andere Vogelarten jagt.

So vergnügt er sich in einer Weise, die niemand, der es nicht gesehen hat, sich vorstellen kann. Die Herrlichkeit und Größe seiner Jagd läßt sich mit Worten nicht darstellen. Es besteht übrigens eine Verordnung, die es seinen Untertanen, sie mögen Fürsten, Barone oder Bauern sein, untersagt, zwischen dem März und dem Oktober Hasen, Rehböcke, Hirsche und andere Tiere dieser Art sowie alle großen Vögel zu töten, damit sie sich ungestört vermehren können. Da die Übertretung dieses Gesetzes hart bestraft wird, vermehrt sich das Wild ins Unermeßliche.

Die Angabe »Nordosten« ist unrichtig. Marco Polos Himmelsrichtungen müssen fast immer um etwa 22,5° – meist im Sinn des Uhrzeigers – korrigiert werden. Hier reicht nicht einmal diese Korrektur aus. Der Großkhan wird bei diesen Jagdunternehmen vermutlich erst nach Osten und dann an der Küste des Golfs von Liaotung nach Nordosten gezogen sein, wo zahlreiche Flußmündungen der Jagd günstig sind.

17

Wenn der Großkhan wieder in seine Hauptstadt zurückgekehrt ist, hält er in prachtvoller Weise Hof, und das dauert drei Tage. In dieser Zeit gibt er seiner Umgebung große Bankette und andere Feste. Die Feierlichkeiten dieser drei Tage sind in der Tat bewundernswürdig. Die Menge der Einwohner und die Zahl der Häuser in der Stadt sowie in den zwölf Vorstädten ist unbegreiflich groß. Die Vorstädte sind sogar noch dichter bevölkert als die eigentliche Stadt. Dort nehmen auch die Kaufleute und andere Geschäftsreisende ihre Wohnung. Deren Zahl ist deshalb so groß, weil sie immer dorthin ziehen, wo sich die kaiserliche Residenz gerade befindet. Die Zahl der Dirnen, die nur in den Vorstädten wohnen dürfen, beträgt, wie schon angegeben, über 25 000; doch ist diese Zahl nicht größer als notwendig für die ungeheure Schar von Kaufleuten und anderen Fremden, die, vom Hofe angezogen, hier ständig ankommen und abreisen. Alles, was in der Welt selten und kostbar ist, findet seinen Weg in diese Stadt; besonders gilt dies von Indien, das Edelsteine, Perlen und verschiedene Spezereien sowie Gewürze schickt. Auch aus den Provinzen Kataias selbst sowie aus den anderen Ländern des Reiches werden alle wertvollen Waren hierher gebracht, um den Bedarf der Menge zu befriedigen. Als Handelsplatz übertrifft Kambalu alle anderen Handelsplätze der Welt; denn nicht weniger als tausend Wagen und Packpferde, die nur mit roher Seide beladen sind, ziehen täglich in die Stadt ein, während hierselbst goldene Gewebe und Seidenstoffe aller Art in riesigen Mengen produziert werden. In der Umgebung der Hauptstadt gibt es viele andere Städte, deren Einwohner hauptsächlich vom Hofe leben. Diese führen ihre Waren auf den Markt der Hauptstadt und nehmen andere Waren mit sich, die sie selbst brauchen.

18

In der Stadt Kambalu befindet sich die Münzanstalt des Großkhans, von dem man wirklich sagen kann, daß er das Geheimnis der Alchemisten kennt, da er die Kunst versteht, Geld zu machen. Er läßt nämlich die Schale von den Maulbeerbäumen, deren Blätter den Seidenraupen als Futter dienen, abstreifen und nimmt davon die dünne Innenrinde, die sich zwischen der rauheren Borke und dem Holz des Baumes befindet. Diese läßt er einweichen und in einem Mörser zerreiben, bis sie zu Brei geworden ist. Daraus wird das Papier gemacht, das dem aus Baumwolle hergestellten gleicht, aber ganz schwarz ist. Dieses wird nun in Geldstücke von verschiedener Größe geschnitten, die fast viereckig, aber meistens etwas länger als breit sind. Von diesen gilt das kleinste einen Pfennig, ein etwas größeres einen venezianischen Silbergroschen, das nächste zwei Groschen, dann fünf, dann zehn Groschen, wieder größere gelten einen, zwei, drei bis zu zehn goldene Byzantinen, und all dieses Papier wird so aufwendig hergestellt, als sei es lauter echtes Silber und pures Gold. Denn auf jedes dieser Stücke schreiben mehrere Beamte, die dazu besonders angestellt sind, nicht allein ihre Namen, sondern drücken auch ihre Siegel darauf, und anschließend taucht der oberste Münzmeister das ihm anvertraute Siegel in Zinnober und stempelt damit das Papier; auf diese Weise erhält es volle Kraft als gültige Münze, und wenn jemand es nachmachen wollte, würde er als Kapitalverbrecher bestraft werden. Niemand wagt es, das in so großer Menge geprägte Papiergeld, das in allen Provinzen des Großkhans in Umlauf gesetzt wird, als nichtgültige Zahlung abzulehnen. Alle Untertanen nehmen es vielmehr ohne Zögern an, weil sie, wenn sie wollen, auch wieder Perlen, Juwelen, Gold oder Silber dafür kaufen können.

Zu verschiedenen Zeiten im Laufe des Jahres kommen große Handelskarawanen mit den schon oben erwähnten Artikeln an, die sie vor dem Kaiser ausbreiten. Dieser ruft darauf zwölf kundige Männer und befiehlt ihnen, die Waren genau zu prüfen und den Wert, zu welchem sie gekauft werden können, festzustellen. Bei der Summe, die sehr gewissenhaft errechnet wird, räumt er einen vernünftigen Gewinn ein und zahlt dann augenblicklich jenes Papiergeld dafür, wogegen die Händler nichts einzuwenden haben, da sie es, wie schon bemerkt, für ihre eigenen Einkäufe wieder verwenden können. Wenn sie aber in einem Lande zu Hause sind, in dem diese Währung keine Gültigkeit hat, verwenden sie das Geld für den Einkauf anderer Waren. Wenn jemand Papiergeld besitzt, das durch langen Gebrauch schadhaft geworden ist, so bringt er es in die Münzanstalt, wo er mit einem Aufschlag von nur drei Prozent neue Noten dafür eintauschen kann. Wenn jemand sich Gold oder Silber verschaffen möchte, um es weiterzuverarbeiten, wendet er sich gleichfalls an die Münzanstalt, wo er für sein Papier die benötigten Metallstücke erhält. Sämtliche Truppen des Kaisers werden in dieser Währung bezahlt. Der Großkhan verfügt über einen größeren Schatz als irgendein anderer Fürst dieser Welt.

Die Angaben über die verschiedene Größe der einzelnen Papiergeldwerte und den dreiprozentigen Abzug beim Umtausch unbrauchbar gewordener Scheine entsprechen genau der Wirklichkeit. Schon diese Angaben allein beweisen, daß Marco Polo tatsächlich in China gewesen ist.

19

Der Großkhan bestimmt zwölf einflußreiche Adlige, deren Amt es ist, jede die Armee betreffende Angelegenheit zu entscheiden. So zum Beispiel über die Verlegung von Truppen, den Wechsel der über sie gesetzten Hauptleute, den Einsatz von Truppen und die Zahl derer, die zu bestimmten Sonderkommandos verwendet werden sollen. Außerdem haben sie die Aufgabe, über die Offiziere zu wachen, die sich im Kampfe tapfer beziehungsweise feige gezeigt haben, um die einen zu befördern und die anderen zu degradieren. Wenn ein Oberst über tausend Mann im Kampf versagt hat, betrachtet ihn dieser Gerichtshof als seines Ranges unwürdig und setzt ihn zum Befehlshaber über nur hundert Mann herab. Wenn er aber Eigenschaften gezeigt hat, die ihn für einen höheren Rang geeignet erscheinen lassen, so befördern sie ihn zum Obersten über zehntausend Mann. All dieses geschieht jedoch nicht ohne Wissen und Billigung des Kaisers, dem sie ihre Ansichten über Verdienste oder Unwürdigkeit mitteilen und der dem neuernannten Befehlshaber die Zeichen seines Ranges verleiht, wie wir schon beschrieben haben. Auch beschenkt er ihn mit großen Ehrengaben, um andere Offiziere anzuspornen, sich dieselben Belohnungen zu verdienen.

Der Rat dieser zwölf Fürsten heißt Thai, was Oberster Hof bedeutet, weil er niemand anderem als dem Kaiser verantwortlich ist. Außer ihm gibt es noch eine zweite höchste Verwaltungsbehörde. Diese besteht gleichfalls aus zwölf Adligen und hat die Aufgabe, die Oberaufsicht über die Regierung der vierunddreißig Provinzen des Reiches zu führen. Dieser Rat hat in Kambalu einen großen und schönen Palast mit vielen Zimmern und Sälen. Für die Verwaltung jeder Provinz ist ein Rat mit verschiedenen Beisitzern und Schreibern bestellt, der die Geschäfte für die zu seinem Amtsbereich gehörenden Provinzen in Übereinstimmung mit den Beschlüssen des Zwölferrates führt. Dieser hat die Oberaufsicht über alles, was sich auf die Einteilung der Steuern und deren Verwendung bezieht. Außerdem überwacht er, mit Ausnahme der Militärbehörden, alle anderen Abteilungen der Staatsverwaltung. Der Rat wird Sing genannt, was soviel wie Zweiter Verwaltungshof bedeutet; gleich dem ersten ist auch dieser nur dem Großkhan verantwortlich. Aber der erste Rat, der Thai genannt wird und die militärischen Angelegenheiten verwaltet, steht in Rang und Ansehen höher als der Verwaltungsrat.

20

Von Kambalu aus führen viele Straßen in die verschiedenen Provinzen, und auf jeder der großen Hauptstraßen sind im Abstand von etwa fünfundzwanzig oder dreißig Meilen, wie gerade die Städte liegen, Stationen zur Unterkunft und Verpflegung der Reisenden zu finden, die Jamb oder Posthäuser genannt werden. Das sind ansehnliche, geräumige Häuser mit mehreren gut eingerichteten Zimmern, die mit Seide tapeziert und mit allem ausgerüstet sind, was für Persönlichkeiten von Rang unentbehrlich ist. Selbst Könige können in diesen Stationen angemessen untergebracht werden. An jeder Station stehen vierhundert tüchtige Pferde bereit, so daß alle Boten des Kaisers und alle Gesandten dort einkehren und ihre Pferde wechseln können. Sogar im Gebirge, abseits der großen Landstraßen, wo es keine Dörfer gibt und die Städte weit auseinandergezogen sind, gibt es solche Stationen. Der Kaiser weist Leute an, die dort zu wohnen haben, um das Land zu bebauen und zum Dienst für die Post bereit zu sein. Dank dieses Systems reisen Gesandte sowie die kaiserlichen Boten durch jede Provinz und jedes Königreich mit der größten Bequemlichkeit, und darin zeigt sich die Macht des Großkhans vor jedem anderen Herrscher und vor allen Menschen. Nicht weniger als 200 000 Pferde stehen in seinem Reich für die Post zur Verfügung, und 10 000 Gebäude sind mit allen nötigen Einrichtungen versehen. Das ist eine so wunderbare und in ihren Auswirkungen so erfolgreiche Einrichtung, daß man sich keine vollkommenere vorstellen kann.

Wie aber ist es möglich, daß das Land eine solche Menge Menschen für diesen Dienst aufbringen und ernähren kann? Alle Götzendiener haben, ebenso wie die Sarazenen, ihren Verhältnissen entsprechend sechs, acht oder zehn Frauen, von denen sie eine große Zahl von Kindern bekommen, einige bis zu dreißig Söhnen, während bei uns ein Mann nur eine Frau hat und mit dieser doch sein Leben zubringen muß, selbst wenn sie unfruchtbar sein sollte. Daher kommt es, daß unsere Bevölkerung so viel geringer ist als die ihrige. Auch an Nahrung leidet das Volk keinen Mangel, zumal die Kataier und Tataren großenteils von Reis, Buchweizen und Hirse leben, was alles im Überfluß dort wächst; diese drei Kornarten kochen sie in Milch oder mit Fleisch auf. Der Weizen freilich wächst nicht so üppig dort, und da das Brot unbekannt ist, wird er nur zu Nudeln und Pasteten bereitet.

Auf der Strecke zwischen den erwähnten Poststationen sind alle drei Meilen kleine Dörfer von etwa vierzig Hütten angelegt, in denen die Eilboten wohnen, die im Dienste des Kaisers stehen. Sie tragen Gürtel, an denen mehrere kleine Glocken hängen, damit man ihr Kommen schon von weitem hören kann, und dann macht sich der Kurier im nächsten Dorf fertig, übernimmt das Paket und eilt davon. Auf diese Weise kann eine Nachricht so schnell von Station zu Station übermittelt werden, daß der Kaiser innerhalb von achtundvierzig Stunden Botschaften aus Entfernungen erhält, für die man normalerweise mindestens zwölf Tage benötigt. Oft geschieht es, daß in der Erntezeit eine neue Frucht, die morgens in Kambalu gepflückt wurde, am nächsten Abend dem Großkhan in Ciandu überbracht wird, obgleich die Entfernung allgemein mit zehn Tagereisen angegeben wird. Auf jeder dieser Dreimeilenstationen befindet sich ein Schreiber, dessen Amt es ist, den Tag und die Stunde, an welchem der eine Kurier ankommt und der andere abgeht, zu notieren, was auch in allen Posthäusern geschieht. Außerdem sind Beamte angestellt, welche allmonatlich an jede Station kommen, deren Verwaltung untersuchen und die Kuriere bestrafen, die ihre Pflichten vernachlässigt haben. Alle diese Kuriere sind nicht allein frei von Steuern, sondern erhalten auch eine gute Löhnung. Für die Pferde, die in diesem Dienst verwendet werden, ist auch kein Aufwand nötig, da die Städte und Dörfer in der Nachbarschaft angewiesen sind, ihnen alles zu liefern und sie zu unterhalten. Auf kaiserlichen Befehl müssen die Amtleute der Hauptstädte von gut informierten Personen untersuchen lassen, welche Zahl von Pferden jeder Bewohner versorgen kann. Dasselbe geschieht in den kleineren Städten und in den Dörfern, und jeder wird nach seinen Mitteln in

Anspruch genommen, so daß alle zu beiden Seiten der Stationen den gebührenden Teil beitragen müssen. Der Beitrag, der zur Unterhaltung der Pferde erforderlich ist, wird später jeder Stadt von den Abgaben, die sie dem Großkhan zu zahlen hat, in Übereinstimmung mit den Leistungen der Einwohner abgezogen.

Man muß jedoch wissen, daß von den vierhundert Pferden nicht alle beständig im Dienste an der Station sind, sondern nur zweihundert einen Monat lang dort gelassen werden, während die andere Hälfte auf der Weide ist. Mit Anfang des neuen Monats kommen letztere in den Dienst, während die anderen sich erholen; so lösen sie einander ab. Wo nun aber ein Fluß oder ein See ist, den die Eilboten oder die Postreiter passieren müssen, da sind die benachbarten Städte angewiesen, drei oder vier Kähne ständig in Bereitschaft zu halten, und wo in einer Wüste von mehreren Tagereisen keine Unterkunft vorhanden ist, haben die am Rand derselben liegenden Städte den vom und zum Hofe reisenden Personen Pferde zu stellen, mit denen diese die Wüste durchqueren können. Auch diese Städte erhalten dafür vom Großkhan eine Vergütung.

Wenn aber ganz besondere Eile geboten ist, wenn zum Beispiel Nachrichten von Aufständen, von der Rebellion eines Fürsten oder dergleichen überbracht werden sollen, so reiten die Boten zweihundert bis zweihundertfünfzig Meilen an einem Tag. Bei solchen Gelegenheiten tragen sie die Tafel des Geierfalken als Zeichen ihrer dringenden Mission. Wenn sie sich der Poststation nähern, stoßen sie in ein lautschallendes Horn, damit die Pferde fertig sind, bis sie kommen, springen auf und legen auf diese Weise gewaltige Entfernungen zurück. In solch dringenden Fällen reiten sie auch die Nacht hindurch, wobei sie, wenn der Mond nicht scheinen sollte, von Läufern mit Fackeln geleitet werden. Diese Boten stehen in sehr hohem Ansehen.

21

Jedes Jahr sendet der Großkhan Beamte aus, die prüfen sollen, ob seine Untertanen bei der Ernte unter ungünstigem Wetter, Sturm, Regen, Heuschrecken, Würmern oder anderen Plagen gelitten haben. In solchen Fällen verzichtet er auf die Eintreibung der üblichen Steuern und versorgt die Bevölkerung sogar mit Korn aus seinen Kammern, so viel sie für ihren Unterhalt und die nächste Aussaat brauchen. Zu diesem Zweck läßt er in guten Jahren große Mengen der Ernte aufkaufen, die in seinen Kornkammern mit großer Sorgfalt gepflegt werden, so daß das Korn drei bis vier Jahre lang ohne Schaden aufbewahrt werden kann. Die Kornkammern müssen immer gefüllt sein, damit in schlechten Jahren genügend Vorrat da ist. Ähnlich vergütet er, wenn irgendwo eine Viehseuche ausgebrochen ist, den Geschädigten ihren Verlust aus seinen Viehherden. Alle seine Gedanken sind tatsächlich darauf gerichtet, dem von ihm beherrschten Volk beizustehen, damit es von seiner Arbeit leben und sein Vermögen vergrößern kann. Wir wollen noch eine besondere Gewohnheit des Kaisers erwähnen: Wenn ein Blitzschlag Schaden unter dem Vieh angerichtet hat, verlangt er – wie groß der Schaden auch immer sein mag – drei Jahre lang keinen Zehnten; ebenso fordert er, wenn ein Schiff vom Blitz getroffen worden ist, keinen Zoll und keinen Anteil von dessen Ladung. Denn diesen Unglücksfall betrachtet er als böses Omen. Er ist der Ansicht, daß Gott selbst sein Mißfallen an den Gütern des Eigentümers gezeigt habe, und er wünscht nicht, daß die vom göttlichen Zorn gezeichneten Güter in seinen Schatz Eingang finden.

22

Noch eine andere Anordnung, die zugleich schön und nützlich ist, hat der Großkhan getroffen: Er hat beiderseits der Landstraßen große und dicke Bäume pflanzen lassen. Diese stehen nur zwei Schritte voneinander entfernt und geben im Sommer Schatten, im Winter aber, wenn das Land verschneit ist, markieren sie den Weg. Das geschieht überall, wo die Bodenbeschaffenheit es zuläßt. In den Wüsten aber oder im Gebirge, wo man keine Bäume pflanzen kann, läßt der Großkhan Steine setzen und Säulen errichten, die den Weg anzeigen. Außer den genannten Gründen gibt es aber noch einen weiteren, der den Kaiser veranlaßt hat, Bäume zu pflanzen: Seine Wahrsager und Sterndeuter haben nämlich erklärt, daß, wer Bäume pflanzt, mit einem langen Leben belohnt wird.

23

Die Einwohner der Provinz Kataia trinken meistens eine Art Wein, der aus Reis unter Zusatz von verschiedenen Gewürzen gemacht wird. Dieses Getränk ist gut und blumig. Es ist klar, glänzend, angenehm im Geschmack und berauscht, wenn es erhitzt wird, leichter als irgendein andr" Getränk.

Im ganzen Land Kataia findet man einen schwarzen Stein, den man aus den Bergen holt, wo er in Adern läuft. Wenn er angezündet wird, brennt er wie Kohle und hält das Feuer viel besser als Holz. Diese Steine haben keine Flamme; sie lodern nur ein wenig auf, wenn sie angezündet werden, strömen aber beim Brennen viel Hitze aus. Zwar ist kein Mangel an Holz in diesem Lande, aber es gibt andererseits so viele Menschen hier, daß die vorhandene Menge trotzdem nicht reichen würde, zumal man mindestens dreimal in der Woche und im Winter nach Möglichkeit täglich ein Bad zu nehmen pflegt.

Jeder Mann von Rang und Vermögen hat ein eigenes Bad in seinem Haus, und so viel Holz gibt es einfach nicht, um alle Öfen und Bäder damit zu heizen; die Steine dagegen sind im größten Überfluß vorhanden und sehr billig zu bekommen.

Es ist kaum verwunderlich, daß Marco Polo die Steinkohle vorher nicht kannte. Italien besitzt keine Steinkohle, und ihre Gewinnung stand auch in anderen Teilen Europas noch ganz im Anfang oder geschah in ganz geringem Umfang.

24

Sobald der Großkhan erfährt, daß eine achtbare Familie, die in guten Verhältnissen gelebt hat, durch Unglücksfälle arm geworden ist oder daß eine Familie infolge Krankheit und Alter nicht mehr für ihren Lebensunterhalt sorgen kann, gibt er ihr so viel, wie sie im Jahre braucht. In gleicher Weise sorgt er auch für ihre Kleidung, wozu er die Mittel aus seinem Zehnten von Wolle, Seide und Hanf nimmt. Daraus läßt er in einem eigens zu diesem Zweck eingerichteten Haus, in welchem jeder Handwerker einen Tag in der Woche für ihn arbeiten muß, Stoffe und Kleider anfertigen. Diese gibt er dann den armen Familien, denen es an Winter- und Sommerkleidung fehlt.

Dazu muß man wissen, daß die Tataren, als sie ihren ursprünglichen Gewohnheiten folgten und noch nicht die Religion der Götzenanbeter angenommen hatten, keine Almosen kannten. Wenn ein Bedürftiger sich an sie wandte, jagten sie ihn davon und sagten: »Verschwinde mit deinen Klageliedern von der bösen Zeit, die Gott dir gesandt hat. Hätte er dich geliebt, wie es scheint, daß er mich liebt, so wärst du auch so glücklich wie ich.« Doch seitdem die weisen Männer und besonders die Baksis dem Großkhan dargelegt haben, daß

Mildtätigkeit gegen Arme ein gutes und Gott wohlgefälliges Werk sei, hilft dieser den Armen in ihrer Not, und keinem wird Speise verweigert, der kommt und darum bittet. Kein Tag vergeht, an dem nicht mindestens zwanzigtausend Schüsseln mit Reis, Hirse oder Buchweizen verteilt werden, und wegen dieser bewundernswürdigen Wohltätigkeit gegenüber den Armen betet das Volk den Kaiser an wie einen Gott.

25

Es gibt in Kambalu unter den Christen, Sarazenen und Kataiern an die fünftausend Astrologen und Schicksalsdeuter, für deren Unterhalt der Großkhan in derselben Weise sorgt wie für die verarmten Familien und die ihre Kunst beständig ausüben. Sie haben ihre Tafeln, auf denen die Planetenzeichen, die Stunden, in denen diese den Meridian passieren, und ihre verschiedenen Aspekte für das ganze Jahr verzeichnet sind. Jährlich prüfen sie die verschiedenen Tafeln, um damit den Lauf der Gestirne und deren Stellung bei jedem Mondwechsel zu bestimmen. Auf diese Weise sagen sie den Verlauf des Wetters und die besonderen Ereignisse eines jeden Monats voraus: daß zum Beispiel in diesem Monat Gewitter und Sturm, in jenem Erdbeben, in einem anderen heftige Niederschläge oder auch Seuchen, Todesfälle, Krieg, Zwietracht und Verschwörungen zu erwarten sind. Wie es in den Gestirnen steht, sagen sie, werde es sich ereignen, wobei sie jedoch hinzufügen, daß es in Gottes Willen stehe, mehr oder weniger zu senden, als sie bestimmt haben. Ihre Prophezeiungen schreiben sie auf kleine, viereckige Tafeln, die sie an alle verkaufen, die einen Blick in die Zukunft tun möchten. Diejenigen Astrologen, deren Weissagungen am häufigsten eingetroffen sind, gelten als die vollkommensten Meister ihrer Kunst und stehen deshalb im höchsten Ansehen. Wenn jemand ein großes Werk auszuführen beabsichtigt, eine weite Reise oder eine andere Unternehmung antreten will, wendet er sich an einen dieser Astrologen, legt ihm seinen Plan vor und fragt ihn, wie der Himmel in dieser Zeit gestimmt erscheine. Dieser fragt hierauf zunächst danach, in welchem Jahr, in welchem Monat und in welcher Stunde der Fragende geboren sei; nachdem er dies in Erfahrung gebracht hat, sucht er zu bestimmen, in welcher Beziehung das aufsteigende Gestirn in dieser Stunde zu den Aspekten der himmlischen Körper gestanden hat. Darauf begründet er dann seine Vorhersage.

Man muß wissen, daß die Tataren die Zeit nach einem Zyklus von zwölf Jahren berechnen. Dem ersten Jahr geben sie den Namen des Löwen, dem zweiten den des Ochsen, dem dritten den des Drachen, dem vierten den des Hundes und so weiter, bis der Zwölfjahreszyklus abgelaufen ist. Wenn daher jemand gefragt wird, in welchem Jahr er geboren ist, so antwortet er: Im Jahre des Löwen, an dem und dem Tag, in der und der Stunde und Minute, wie es seine Eltern sorgfältig in einem Buch festgehalten haben. Nach Vollendung der zwölf Jahre des Zyklus kehren sie wieder zum ersten Jahr zurück, und alles fängt in derselben Reihenfolge wieder von vorne an.

26

Es ist verschiedentlich schon erwähnt worden, daß diese Völker Götzendiener sind. Sie haben für ihre Gottheiten an der Wand ihres Zimmers eine Tafel aufgehängt, auf der ein Name geschrieben steht, der den hohen, himmlischen und erhabenen Gott bezeichnet; diesen beten sie täglich an und verehren ihn mit Weihrauch; mit erhobenen Händen, das Gesicht dreimal auf den Boden schlagend, flehen sie ihn um Einsicht und Gesundheit an, und weiter bitten sie um nichts. Unter diesem steht ein Götzenbild, das sie den Gott der irdischen Dinge und Beherrscher all dessen, was auf der Erde erzeugt wird, nennen. Ihn stellen sie mit Weib und Kindern dar und verehren ihn in ähnlicher Weise, indem sie Weihrauch verbrennen, ihre Hände erheben und sich auf den Boden werfen. Von diesem Götzen erbitten sie günstige Witterung, reiche Ernte, Familienzuwachs und so fort. Sie glauben an die Unsterblichkeit der Seele, der Art nämlich, daß diese unmittelbar nach dem Tode eines Menschen in einen anderen Leib wandert und daß, je nach dem, ob der Verstorbene tugendhaft oder schlecht gewesen ist, sein zukünftiger Zustand entsprechend besser oder schlechter sein wird. Ein armer Mann, der sich edel und bescheiden aufgeführt hat, wird beim nächstenmal von einer Edelfrau geboren und selbst ein Edelmann werden, darauf von einer hochgeborenen adligen Dame und selbst ein Adliger von hohem Rang werden; indem er so ständig auf der Leiter des Daseins aufsteigt, vereinigt er sich endlich mit der Gottheit. Wenn der Verstorbene aber ein Edelmann gewesen ist und sich unwürdig aufgeführt hat, so wird er in seinem nächsten Zustand der Sohn eines Bauern und zuletzt ein Hund werden, da er auf den Stufen des Daseins immer tiefer steigen muß.

Im Umgang sind sie fein und höflich; sie grüßen einander mit großer Artigkeit und mit Ausdrücken des höchsten Vergnügens; dabei zeigen sie eine gute Erziehung und viel Anstand; bei den Mahlzeiten essen sie mit großer Sauberkeit. Ihren Eltern bezeigen sie die höchste Verehrung; sollte es aber vorkommen, daß ein Kind sich unehrerbietig gegen seine Eltern verhält oder diesen in der Not nicht beisteht, so hat ein öffentlicher Gerichtshof die Pflicht, das Verbrechen kindlicher Undankbarkeit mit Strenge zu bestrafen. Wer sich verschiedene Vergehen hat zuschulden kommen lassen, wird ins Gefängnis geworfen, aber wieder freigelassen, sobald die vom Großkhan bestimmte Zeit kommt, wenn nämlich alle drei Jahre die Verurteilten amnestiert werden; doch wird ihnen ein Brandmal auf die Wangen gedrückt, damit sie für immer zu erkennen sind.

Der zur Zeit regierende Großkhan hat alle Glücksspiele und andere Arten von Betrügereien, denen die Leute dieses Landes mehr als andere Menschen zugetan sind, streng verboten. Um sie abzuschrecken, sagt er: »Ich habe euch durch die Gewalt meines Schwertes unterworfen, und folglich gehört mir alles, was ihr besitzt. Also spielt ihr um mein Eigentum.«

Die Ordnungen und Gebräuche, die vom Volk wie von den Adligen beobachtet werden, wenn sie sich dem Kaiser vorstellen, dürfen wir nicht übergehen: Schon eine halbe Meile vor dem Platz, wo dieser sich gerade aufhält, nehmen sie eine demütige, sanfte und ruhige Haltung an, um ihm ihre Ehrfurcht zu erweisen: Man hört nicht das geringste Geräusch, keinen Schrei, kein lautes Sprechen. Jeder Vornehme führt ein kleines Gefäß mit sich, in welches er spuckt, solange er sich in der Audienzhalle aufhält. Denn niemand darf es wagen, auf den Fußboden zu spucken. Hat er aber in sein Gefäß gespuckt, so legt er den Deckel wieder darauf und macht eine Verbeugung. Auch haben sie sehr schöne Stiefel aus weißem Leder bei sich, wenn sie zum Hofe gehen; diese ziehen sie an, bevor sie die Halle betreten, in der sie auf die Befehle des Kaisers warten. Diejenigen aber, in denen sie gekommen sind, übergeben sie den Dienern. Das geschieht wegen der kostbar gearbeiteten Teppiche.

27

Bisher haben wir in diesem zweiten Buch die Lage, Größe und den Handel der Stadt Kambalu beschrieben. Dabei haben wir auch die Macht und den Reichtum des Großkhans geschildert. Nun ist es erforderlich, daß wir die angrenzenden Landschaften besichtigen und kurz beschreiben, was sich darin findet. Denn als der Großkhan mich, Marco, in die fernen Provinzen seines Reiches schickte, um Aufträge für ihn auszuführen, blieb ich oft vier Monate unterwegs, und während dieser Zeit erkundete ich alles, was ich sah, mit großer Aufmerksamkeit.

Zehn Meilen von der Hauptstadt entfernt fand ich einen großen Strom, der in den Ozean mündet und auf dem viele Schiffe mit reichen Warenladungen fahren. Dieser Strom heißt Pulisangan. Über ihn führt eine sehr schöne steinerne Brücke, wie man sie sonst in der Welt wohl kaum findet: Sie ist dreihundert Schritte lang und acht Schritte breit, so daß zehn Mann bequem nebeneinander darüberreiten können. Sie ruht auf vierundzwanzig Bögen und fünfundzwanzig im Wasser stehenden Pfeilern. Auf jeder Seite führt von einem Ende zum anderen eine schöne, reich geschmückte Brustwehr aus Marmorplatten und Säulen. Dort, wo man die Brücke betritt, ist sie etwas breiter als auf ihrem Scheitelpunkt, aber von diesem aus laufen die Seiten parallel zueinander. Alle Zwischenräume zwischen den Säulen entlang der ganzen Brücke sind mit Marmortafeln besetzt, die mit schönen Bildwerken verziert sind. Die Säulen sind ein und einen halben Schritt voneinander entfernt, und jede ist mit einem Löwen besetzt.

Das Ganze bietet einen prächtigen Anblick. Die Brustwehren haben den Zweck, die Fußgänger vor einem Unfall zu schützen.

Der Fluß Pulisangan ist der Sangkan-ho, ein Nebenfluß des Pai-ho, der bei Tientsin ins Gelbe Meer mündet.

28

Jenseits dieser Brücke gelangt man, wenn man dreißig Meilen in westlicher Richtung gereist ist, in ein Land, das reich an schönen Gebäuden, Weinbergen und fruchtbaren Äckern ist, und zu einer schönen, bedeutenden Stadt. Sie heißt Giogiu, und die Götzendiener haben viele Klöster in ihr. Die Einwohner leben überwiegend von Handel und Handwerk. Sie stellen goldene und seidene Gewebe und eine besonders schöne Art von Schleiern her. Es gibt hier viele Fremdenherbergen. Eine Meile jenseits der Stadt teilt sich die Straße. Der eine Weg führt weiter nach Westen, durch die Provinz Kataia; der andere führt nach Südosten, durch die Provinz Manji. Von der Stadt Giogiu reist man in zehn Tagen durch Kataia in das Königreich Ta-in-fu; unterwegs kommt man durch viele schöne Städte, in denen Handel und Gewerbe blühen und wo man viele Weingärten sowie kultiviertes Ackerland sieht. Von hier aus werden Weintrauben in das Innere von Kataia gebracht, wo kein Wein wächst. Maulbeerbäume gibt es im Überfluß; ihre Blätter ermöglichen es den Einwohnern, Seide in großer Menge herzustellen. Weil hier die Städte dicht beieinander liegen, herrscht unter den Bewohnern dieses Landes ein hoher Grad von Bildung. Ständig wechseln die Kaufleute von einer Stadt zur andern und bringen ihre Waren dorthin, wo gerade die Messen abgehalten werden. Wenn man noch fünf Tage weiterreist, kommt man in eine Stadt, die noch viel größer und schöner sein soll als Giogiu und Achbaluch heißt. Bis dorthin erstreckt sich das Jagdrevier des Kaisers, in welchem niemand außer den Prinzen seiner eigenen Familie und denen, deren Namen in der Liste des Großfalkners eingetragen sind, jagen darf. Jenseits dieser Grenzen jedoch dürfen alle Personen, welche ihr Rang dazu berechtigt, nach Belieben jagen. Es geschieht allerdings selten, daß der Großkhan dem Jagdvergnügen in diesem Teil des Landes obliegt, und als Folge davon vermehrt sich das Wild, besonders die Hasen, in solcher Menge, daß die ganze Saat der Provinz dadurch zerstört wurde. Als dies dem Kaiser einmal zu Ohren kam, begab er sich mit seinem Hof in das Land und erlegte eine unübersehbare Menge dieser Tiere.

Giogiu ist das heutige Tschochou, etwa 75 Kilometer südwestlich von Peking.

Kataia und Manji bezeichnen das nördliche und das südliche China, wobei der Hwang-ho die Grenze bildet. Kataia, mit Peking (Kambalu) als Hauptstadt, war bereits vor Kublai-Khan in mongolischem Besitz, während das südliche China, mit Hangtschou (Quinsai) als Hauptstadt, erst von diesem Großkhan erobert wurde. Die beiden Namen Kataia und Quinsai erscheinen immer wieder in den Berichten der Entdeckungsreisenden des 15. bis 17. Jahrhunderts als die märchenhaft reichen Länder und Städte, die sie suchen wollen.

29

Von Giogiu kommt man, wie schon gesagt, nach zehn Tagereisen in das Königreich Ta-in-fu, dessen Hauptstadt denselben Namen hat. Sie ist außerordentlich groß, sehr schön und ein bedeutender Handelsplatz. Hier werden neben verschiedenen kunstgewerblichen Waren besonders Waffen und andere Kriegsgeräte hergestellt. Auch gibt es viele Weinberge, die sehr gute Ernten bringen; denn obgleich nirgends sonst in Ta-in-fu Trauben wachsen, liefern die in unmittelbarer Umgebung der Hauptstadt geernteten doch eine für die ganze Provinz genügende Menge. Auch andere Früchte, zum Beispiel der Maulbeerbaum, wachsen hier sehr üppig.

30

Wenn man Ta-in-fu verläßt und sieben Tagereisen nach Westen zieht, wobei man durch ein schönes und reiches Land kommt, erreicht man schließlich die Stadt Pi-an-fu, die außerordentlich groß und sehr berühmt ist. Dort wohnen ebenfalls zahlreiche Kaufleute und Handwerker. Auch Seide wird hier in großer Menge erzeugt.

Ta-in-fu ist das heutige Taijüan in der Provinz Schansi, Pi-an-fu das jetzige Pinyao im Südsüdwesten von Taijüan. Beide Orte liegen am Fluß Fön-ho. Weintrauben findet man auch heute noch in dieser Gegend.

31

Westlich von Pi-an-fu liegt die große und schöne Festung Thaigin, die in alten Zeiten von einem König namens Dor erbaut worden sein soll. In dieser Festung befindet sich ein geräumiger Palast mit einem großen Saal, in dem die Gemälde von allen berühmten Fürsten, die hier regiert haben, hängen. Das ist eine sehr prächtige Galerie, welche anzusehen ein besonderes Vergnügen bereitet. Von dem König Dor erzählt man die folgende Geschichte: Er war ein großer und mächtiger Herr, der den Prunk liebte und sich gern durch junge Mädchen von erwählter Schönheit bedienen ließ, von denen er eine große Zahl an seinem Hof hielt. Wenn er einen Ausflug aus der Festung machte, wurde er von diesen Mädchen in einem Wagen gezogen, was ohne Mühe geschehen konnte, da der Wagen nicht groß war. Die Mädchen standen in seinem Dienst und taten alles, was seiner Bequemlichkeit und seinem Vergnügen diente. Als Herrscher ließ er es nicht an Kraft fehlen und regierte mit Würde und Gerechtigkeit. Die Mauern seiner Festung waren, wie das Volk in seinem Land sich erzählt, über alle Maßen fest. Aber er war ein Vasall Un-Khans, der unter dem Namen Priester Johann bekannt geworden war, und in seinem Stolz erhob er sich gegen diesen. Als Un-Khan davon erfuhr, verdroß ihn das nicht wenig, da es wegen der Stärke des Kastells vergeblich gewesen wäre, den Aufrührer anzugreifen. Schließlich meldeten sich sieben Ritter, die seine Lehensleute waren, und boten sich an auszuziehen, sich der Person des Königs Dor zu bemächtigen und diesen lebendig ihrem Herrn auszuliefern. Da versprach ihnen Un-Khan eine große Belohnung. So zogen die Ritter nun zu Dors Festung, stellten sich, als kämen sie aus fernen Ländern, und boten ihm ihre Dienste an. Sie waren ihrem neuen Herrn so treue Lehensleute, daß sie seine Achtung gewannen und von ihm besonders gnädig behandelt wurden; stets hielten sie sich in seinem Gefolge auf, wenn er auf die Jagd ging. Als König Dor eines Tages bei der Jagd einen Fluß überschritten hatte und von seinem Gefolge getrennt war, ergriffen die Ritter die Gelegenheit, zogen ihre Schwerter, umringten ihn und entführten ihn in das Land Un-Khans.

Dieser gab Befehl, dem Gefangenen zerlumpte Kleider anzulegen, und ließ ihn, um ihn recht zu erniedrigen, das Vieh hüten. In dieser Lage blieb König Dor zwei Jahre. Nach Verlauf dieser Zeit ließ Un-Khan ihn vor sich bringen, und der Gefangene zitterte vor Furcht, daß seine letzte Stunde geschlagen habe. Aber Un-Khan gewährte ihm Verzeihung, nachdem er ihn streng getadelt und vor Hochmut und Stolz gewarnt hatte. Darauf ließ er ihm seine königlichen Kleider zurückgeben und sandte ihn mit ehrenvoller Begleitung wieder in sein Land. Von dieser Zeit an war Dor ein treuer Vasall und lebte in Freundschaft mit Un-Khan.

König Dor hieß gewiß nicht so, und Marco Polo hat das auch nicht diktiert. Es handelt sich hier um den Kaiser der Kin, der »Goldenen Dynastie«, den die Mongolen Altun-Khan, also »Goldkönig«, nennen. Deshalb diktierte Marco Polo »roi d'or«. Spätere Herausgeber, unter ihnen auch Ramusio, haben das »d'or – von Gold« irrtümlich für den Eigennamen gehalten.

Die Festung Tai-king (Thaigin) lag in der Nähe der Stadt Yungtsi, nicht weit von der fast spitzwinkligen Richtungsänderung des zunächst nordsüdlich fließenden Hwang-ho nach Osten.

32

Wenn man die Festung Thaigin verläßt und ungefähr zwanzig Meilen weiterzieht, kommt man an den Fluß Karamoran, der so breit und tief ist, daß keine feste Brücke über ihn gebaut werden kann. Seine Wasser münden in den Ozean, wovon später noch ausführlicher die Rede sein wird. An seinen Ufern gibt es viele Städte und Burgen und wird viel Handel getrieben. Das Land hier produziert allerlei Gewürze und auch Seide in großen Mengen. Schließlich gibt es sehr ausgedehnte Rohrwaldungen; einige Rohrarten sind einen Fuß und andere anderthalb Fuß dick und werden von den Einwohnern zu vielen nützlichen Gegenständen verarbeitet.

Karamoran, Schwarzer Fluß, ist der mongolische Name des Hwang-ho. Heute gibt es in diesem Teil Chinas keine Seidenraupenzucht mehr, dagegen findet man Bambus noch immer dort.

33

Ist man über diesen Fluß gekommen und zwei Tagereisen weitergezogen, gelangt man zu der Stadt Ka-cian-fu. Deren Einwohner sind Handelsleute und produzieren vielerlei Stoffe. Das Land bringt in großem Überfluß Seide, Ingwer, Galgant und viele andere Spezereien hervor, die in unserem Erdteil fast unbekannt sind.

Die Stadt Ka-cian-fu, heute Puchow, passierte Marco Polo jedoch, ehe er nach Tai-king gelangte.
 Galgant ist der Wurzelstock einer Verwandten der Ingwerstaude, viel in der mittelalterlichen Medizin verwendet.

34

Wenn man von Ka-cian-fu sieben Tagereisen in westlicher Richtung weiterzieht, kommt man ständig durch Städte und Handelsplätze mit vielen Gärten und Maulbeerplantagen. Deren Einwohner sind im allgemeinen Götzendiener, aber es gibt auch nestorianische Christen, Turkomanen und Sarazenen unter ihnen. Nach Verlauf dieser sieben Stationen kommt man zu der Stadt Quen-zan-fu. Das ist die ehemalige Hauptstadt eines großen und berühmten Königreichs. Heute wird sie von einem Sohn des Großkhans, Mangalu, regiert, den sein Vater als Herrscher über sie eingesetzt hat. Es wird viel Handel in diesem Land getrieben und rohe Seide in großer Menge erzeugt; auch kostbare Gewebe aus Gold und allen anderen Arten von Seidenstoffen werden hergestellt. Lebensmittel gibt es im Überfluß und zu billigen Preisen. Ungefähr fünf Meilen von der Stadt entfernt steht in einer Ebene ein bedeutender Palast. Dieser gehört dem König Mangalu und ist innerhalb und außerhalb der Gebäude mit vielen herrlichen Springbrunnen und künstlichen Wasserläufen ausgestattet. In seiner Nachbarschaft befindet sich ein schöner Park, in dem alle Arten von Wild gehegt werden. Mangalu, der ganz in die Fußstapfen seines Vaters tritt, regiert sein Königreich gerecht und wird von seinem Volk geliebt. Er findet viel Vergnügen an der Jagd und Falkenbeize.

Quen-zan-fu ist das heutige Sian, Hauptstadt der Provinz Schensi, am Wei-ho.
Mangalu ist Möngchola, der dritte Sohn Kublai-Khans. Er war Vizekönig von Schensi und starb 1280 in seiner Hauptstadt.

35

Wenn man von der Residenz Mangalus drei Tagereisen in westlicher Richtung zieht, kommt man in eine Gegend mit Bergen und Tälern, die in der Provinz Kun-kin liegt. Die Einwohner hier sind Götzenanbeter und bebauen das Land, leben aber auch von der Jagd, da das Gebiet sehr waldreich ist. In den Wäldern findet man Löwen, Bären, Luchse, Damhirsche, Antilopen und viele andere Tiere. Diese Gegend erstreckt sich zwanzig Tagereisen weit, während derer der Weg nur über Berge, durch Täler und Wälder führt. Doch gibt es hin und wieder Städte, in denen die Reisenden gute Aufnahme finden. Hat man jene zwanzig Tagereisen hinter sich gebracht, so kommt man an einen Ort, der Achbaluch Manji heißt, was »Weiße Stadt an den Grenzen Manjis« bedeutet. Hier wird eine große Menge Ingwer erzeugt, welcher durch die ganze Provinz Kataia versandt wird und den Kaufleuten großen Gewinn bringt. Das Land liefert Weizen, Reis und anderes Korn in großer Menge und zu mäßigem Preis. Diese Ebene ist dicht besiedelt und erstreckt sich über zwei Tagereisen, bis man wieder an hohe Berge, Täler und Wälder gelangt. Wenn man noch zwanzig Tagereisen weiter nach Westen zieht, findet man immer noch von Götzendienern bewohntes Land. Hier gibt es außer den Tieren, die wir oben bereits aufgezählt haben, auch viele von der Art, die den Moschus liefert.

Über die Provinz Kun-kin und die weiter unten genannte Stadt Achbaluch Manji lassen sich keine näheren Angaben machen. Sie dürfte im Süden der Provinz Schensi gelegen haben, vielleicht in der dicht besiedelten Ebene des Han-kiang.

36

Wenn man diese zwanzig Stationen durch bergiges Land zurückgelegt hat, erreicht man die Grenzen von Manji in einer Ebene, in der sich die Landschaft Sin-di-fu befindet. Denselben Namen führt auch die große und berühmte Hauptstadt, die einst der Sitz reicher und mächtiger Könige gewesen ist. Der Umfang dieser Stadt beträgt zwanzig Meilen, doch hat man sie in dieser Zeit geteilt, und zwar aus folgenden Gründen: Der letzte König hatte drei Söhne, und da es sein

Wunsch war, daß nach seinem Tode jeder von ihnen regieren sollte, teilte er die Stadt durch Mauern in drei Teile. Dann wurden die drei Brüder Könige, und jeder von ihnen bekam einen ansehnlichen Landstrich zum Erbe, da das Reich ihres Vaters sehr groß war. Doch der Großkhan hat Stadt und Land erobert, die drei Provinzen vernichtet und ihre Erbschaft seinem Reich einverleibt.

Die Stadt wird von mehreren großen Strömen durchflossen, die von den fernen Bergen herabkommen. Verschiedene große und schöne steinerne Brücken führen darüber, die acht Schritt breit und mehr oder weniger lang sind, je nach der Breite des Stromes. Von einem Ende der Brücke zum anderen läuft auf jeder Seite eine Reihe von Marmorsäulen, die ein sehr schönes, mit Malereien von roter Farbe geschmücktes und mit Ziegeln gedecktes Dach aus Holz tragen. Auf der Brücke stehen Häuser mit Kaufläden, in denen alle Arten von Handel getrieben werden. Eines von diesen Häuschen ist größer als die übrigen und von Beamten besetzt, die den Zoll von den Passanten einnehmen. Auf diese Weise soll der Großkhan täglich die Summe von hundert goldenen Byzantinen erhalten. Diese Flüsse vereinigen ihr Wasser unterhalb der Stadt und bilden den mächtigen Fluß Quian, dessen Lauf bis zu seiner Mündung in den großen Ozean hundert Tagereisen lang ist. Von ihm soll später noch gesprochen werden.

An diesen Flüssen sowie in ihrer Umgebung gibt es viele Städte, und die Zahl der Schiffe, die Warenladungen zur Hauptstadt bringen, ist groß. Wenn man von hier aus fünf Tagereisen teils über eine Ebene und teils durch Täler zieht, in denen es Löwen, Bären und andere wilde Tiere gibt, kommt man in das Land Thebeth.

Die Provinz Sin-di-fu entspricht etwa dem Becken von Szetschuan, die Stadt gleichen Namens heißt heute Tschöngtu.
Der Fluß Quian ist der Min-kiang, ein wasserreicher Ne-

benfluß des Jangtse-kiang, den Marco Polo wie die chinesischen Historiker seiner Zeit für den Hauptquellfluß hielt.
An den Rändern dieses fruchtbaren Beckens findet man Gold, Kupfer, Eisen, Blei und Zinn.
Thebet ist das heutige Tibet, das sich früher weiter nach Osten erstreckte. Tibet gehört seit 1951 unter der Bezeichnung »Autonomes Gebiet« zur Volksrepublik China.

37

Die Provinz Thebeth wurde vollkommen zerstört zu der Zeit, als Mangu-Khan dieses Land mit Krieg überzog. In einer Ausdehnung von zwanzig Tagereisen sieht man nichts als verwüstete Städte und geschleifte Burgen, und weil die Bevölkerungszahl so sehr zurückgegangen ist, haben sich die wilden Tiere, besonders die Löwen, so stark vermehrt, daß Kaufleute und andere Reisende, zumal in der Nacht, großen Gefahren ausgesetzt sind. Sie sind nicht allein gezwungen, ihren Lebensmittelvorrat mit sich zu führen, sondern müssen auch auf den Lagerplätzen die äußerste Wachsamkeit anwenden, damit ihre Pferde nicht von den wilden Tieren gefressen werden. In dieser Gegend und besonders in der Nähe der Flüsse findet sich eine Rohrart, von welcher die Reisenden Bündel machen, die sie, sobald der Abend naht, in einiger Entfernung von ihrem Lagerplatz aufschichten; dann werden diese Bündel angezündet und platzen mit laut krachendem Getöse. Dieser Lärm ist so stark, daß man ihn zwei Meilen weit hören und die wilden Tiere damit verjagen kann. Außerdem führen die Kaufleute eiserne Fußbänder mit sich, mit denen sie die Beine der Pferde fesseln, weil diese sonst, von dem Lärm des brennenden Rohres erschreckt, ihre Halfter zerreißen und weglaufen würden. Sehr viele Reisende haben schon ihre Pferde verloren, weil sie diese Vorsicht ver-

nachlässigt haben. So zieht man zwanzig Tage weit durch ein trostlos zerstörtes Land, in dem es weder Herbergen noch Lebensmittel gibt. Erst nach dieser Zeit beginnt man wieder einige Burgen und feste Plätze zu entdecken, die auf felsigen Anhöhen errichtet worden sind. Und allmählich gelangt man dann in ein bewohntes und bebautes Land, in dem es keine Raubtiergefahr mehr gibt.

Eine schändliche Gewohnheit herrscht in dem Volk dieses Gebietes: Diese Leute wollen keine unberührten Mädchen heiraten, sondern verlangen, daß diese vorher Umgang mit dem anderen Geschlecht gehabt haben sollen: Das, so versichern sie, sei ihren Göttern wohlgefällig. Deshalb kommen die Mütter mit ihren heiratsfähigen Töchtern, sobald eine Karawane in der Nähe eingetroffen ist und ihre Zelte aufgeschlagen hat; sie drängen sich um die Zelte und bitten die Fremden, ihre Töchter zu nehmen und sich ihrer Gesellschaft zu erfreuen. Die ansehnlichen Mädchen werden natürlich gewählt, während die anderen unzufrieden und unverrichteterdinge wieder nach Hause gehen. Die Fremden aber stellen die Mädchen ihren Müttern wieder zu, und niemand versucht sie mitzunehmen. Es wird jedoch erwartet, daß die Kaufleute ihnen zum Zeichen der Dankbarkeit Schmuck oder anderes schenken. Wenn die Mädchen später heiraten wollen, tragen sie diesen Schmuck, und diejenige, die am meisten davon besitzt, gilt als die begehrenswerteste. Bei ihrer Hochzeit entfaltet sie ihren Reichtum vor der Versammlung, und der Bräutigam betrachtet ihn als Beweis der Holdseligkeit seiner Erwählten und dankt seinen Götzen dafür. Von diesem Zeitpunkt an darf kein Mann sich mehr mit der verheirateten Frau befassen, und diese Regel wird auch niemals gebrochen. Dieses heidnische Volk ist treulos und grausam, und weil es den Diebstahl nicht als Verbrechen ansieht, hat es die größten Diebe der Welt.

In diesem Land kommt das Tier, das den Moschus erzeugt, in solcher Menge vor, daß sein Geruch sich über das ganze Land verbreitet hat. Man nennt diese Tiere in der Landessprache Gudderi und fängt sie mit Hunden. Die Leute hier brauchen kein gemünztes Geld, auch nicht das Papiergeld des Großkhans, sondern bedienen sich der Korallen als Münzen. Sie kleiden sich schlecht in Leder, Tierfelle und Stoffe aus Hanf und sprechen eine besondere, der Provinz Thebeth eigentümliche Sprache. Das Land war einst so groß, daß es in acht Königreiche geteilt wurde. Es hat viele Flüsse, Seen und Berge. In den Flüssen findet man viel Goldsand. Die Koralle wird nicht allein als Geld gebraucht, sondern von den Frauen auch um den Hals getragen. Es gibt hier Manufakturen für Kamelott und goldgewirkte Tücher; auch Arzneien und Spezereien werden erzeugt; diese aber werden nicht zu uns ausgeführt. In der Bevölkerung gibt es viele Schwarzkünstler, welche die außerordentlichsten Zaubereien, die man je gesehen und gehört hat, ausführen können. Sie lassen Ungewitter mit zuckenden Blitzen und Donnerschlägen aufsteigen und bringen noch viele andere Wunder fertig. Sie sind allesamt ein böses Geschlecht. Sie haben Hunde, die so groß wie Esel und stark genug sind, um alle Arten wilder Tiere zu jagen, besonders die wilden Ochsen, die außerordentlich groß und grimmig sind. Die Provinz Thebeth ist dem Großkhan unterworfen, wie alle anderen bisher erwähnten Königreiche und Provinzen. An sie schließt sich die Provinz Kaindu an.

Gudderi, mongolisch richtiger Küderi, sind die etwa einen Meter langen und fünfzig Zentimeter hohen Moschustiere, die einer geweihlosen Unterfamilie der Hirsche angehören. Die alte deutsche Übersetzung Marco Polos von Hieronymus Megiserus, Leipzig 1611, behandelt das Moschustier ausführlich. Der Merkwürdigkeit wegen hier ein Auszug: »Das obgemelte Bisam Thier, ist ein schön, klein Thier, so groß als ein mittelmeßige Katz, hat grob Haar, wie ein Hirsch, vnnd stumpfe Klawen an den Füßen, zween lange Zähn oben vnnd zween unten, vnnd bei dem Nabel zwischen Haut vnnd Fleisch, hat es ein Blatter voll Blutes, vnnd das Blut ist Bisam, darvon so ein edeler Geruch heraus gehet. Diesen Bisam findet man in vnseren Europeischen Landen gar selten gerecht. Denn er wird gefelschet, ehe er zu vns gebracht wird. Wo er aber gerecht vnnd gut ist, hat er eine köstliche Krafft, so man ihn am Morgen nüchtern nimmt vnnd ein Bälglein aufftbut, vnnd daran reucht oder für die Nasen belt, zeucht es das Blut zu der Nasen heraus, vnnd er mag auch solche Krafft behalten zehen Jahre lang, wo er nicht gefelschet wird . . .«

38

Kaindu ist eine westliche Landschaft, die früher ihre eigenen Fürsten hatte, jetzt aber, unter der Herrschaft des Großkhans, von Statthaltern regiert wird, die jener einsetzt. Was wir gesagt haben, darf nicht so verstanden werden, daß die Provinz im westlichen Teil von Asien liegt, sondern nur so, daß sie, wenn wir weiterwandern, westlich von jenen nordöstlichen Gegenden liegt. Ihre Einwohner sind Götzendiener, und die Hauptstadt, die gleich am Anfang der Provinz liegt, heißt ebenfalls Kaindu. In ihrer Nähe befindet sich ein großer Salzsee, in dem man viele Perlen findet, die weiß, jedoch nicht rund sind. Deren Menge ist so groß, daß ihr Wert bald sinken würde, wenn der Großkhan jedem erlaubte, danach zu suchen. Deshalb ist die Fischerei allen verboten, die nicht eine besondere Genehmigung von ihm erhalten. Ein Berg in der Nachbarschaft, dessen Gruben auch nicht ohne besondere Erlaubnis ausgebeutet werden dürfen, liefert Türkissteine.

Die Einwohner dieser Provinz haben ebenfalls die schamlose Gewohnheit, es gern zu sehen, wenn die Reisenden ihre Frauen, Töchter oder Schwestern mißbrauchen. Sobald Fremde ankommen, bemüht sich jeder Hausherr, einen von ihnen zu sich zu nehmen und ihm alle Frauen seiner Familie zu übergeben; er läßt ihn als Herrn des Hauses zurück, während er selbst auszieht. Die Frauen hängen sogleich ein Zeichen über die Tür, das dort hängen bleibt, bis der Gast seine Reise wieder fortsetzt, worauf der Hausherr dann zurückkehren kann. Das tun sie zu Ehren ihrer Götzen, denn sie glauben, daß sie auf diese Weise deren Segen auf sich herab rufen und mit Überfluß gesegnet werden.

Das Geld, das hier in Umlauf ist, wird auf folgende Weise hergestellt: Es werden Goldstangen gegossen, die, ohne irgendeinen Stempel, nach dem Gewicht gelten. Das ist ihr größeres Geld. Das kleinere ist von folgender Art: Es gibt in diesem Lande Salzquellen, aus denen Salz gewonnen wird, indem man das Wasser in kleinen Pfannen siedet. Wenn es eine Stunde lang gekocht hat, wird es eine Art Teig, der zu Kuchen im Wert von zwei Pfennigen verarbeitet wird. Diese Kuchen sind flach an der unteren und hohl an der oberen Seite und werden auf heiße Ziegel gelegt, wo sie trocken und hart werden. Auf die so gewonnene Münze drückt man den Stempel des Kaisers, was aber nur dessen eigene Beamte ausführen dürfen. Achtzig Stück von dieser Münze sind ein Saggio Gold (eine halbe venezianische Unze) wert. Wenn aber die Kaufleute in die gebirgigen und weniger besuchten Gegenden kommen, erhalten sie schon für sechzig, fünfzig oder vierzig solcher Salzkuchen einen Saggio, da Leute in derartigen Verhältnissen nicht immer Absatz für ihr Gold und für ihre anderen Waren finden können. Und sogar dieser reduzierte Preis entspricht vollkommen den Wünschen der Menschen, die den Goldsand aus den Flüssen sammeln. Der Gewinn der Kaufleute ist beträchtlich, weil die Bevölkerung dieser unwirtlichen Gegenden das Salz zu ihrer Nahrung braucht und es als unumgänglich notwendig für ihre Bedürfnisse betrachtet, während die Einwohner der Städte zu demselben Zweck bloß die zerbrochenen Stücke des Salzkuchens verwenden.

Das Land produziert auch Gewürznelken. Dieser Baum ist klein, seine Zweige und Blätter gleichen denen des Lorbeerbaumes, sind aber etwas länger und schmäler. Ihre Blüten sind weiß und klein wie die Nelken selbst; aber wenn sie reifen, färben sie sich dunkel. Auch Ingwer wächst dort, Zimt im Überfluß, außerdem viele andere Gewürze und Spezereien, von denen niemals etwas nach Europa gebracht worden ist. Der Wein wird nicht aus Trauben gewonnen, sondern aus Weizen und Reis und mit Gewürzen gemischt; ein köstliches Getränk.

Wenn man die Stadt Kaindu verläßt, hat man fünfzehn

Tage bis zum anderen Ende der Provinz zu reisen. Unterwegs trifft man auf ansehnliche Siedlungen, viele feste Plätze und ertragreiche Jagdgebiete. Nach diesen fünfzehn Tagen kommt man an den Fluß Brius, der die Grenze der Provinz darstellt und in dem sehr viel Goldsand gefunden wird. Der Brius mündet in den Ozean.

Über die Provinz Kaindu besteht keine völlige Klarheit mehr. Wir dürfen jedoch annehmen, daß es sich bei dem Fluß Brius um die tibetische Bezeichnung Britscha für den Oberlauf des Jangtse-kiang handelt. Die Provinz läge dann in dem nach Norden offenen Südbogen des Jangtse, in den der Jalung-ho von Norden einströmt. Diesen Bezirk nannten die chinesischen Beamten früher Tschantu oder Tschantui, was ja durch die italienische Schreibung Kaindu, Caindu – oder wohl besser Ciandu – ganz gut wiedergegeben wird.

39

Wenn man den genannten Fluß überschritten hat, kommt man in die Provinz Karaian, die so groß ist, daß sie in sieben Regierungssitze aufgeteilt worden ist. Ihre Einwohner sind Götzenanbeter. Sie stehen unter der Herrschaft des Großkhans, der seinen Sohn Cen-temur zu ihrem König eingesetzt hat, einen reichen, edlen und mächtigen Fürsten, der mit großer Weisheit und Gerechtigkeit regiert. Wenn man von diesem Fluß aus fünf Tagereisen nach Westen zieht, kommt man durch ein dicht besiedeltes Land, dessen Einwohner von Fleisch und den Früchten der Erde leben. Sie haben eine besondere Sprache, die schwer zu erlernen ist. In dieser Provinz werden die besten Pferde gezüchtet. Nach Verlauf dieser fünf Tage kommt man in die Hauptstadt des Landes, welche Jaci heißt und ebenso groß wie berühmt ist. In ihr findet man unter einer gemischten Bevölkerung einheimische Götzendiener, nestorianische Christen und Mohammedaner, sowohl Kaufleute als auch Handwerker. Das Land ist fruchtbar und bringt Weizen und Reis hervor. Jedoch essen die Leute kein Weizenbrot, weil sie es für ungesund halten, sondern leben von Reis. Als Geld sind die weißen Porzellanmuscheln, die man im Meere findet, im Umlauf; diese werden auch als Halsschmuck getragen. Achtzig solcher Muscheln entsprechen dem Wert zweier venezianischer Groschen. Auch in diesem Land gibt es Salzquellen, aus denen der gesamte Salzbedarf der Bevölkerung gewonnen wird. Die Salzsteuer bringt dem König reiche Einnahmen.

Die Einwohner von Karaian betrachten es nicht als Beleidigung, wenn andere Männer Verbindung zu ihren Frauen unterhalten, vorausgesetzt, daß diese mit einem solchen Verhältnis einverstanden sind. Es gibt hier einen See von fast hundert Meilen im Umfang, der sehr fischreich ist. Einige der Fische, die man in ihm fängt, sind von bedeutender Größe. Die Leute haben die Gewohnheit, das Fleisch von Geflügel, Schafen, Ochsen oder Büffeln ungekocht zu essen. Sie schneiden es in kleine Stückchen und legen es unter Beimischung von verschiedenen Gewürzen in eine Salzbrühe. So wird es für Personen höherer Stände zubereitet. Die ärmere Bevölkerung dagegen taucht das kleingeschnittene Fleisch nur in eine Knoblauchbrühe und ißt es, als wenn es gekocht wäre.

Karaian ist der mongolische Name für Jünnan und Jaci die Hauptstadt Kunming, früher ebenfalls Jünnan genannt. In ihrer Nähe liegt der See Tienchüh, von dem Marco Polo spricht.

Der Vizekönig der Provinz hieß tatsächlich Esen-temur (Cen-temur), war aber kein Sohn, sondern ein Enkel des Großkhans.

40

Wenn man von der Stadt Jaci zehn Tage nach Westen reist, gelangt man in die Provinz Karazan mit der gleichnamigen Hauptstadt. Die Einwohner hier sind Götzenanbeter. Das Land gehört zur Herrschaft des Großkhans, dessen Sohn Kogatin es regiert. In den Flüssen wird Gold in kleinen und in großen Stücken gefunden, doch gibt es außerdem noch Goldadern in den Bergen. Wegen der vielen Goldvorkommen hat ein Saggio Gold hier nur den Wert von sechs Saggi Silber.

Man sieht hier ungeheuer große Schlangen, die zehn Schritt lang sind und zehn Spannen Umfang haben. Vorn neben dem Kopf haben sie zwei kurze Beine mit drei Klauen wie die Tigerkatzen; ihre Augen sind gewaltig groß und glühen wie Feuer. Ihr Rachen ist groß genug, einen Mann zu verschlingen, ihre Zähne sind groß und scharf, und der ganze Anblick dieser Ungeheuer ist so furchtbar, daß weder Mann noch Tier ihnen ohne Schrecken begegnen können. Noch andere Schlangen gibt es, die weniger groß sind und nur acht, sechs oder fünf Schritt Länge haben. Die fängt man folgendermaßen: Am Tage rollen sie sich wegen der großen Hitze in Höhlen zusammen, aus denen sie zur Nachtzeit hervorkriechen, um Beute zu machen, und wenn sie Tieren begegnen, die sie fassen können, sei es ein Löwe, ein Wolf oder sonst ein anderes, so verschlingen sie dieselben; dann wälzen sie sich nach einem See oder Fluß, um zu trinken. Während sie sich nun so am Ufer entlangbewegen, ziehen sie wegen ihres schweren Gewichts eine tiefe Furche in den Sand, als wenn etwa ein schwerer Balken über ihn gezogen worden wäre. Die Schlangenjäger merken sich nun den üblichen Wechsel, stecken viele Pfähle mit scharfen eisernen Spitzen in den Boden und bedecken diese so, daß sie nicht zu sehen sind. Wenn nun die Schlangen sich dort entlangbewegen, werden sie von den Spitzen schwer verwundet und sterben schnell. Dann eilen die Jäger dorthin, trennen die Haut vom Fleisch und nehmen sorgfältig die Galle heraus, die bei ihnen als kostbares Heilmittel gilt, zum Beispiel beim Biß eines tollen Hundes. Streicht man nur ein wenig davon auf Beulen, Blattern oder andere Körperausschläge, so lösen sich diese bald auf. Auch zur Beschleunigung der Geburt wird sie gebraucht, wenn bei den Frauen die Kindesnöte herankommen. Das Schlangenfleisch aber wird zu hohen Preisen verkauft und gilt allgemein als eine besondere Delikatesse.

Diese Provinz hat sehr große Pferde, die jung nach Indien verkauft werden. Es ist üblich, den Pferden den Schwanz abzuschneiden, damit sie ihn nicht hin und her werfen. Die Leute hier reiten mit langen Steigbügeln, wie die Franzosen es bei uns tun, während die Tataren und fast alle anderen Völker kurze Steigbügel benutzen, um wendiger im Kampf zu sein, da sie sich in ihnen aufstellen, wenn sie ihre Pfeile abschießen. Alle ihre Pfeile sind vergiftet. Es wurde mir auf das bestimmteste versichert, daß besonders diejenigen, welche Böses im Sinne haben, immer Gift bei sich führen, in der Absicht, es zu schlucken, wenn sie etwa ergriffen und der Folter übergeben werden sollten. Denn sie begehen lieber Selbstmord, als daß sie sich foltern ließen. Aber ihre Richter, welche diese Gewohnheit kennen, haben immer Hundekot bei sich, den die Angeklagten gleich darauf hinunterschlucken müssen, woraufhin sie das Gift wieder von sich geben. So hat man gleich das Gegengift für die List dieser Elenden bereit.

Bevor dieses Volk vom Großkhan unterworfen wurde, hatte es sich der folgenden schändlichen Gewohnheit ergeben: Wenn ein Fremder von Stand, der persönliche Schönheit mit Tapferkeit vereinigte, seinen Aufenthalt in einem ihrer Häuser nahm, wurde er nachts erwürgt – nicht etwa wegen seines Geldes, sondern damit der Geist des Getöteten und seine anderen hohen Gaben in der Familie verblieben; denn sie waren der Meinung, daß sie auf diese Weise Glück und Erfolg in ihren Unternehmungen erlangten. Der Mann, der somit die Seele einer adligen Person in seine Gewalt gebracht hatte, wurde deshalb von den anderen als ein Glückskind betrachtet, und so mußten viele Menschen ihr Leben lassen. Von der Zeit an jedoch, als der Großkhan die Regierung des Landes übernahm, hat er diese unmenschliche und abscheuliche Torheit ausgerottet, und weil er strenge Strafen über die Schuldigen verhängen ließ, hat sie aufgehört zu bestehen.

Zweifellos ist Karazan der gleiche Name wie Karaian. In beiden Fällen handelt es sich um die Provinz Jünnan. Die hier erwähnte »Hauptstadt« ist Tali, westlich von Kunming, am See Örr-hai. Kogatin, von den Chinesen Khogatschin genannt, ist vermutlich der Vater des im vorigen Kapitel genannten Esen-temur (Cen-temur). Seit Khogatschin die Stadt Tali im Jahr 1267 zu seiner Hauptstadt machte, war sie eine der zwölf Hauptstädte des mongolischen Kaiserreiches.

Unter den Schlangen, die hier beschrieben sind, wird man sich wohl die krokodilähnlichen Gaviale vorzustellen haben. Dabei stützt sich Marco Polo vermutlich auf phantasievolle chinesische Berichte.

41

Wenn man von Karazan fünf Tagereisen nach Westen zieht, kommt man in die Provinz Zardandam, die zur Herrschaft des Großkhans gehört und deren Hauptstadt Unciam heißt. Männer und Frauen dieses Landes haben die Gewohnheit, ihre Zähne mit dünnen Goldblättchen zu überziehen, die sehr geschickt der Form der Zähne angepaßt werden. Die Männer tätowieren sich auch dunkle Streifen oder Bänder um ihre Arme und Beine; dazu nehmen sie fünf zusammengebundene Nadeln, diese drücken sie sich ins Fleisch, bis das

Blut herausquillt, und reiben dann die Punkte mit einem schwarzfärbenden Stoff ein, der nicht wieder zu entfernen ist. Solche dunklen Streifen werden als Schmuck und ehrenvolle Auszeichnung betrachtet. Die Männer des Landes haben für nichts anderes Sinn als für Reiten, Jagen und kriegerische Übungen. Deshalb überlassen sie die Leitung der häuslichen Angelegenheiten den Frauen, die zu ihrer Unterstützung Sklaven haben, welche entweder gekauft worden oder Kriegsgefangene sind.

Dieses Volk hat auch den folgenden sonderbaren Brauch: Wenn ein Weib ein Kind geboren, das Bett verlassen, den Säugling gewaschen und gewickelt hat, nimmt der Mann sogleich den Platz ein, den sie verlassen hat, und nimmt das Kind zu sich, das er vierzig Tage lang nährt. Während dieser Zeit besuchen ihn die Verwandten und Freunde der Familie und bringen ihm ihre Glückwünsche dar, während die Frau die häuslichen Geschäfte verrichtet, dem Mann sein Essen ans Bett bringt und den Säugling an seiner Seite stillt.

In diesem Land gibt es weder Tempel noch Götzenbilder; die Leute verehren den Ältesten der Familie, den Familienvater, dem sie, wie sie sagen, ihr Dasein und alles, was sie besitzen, verdanken. Im Sommer ist die Luft so schwül und ungesund, daß Kaufleute und andere Fremde das Land verlassen müssen, um dem Tode zu entgehen. Wenn die Eingeborenen untereinander ein Geschäft abschließen, für das ein Schuldschein ausgestellt werden soll, so nimmt ihr Oberhaupt ein viereckiges Stück Holz und zerlegt es in zwei Stücke; dann wird auf jedem Stück die Schuldsumme vermerkt, und beide Parteien erhalten eine Hälfte. Wenn der Termin abgelaufen ist und der Schuldner bezahlt hat, übergibt der Gläubiger ihm sein Stück, und beide sind zufriedengestellt.

Weder hier noch in den Städten Kaindu, Unciam und Jaci findet man Leute, die sich auf die Heilkunst verstehen.

Wenn eine vornehme Person erkrankt, beruft ihre Familie die Zauberer, die den Götzen Opfer darbringen und dann Leute kommen lassen, welche rauschende und laute Instrumente spielen, danach tanzen und zum Preis ihrer Götzen singen, bis der böse Geist in einen von den Tanzenden gefahren ist, worauf der Musiklärm aufhört. Nun fragen die Zauberer den Besessenen nach der Ursache der Krankheit des Mannes und nach dem Mittel, das zu seiner Heilung angewendet werden soll. Der böse Geist antwortet aus dem Munde des Besessenen, daß die Krankheit durch Beleidigung eines gewissen Götzen herbeigeführt worden sei. Darauf richten die Zauberer ihre Gebete an den gekränkten Götzen und bitten ihn, dem Sünder zu verzeihen; sie versprechen ihm, daß dieser nach seiner Heilung ein Opfer aus seinem eigenen Blut darbringen werde. Wenn aber der Dämon sieht, daß keine Aussicht auf Besserung vorhanden ist, dann sagt er, der Götze sei so schwer beleidigt worden, daß kein Opfer ihn besänftigen könne. Wenn er aber im Gegenteil meint, daß die Heilung nicht schwerfallen werde, so verlangt er ein Opfer von einer bestimmten Zahl von Schafen mit schwarzen Köpfen. Die Verwandten willigen sogleich in alles, was verlangt wird; die Schafe werden geschlachtet, ihr Blut wird zum Himmel gespritzt, die Zauberer aber zünden duftendes Aloeholz an und durchräuchern damit das Haus des Kranken. Sie gießen die Brühe, in der das Fleisch gesotten wurde, in die Luft und lachen, singen und tanzen ringsherum; denn sie meinen, sie erwiesen ihrem Götzen auf diese Weise Ehre. Die nächste Frage an den Besessenen ist, ob der Götze mit dem ihm dargebrachten Opfer zufrieden sei oder ob er noch ein anderes verlange, und wenn er antwortet, er sei zufrieden, so setzen sich die Zauberer nieder, um das Fleisch zu verzehren, das als Opfer gebracht wurde, und den Gewürztrank zu trinken, von dem in die Luft gesprengt wurde; und dabei sind sie sehr heiter.

Haben sie ihre Mahlzeit beendet und ihren Lohn empfangen, so kehren sie nach Hause zurück, und wenn durch Gottes Willen der Kranke gesundet, dann schreiben sie seine Heilung dem Götzen zu; wenn er aber sterben sollte, so erklären sie, daß ihre Tätigkeit deshalb wirkungslos geblieben sei, weil die, welche die Speisen hergerichtet haben, sich erkühnt hätten, davon zu kosten, bevor der Götze seinen Teil bekommen habe. Man muß aber wissen, daß diese Zeremonien nicht jedem Kranken zugute kommen, sondern nur den Vornehmen und Reichen. Sie sind jedoch bei allen heidnischen Einwohnern von Kataia und Manji gebräuchlich. Und so spielt der Teufel mit der Verblendung dieser irregeleiteten und elenden Völker.

Die Provinz Zardandam lag westlich von Tali jenseits des Mekong. Auch spätere Reisende sprechen von den fünf Tagereisen auf der nicht ungefährlichen Serpentinenstraße. Die Haupstadt Unciam heißt heute Paoschan.

Zar-dandan, ein persisches Wort, bedeutet »goldene Zähne«. Marco Polo zitiert hier, wie er es nicht selten tut, einen Bericht des orientalischen Schriftstellers Raschid-eddin.

42

Bevor wir in der Beschreibung der Länder fortfahren, wollen wir von einer denkwürdigen Schlacht im Königreich Unciam reden: Im Jahre 1272 schickte der Großkhan eine Armee in die Länder Unciam und Karazan, um sie gegen jeden Angriff von fremder Seite zu verteidigen; denn zu dieser Zeit hatte er noch nicht seinen eigenen Söhnen Statthalterstellen anvertraut, wie er es später zu tun pflegte. Als nun der König von Mien und Bangala in Indien, ein Herrscher über zahlreiche Untertanen und viele Länder, vernahm, daß eine Tatarenarmee in Unciam angekommen sei, entschloß er sich, diese sogleich anzugreifen, damit der Großkhan durch ihre Vernichtung abgeschreckt werde, eine Streitmacht an den Grenzen seines Reiches aufzustellen. Er versammelte also eine gewaltige Armee mit vielen Elefanten, welche auf ihren Rücken Türme von Holz mit einer Besatzung von zwölf bis sechzehn Soldaten trugen. Mit dieser zog er nach Unciam und schlug unweit der Armee des Großkhans sein Lager auf. Als Nestardin, der Befehlshaber der Tataren, davon erfuhr, geriet er in große Besorgnis, denn er hatte den 60 000 Soldaten nebst Elefanten des Feindes nicht mehr als 12 000 Mann, freilich gediente Leute und tüchtige Soldaten, gegenüberzustellen. Trotzdem zeigte er keine Furcht, sondern stieg in die Ebene von Unciam hinab und nahm eine Stellung ein, in der seine Flanke durch einen dichten Wald gesichert war, in den seine Soldaten sich zurückziehen sollten, falls sie dem wütenden Angriff der Elefanten nicht standzuhalten vermöchten. Dann rief er die Hauptleute seiner Armee zusammen, ermahnte sie, in diesem Kampf nicht weniger tapfer zu sein als bei früheren Gelegenheiten, und erinnerte sie daran, daß der Sieg nicht von der Zahl der Soldaten, sondern von Mut und kriegerischer Erfahrung abhinge. Er stellte ihnen vor, daß die Truppen des Königs von Mien und Bangala im Kriegsdienst ungeübt wären, und schloß mit dem Versprechen, sie zum sicheren Siege zu führen.

Als der König von Mien sah, daß die Tataren in die Ebene hinabgestiegen waren, setzte er seine Armee sofort in Bewegung, rückte bis ungefähr eine Meile an den Feind heran und führte seine Truppen in Schlachtordnung auf. Er stellte die Elefanten an die Front und die Reiterei und das Fußvolk in zwei ausgedehnten Flügeln dahinter auf, doch ließ er zwischen ihnen einen bedeutenden Raum. Hier stellte er sich selbst auf, feuerte seine Leute an, mutig zu fechten, und

versicherte ihnen, sie würden siegen, nicht allein wegen ihrer überlegenen Zahl, sondern auch wegen ihrer furchtbaren, gerüsteten Elefantenmacht, deren Ansturm der Feind, der niemals mit solchen Streitern zu tun gehabt hätte, unter keinen Umständen würde aushalten können. Darauf gab er Befehl, die Kriegsinstrumente erschallen zu lassen, und rückte kühn mit seiner ganzen Armee gegen die Tataren vor, welche keine Bewegung machten, sondern sie an die Verschanzungen herankommen ließen. Dann brachen sie hervor, aber bald sah man, daß die tatarischen Pferde, die den Anblick solch ungeheurer Tiere mit Türmen nicht gewohnt waren, zurückschreckten, kehrtmachten und zu fliehen suchten. Die Reiter konnten sie trotz aller Anstrengung nicht zurückhalten, während der König mit seiner ganzen Truppenmasse in jedem Augenblick mehr Raum gewann. Als der kluge Nestardin diese unerwartete Unordnung bemerkte, ergriff er sogleich die richtigen Maßregeln. Er befahl seinen Leuten, abzusteigen und ihre Pferde in den Wald zu führen, wo sie an den Bäumen festgebunden wurden. Sobald die Tataren abgestiegen waren, rückten sie, ohne Zeit zu verlieren, zu Fuß gegen die Elefantenlinie vor und schossen rasch ihre Pfeile gegen sie ab, während die feindlichen Soldaten in den Elefantentürmen und auch die anderen das Schießen heftig erwiderten. Doch waren ihre Pfeile nicht so wirksam wie die der Tataren, deren Bögen von kräftigeren Armen gespannt wurden. Die letzteren schossen so unermüdlich, vor allem auf die Elefanten, daß diese bald mit Pfeilen bedeckt waren, plötzlich kehrtmachten und sich auf die eigenen Leute stürzten, die hinter ihnen standen. Als die Tataren die Verwirrung der Feinde sahen, faßten sie frischen Mut, holten ihre Pferde wieder, und der blutige, furchtbare Kampf begann von neuem. Als die Pfeile auf beiden Seiten verschossen waren, griffen die Männer zu ihren Schwertern und eisernen Kolben und kamen heftig miteinander ins Handgemenge. Da sah man nun bald entsetzliche Wunden, abgeschlagene Glieder und Menschenmassen, die zu Boden stürzten, verstümmelt und tot, und es floß so viel Blut, daß es ein Grauen war, das zu sehen. So groß war das Getöse der Waffen und so schrecklich das Brüllen und Schreien, daß der Lärm zum Himmel aufzusteigen schien. Der König von Mien benahm sich als tapferer Feldherr und war überall gegenwärtig, wo sich die größte Gefahr zeigte, feuerte seine Soldaten an und bat sie, mit Kraft standzuhalten. Er ließ neue Schwadronen von der Reserve zur Unterstützung der erschöpften vorrücken. Als er aber schließlich bemerkte, daß es unmöglich war, dem gewaltigen Vordringen der Tataren zu widerstehen, daß der größere Teil seiner Truppen entweder tot oder verwundet und das ganze Feld mit Leichen von Männern und Pferden bedeckt war, während die Überlebenden bereits zurückzuweichen begannen, da sah er ein, es sei das beste, mit den Trümmern der Armee die Flucht zu ergreifen.

Die Verluste dieser Schlacht, welche vom Morgen bis zum

Abend gedauert hatte, waren schwer auf beiden Seiten; aber die Tataren waren endlich doch die Sieger, und das war besonders dem Umstande zuzuschreiben, daß die Truppen des Königs von Mien und Bangala nicht bewaffnet waren wie die Tataren und daß die Elefanten, besonders die in den ersten Reihen, nicht genügend geschützt waren, um die Salven der feindlichen Pfeilschüsse abzuhalten; dadurch gaben sie den Feinden Gelegenheit, ihre Reihen zu durchbrechen und sie in Unordnung zu bringen. Ein Punkt von vielleicht noch größerer Wichtigkeit ist, daß der König die Tataren nicht in einer Stellung, in der ihre Flanke durch einen Wald geschützt war, hätte angreifen sollen, sondern besser versucht hätte, sie ins offene Feld zu locken, wo sie dem ersten ungestümen Angriff der Elefanten nicht hätten standhalten können.

Als nun die Tataren den Feind geschlagen hatten, kehrten sie in den Wald zurück, wo sie die der Niederlage entkommenen Leute des Königs damit beschäftigt fanden, Bäume zu fällen und sich zu verbarrikadieren. Aber ihre Verschanzungen waren bald gestürmt, die Soldaten niedergeschlagen und viele Elefanten, zweihundert an der Zahl, gefangen. Seit dieser Zeit führt der Großkhan immer Elefanten in seinen Armeen mit, was er vorher nicht getan hatte.

Die Folgen dieses Sieges waren, daß der Kaiser auch die Länder des Königs von Mien und Bangala seinem Besitz einverleibte.

Mien ist die chinesische Bezeichnung für Burma, Bangala entspricht Bengalen. Über den hier genannten Nestardin sind wir gut unterrichtet: Nasr-ed-din ist der älteste von fünf Söhnen des aus Bochara stammenden Mohammedaners Sayad Ajil. Dieser Sayad Ajil war Statthalter von Jünnan, als Kublai in dieses Land eindrang. Nasr-ed-din wurde nach ihm Statthalter unter Kublai und zeichnete sich in den Kriegen gegen Burma und das heutige Südvietnam aus. Er starb 1292. Diese

Schlacht (1277) wird auch in den offiziellen chinesischen Annalen ausführlich beschrieben.

43

Wenn man die Provinz Zardandam verläßt, erreicht man nach zweieinhalb Tagen eine weite Ebene, in der die Kaufleute aus den benachbarten Gebirgsgegenden zusammenkommen und Gold mitbringen, um es gegen Silber einzutauschen, das die durchreisenden Kaufleute zu diesem Zweck herbeischaffen; ein Saggio Gold wird gegen fünf Saggi Silber gehandelt. Denn es ist den Bewohnern des Landes nicht erlaubt, ihr eigenes Gold auszuführen; sie dürfen es nur den durchreisenden fremden Kaufleuten übergeben, die sie dafür mit den gewünschten Waren beliefern. Und da die Gebirge, in denen sie wohnen, so unzugänglich sind, werden die Geschäfte in der Ebene getätigt. Jenseits dieser Gegend – im Süden, an der indischen Grenze – liegt die Stadt Mien.

Die »weite Ebene« von der Marco Polo spricht, ist das Tal des Irawadi in Burma. Die Stadt Mien (oder Ava), noch im vorigen Jahrhundert zeitweilig Residenz, liegt nahe Mandalay am Ufer des Irawadi.

44

Nachdem man fünfzehn Tage gereist ist, erreicht man die Stadt Mien, die große und prachtige Hauptstadt des gleichnamigen Königreiches. Es wird erzählt, daß in diesem Land einst ein reicher und mächtiger Fürst regierte, der, als er seinen Tod nahen fühlte, an der Stelle, wo er begraben werden wollte, am Fuß und Kopf des Grabmals je zwei Pyramidentürme aus Marmor errichten ließ, die zehn Schritt hoch und von angemessenem Umfang waren und deren jede auf der Spitze eine Kugel trug. Eine dieser Pyramiden war mit daumendicken Platten aus Gold bedeckt und die andere mit ebensolchen Platten aus Silber. Rings um die Kugeln waren kleine Glocken aus Gold oder Silber aufgehängt, die zu läuten begannen, wenn der Wind sie in Bewegung setzte. Das Ganze gewährte ein prächtiges Schauspiel. Das Grab selbst war ebenfalls mit goldenen und silbernen Platten bedeckt. Der König hatte es zu Ehren seiner Seele, damit sein Andenken nie unterginge, errichten lassen. Als der Großkhan diese Stadt in Besitz nehmen wollte, schickte er einen tapferen Obersten zu ihrer Eroberung hierher. Dessen Armee wurde wie üblich von einigen Gauklern und Zauberern begleitet. Als diese die Stadt betraten, sahen sie die beiden so reich verzierten Pyramiden, wollten aber nichts unternehmen, bevor sie nicht des Kaisers Befehle vernommen hatten. Als der Großkhan erfuhr, daß sie zum frommen Andenken an einen verstorbenen König errichtet worden waren, wünschte er nicht, daß sie nur im geringsten angetastet oder beschädigt würden. Denn in den Augen der Tataren ist es eine schändliche Handlung, wenn man einem Toten etwas, das diesem gehört, wegnimmt. In dem Lande Mien gibt es viele Elefanten, große und schöne Ochsen, außerdem Hirsche und andere Tiere in großer Menge.

45

Bangala grenzt im Süden an Indien und war noch nicht im Besitz des Großkhans, als Marco Polo an dessen Hof weilte. Aber Kublais Armee war schon einige Zeit in den Krieg gegen dieses große und von einem mächtigen König regierte Land verwickelt. Das Volk besteht aus ruchlosen Götzenanbetern, und es gibt Lehrer unter ihnen, die in den Schulen die Grundsätze ihrer heidnischen Religion und der Geisterbeschwörung unterrichten, deren Lehre in allen Ständen, auch bei den Vornehmsten und den Fürsten des Landes, vorherrschend ist. Hier gibt es Ochsen, so groß, aber nicht so dick wie Elefanten. Die Einwohner leben von Fleisch, Milch und Reis, was alles es im Überfluß gibt. Es wächst viel Baumwolle im Lande. Ein blühender Handel wird vor allem mit Galgant, Ingwer, Zucker und vielen Arten von Spezereien getrieben, derentwegen die Kaufleute aus den verschiedenen Provinzen Indiens hierherkommen. Auch handeln sie Eunuchen, von denen es eine Menge im Lande gibt, als Sklaven ein, denn alle Gefangenen, die sie im Kriege machen, werden augenblicklich entmannt, und da jeder Fürst sie als Wache für seine Frauen zu haben wünscht, verdienen die Kaufleute an ihnen beträchtlich, wenn sie sie in andere Länder bringen. Diese Provinz hat eine Ausdehnung von dreißig Tagen; an ihrer östlichen Grenze liegt das Land Kangigu.

Von einem Krieg des Großkhans gegen Bengalen (Bangala) berichten weder chinesische noch indische Geschichtsschreiber. Trotzdem könnte Kublai einen Krieg vorbereitet haben. Das französische Original des Berichts enthält hier die Jahreszahl 1290. So lange muß sich Marco Polo also mindestens am Pekinger Hof aufgehalten haben. Bengalen war zur Zeit Marco Polos eine Provinz des Sultans von Delhi. Daß Marco Polo hier von »ruchlosen Götzenanbetern« spricht, während er die Buddhisten im allgemeinen nur »Götzenanbeter« nennt, deutet darauf hin, daß er über die Brahmanen der hinduistischen Religion, unter denen wir auch die »Lehrer ... in den Schulen« verstehen dürfen, besonders ungünstige Nachrichten erhalten hat.

Das Volk des Königreiches Kangigu betet Götzen an, spricht seine eigene Sprache und hat sich freiwillig dem Großkhan unterworfen, dem es einen jährlichen Tribut zahlt. Der König ist sinnlichen Genüssen ergeben und hat etwa dreihundert Frauen. Wenn er aber von einem schönen Weib hört, so nimmt er auch dieses noch in seinen Harem. Es gibt hier Gold in großer Menge und ebenso viele Arten von Spezereien; da Kangigu aber ein Binnenland ist, ist der Handel mit diesen Waren schwierig. Seine Einwohner leben von Fleisch, Reis und Milch. Ihren Wein machen sie nicht aus Trauben, sondern aus Reis, den sie mit Gewürzen mischen. Männer und Frauen sind am ganzen Körper mit Tier- und Vogelgestalten tätowiert, und es gibt besondere Künstler im Lande, deren einzige Beschäftigung es ist, diesen Schmuck mit einer spitzen Nadel auf Hände, Beine und Brust zu zeichnen. Die Männer oder Frauen, die die meisten Figuren auf dem Leibe haben, gelten als die schönsten.

Das Reich Kangigu und die folgenden Landschaften und Städte sind schwer zu identifizieren, vermutlich wohl deshalb, weil Marco Polo selbst anscheinend nur bis zum Mekong in der Gegend von Mandalay gekommen ist. Wäre er bis Bengalen gelangt, dann hätte er kaum darauf verzichtet, über die recht eindrucksvollen Flüsse zu berichten. Er wird also von Burma nach Szetschuan mit der Hauptstadt Tschöngtu zurückgereist sein und über die an den Grenzen von Siam, Burma und Nordvietnam gelegenen Gebiete Kangigu und Amu nur Berichte von anderer Seite erhalten haben, während er Tholoman und Cintigui selbst kennengelernt hat. Kangigu könnte im Norden des heutigen Laos gelegen haben. Amu (oder Aniu) wird man in Nordvietnam suchen müssen.

47

Amu liegt weiter östlich; seine Einwohner sind dem Großkhan tributpflichtig. Es sind Götzendiener, die vom Fleisch ihres Viehes und den Früchten der Erde leben. Sie sprechen ihre eigene Sprache. Im Lande werden Pferde und Ochsen in großer Zahl gezüchtet, die von reisenden Kaufleuten nach Indien ausgeführt werden. Männer und Frauen tragen goldene oder silberne Ringe an ihren Arm- und Beingelenken, aber die der Frauen sind kostbarer. Die Entfernung zwischen Amu und Kangigu beträgt zwanzig Tagereisen.

48

Die Landschaft Tholoman, deren Einwohner Götzendiener sind und ihre eigene Sprache haben, liegt im Osten. Sie ist dem Großkhan tributpflichtig. Die Menschen hier sind groß und gut gewachsen, ihre Hautfarbe ist eher braun als hell. Sie sind gerecht in ihren Handlungen und tapfere Krieger. Viele ihrer Städte und Burgen liegen auf hohen Bergen. Sie verbrennen die Leiber ihrer Toten; die Knochen aber, die nicht zu Asche werden, legen sie in Büchsen aus Holz und bringen sie in den Bergen in Felsenhöhlen vor den wilden Tieren in Sicherheit. Als kleines Geld sind die Porzellanmuscheln, die aus Indien kommen, im Umlauf, ebenso wie in den beiden zuvor erwähnten Landschaften Kangigu und Amu. Auch ihre Ernährungsweise ist dieselbe wie dort.

Die Landschaft Tholoman liegt wieder in China, etwa im nordöstlichen Teil von Jünnan und im westlichen von Kweitschou. Der Name Tholoman könnte »Bergbarbaren« bedeuten.

Wenn man die Landschaft Tholoman verläßt und weiter nach Osten reist, bleibt man zwölf Tage an einem Fluß, an dessen Ufern beiderseits viele Städte und Schlösser liegen, bis man endlich die große und schöne Stadt Cin-ti-gui erreicht. Deren Einwohner sind Götzendiener und Untertanen des Großkhans, in der Hauptsache Kaufleute und Handwerker. Die Männer sind tapfere Krieger. Es gibt kein anderes Geld hier als das gestempelte Papier des Kaisers.

In dieser Provinz gibt es so viele Löwen, daß ihre Einwohner aus Furcht vor Überfällen bei Nacht nicht außerhalb der Städte schlafen können; diejenigen aber, welche den Fluß befahren, dürfen nicht wagen, an den Ufern anzulegen, denn man weiß, daß diese Tiere sich ins Wasser stürzen, zu dem Fahrzeug schwimmen und die Leute herausziehen; deshalb müssen sie in der Mitte des Stromes ankern, wo sie verhältnismäßig sicher sind. In diesem Land gibt es die größten und wildesten Hunde, die man kennt. Sie sind so mutig und stark, daß ein Mann mit einem Paar solcher Hunde einen Löwen überwältigen kann. Sollte er mit Pfeil und Bogen bewaffnet und von seinen Hunden begleitet, einen Löwen treffen, so hetzt er die Tiere auf ihn, und diese greifen den Löwen auch sofort an. Der sucht instinktiv einen Baum, vor den er sich stellen kann, damit er seine Feinde vor sich hat. Nun sucht er die Hunde zu packen, diese sind aber zu schnell für ihn und springen zurück, da geht er langsam wieder zu seinem Baum, doch bevor er seinen Platz erreicht hat, ist er durch so viele Pfeile verwundet und so oft von den Hunden gebissen worden, daß er infolge des Blutverlustes vor Schwäche zusammenbricht.

Nach einer Reise von weiteren zwölf Tagen kommt man zu der Stadt Sin-di-fu, von welcher schon berichtet wurde. Von dort erreicht man in zwanzig Tagen Giogiu und in wei-

teren vier Tagen Pa-zan-fu, eine Stadt, die zu Kataia gehört. Deren Einwohner beten Götzen an und verbrennen die Leichen ihrer Toten. Sie sind dem Großkhan untertan, dessen Papiergeld bei ihnen im Umlauf ist. Ihren Lebensunterhalt verdienen sie durch Handel und Gewerbe, denn es gibt hier Seide im Überfluß, aus der sie golddurchwirkte Stoffe sowie sehr schöne Schärpen herstellen. Die Stadt liegt an einem großen Fluß, auf dem reiche Warenladungen nach Kambalu geführt werden; denn man hat dort viele Kanäle gegraben und auf diese Weise die Verbindung mit der Hauptstadt hergestellt.

Marco Polo befindet sich auf der Rückreise. Cin-ti-gui – ein Name, der in den einzelnen Marco-Polo-Ausgaben recht verschieden geschrieben wird – dürfte Kweijang, die Hauptstadt der Provinz Kweitschou, sein. Dann ist der Fluß der Wa-kiang.

Giogiu ist wieder das bereits erwähnte Tschochou, Pa-zanfu das heutige Hokien, südlich von Peking.

50

Ciang-lu ist eine große Stadt im Süden der Provinz Kataia, die zum Reich des Großkhans gehört. Ihre Einwohner sind Götzendiener und verbrennen die Leichen der Toten. In dieser Stadt und ihrer Umgebung werden große Mengen von Salz gewonnen, und zwar auf folgende Weise: Es gibt hier eine salzhaltige Erde, die zu großen Haufen aufgeschichtet wird. Dann wird Wasser darübergegossen, welches in die Erdmasse eindringt, die Salzteile einzieht und sich in Kanälen sammelt, durch die es in umfangreiche Pfannen geleitet wird. In diesen wird es sorgsam gesotten und kristallisiert sich. Das so bereitete Salz ist weiß und gut. Die Salzherstellung wirft guten Gewinn ab, von welchem der Großkhan beträchtliche Abgaben erhält. Außerdem wächst in dieser Gegend ein wohlschmeckender und auffallend großer Pfirsich.

Ciang-lu hieß früher tatsächlich Tschang-lu, heute Tsangschou und liegt ostwärts von Hokien in der Nähe des Großen oder Kaiserkanals.

51

Auch Ciang-li ist eine im Süden von Kataia liegende und dem Großkhan gehörende Stadt. Sie ist von Ciang-lu fünf Tagereisen weit entfernt, während welcher man an vielen Städten und Burgen vorüberzieht, die ebenfalls zum Reich des Kaisers gehören. Es sind dies große Handelsplätze, die dem Herrscher beträchtliche Zolleinnahmen bringen. Durch die Stadt Ciang-li fließt ein breiter und mächtiger Fluß, auf dem Seide, Spezereien und andere wertvolle Artikel transportiert werden.

Marco Polo hat seine Reise von Peking in die südwestlichen Teile des Reichs beendet und begibt sich (51. Kapitel) nun auf eine zweite Reise, die in den östlichen Gebieten nach Süden führt.

Ciang-li ist das heutige Tsinan, Hauptstadt der Provinz Schantung. Zu Marco Polos Zeit wird der »breite und mächtige Fluß«, an dem Tsinan liegt, noch nicht der Hwang-ho gewesen sein, der sein Flußbett erst Mitte des vorigen Jahrhunderts dorthin verlegte. Der Hwang-ho benutzte danach das Bett des Tatsing-ho, um den es sich hier wohl handelt.

Wenn man Ciang-li verläßt und sechs Tagereisen in südlicher Richtung zieht, kommt man zu der Stadt Tu-din-fu, die der Großkhan mit Waffengewalt unterworfen hat. Hier lebt es sich besonders angenehm wegen der schönen Gärten in ihrer Umgebung, die voller Bäume, Büsche und herrlicher Früchte sind. Unter der Gerichtsbarkeit von Tu-din-fu stehen elf weitere große Städte des Reiches, die alle Handelsplätze sind und Seide in großen Mengen produzieren. Bevor die Stadt an den Großkhan fiel, war sie der Regierungssitz ihres eigenen Königs. Im Jahre 1272 bestellte der Großkhan einen seiner vornehmsten Hauptleute, Lukansor, zum Statthalter über sie und setzte ihn als Befehlshaber über 80 000 Reiter zum Schutze dieses Gebietes ein. Als dieser Mann sich nun als Herr eines reichen und fruchtbaren Landes sah, wurde er übermütig und sann auf Rebellion gegen seinen Oberherrn. Er zog die führenden Männer der Stadt ins Vertrauen, und mit ihrer Hilfe gelang es ihm, in allen Städten und Festungen der Provinz einen Aufstand zu entfesseln. Sobald der Kaiser von dem Verrat erfuhr, schickte er eine Armee von 100 000 Mann unter dem Befehl zweier Edelleute, von denen der eine Angul und der andere Mongatai hieß. Als Lukansor das Nahen dieses Heeres berichtet wurde, verlor er keine Zeit und zog eine genauso starke Armee zusammen. Beide Heere stießen in erbittertem Kampf aufeinander, aber schließlich wurde Lukansor getötet, und seine Truppen ergriffen die Flucht. Der Großkhan ließ ihre Anführer hinrichten, die anderen jedoch begnadigte er und nahm sie in seine Dienste, wo sie sich fortan als treue Gefolgsleute erwiesen.

Tu-din-fu ist das heutige Tjijang.

53

Wenn man von Tu-din-fu sieben Tage nach Süden weiterzieht, kommt man in die Stadt Singui-matu, die an einem großen und tiefen Fluß liegt. Diesen haben die Bewohner des Landes in zwei Arme geteilt, von denen der eine seinen Lauf nach Osten nimmt und durch Kataia fließt, während der andere in westlicher Richtung in die Provinz Manji führt. Auf diesem Fluß fahren so viele Schiffe, daß ihre Zahl unglaubhaft erscheinen könnte; von einer Provinz zur anderen werden alle Arten von Waren und Proviant transportiert. Staunenswert in der Tat ist auch die Größe der Schiffe, die, mit Waren von größtem Wert beladen, ständig auf und ab ziehen. Wenn man Singui-matu verläßt und nach Süden geht, kommt man fortwährend durch Handelsstädte, deren Bewohner alle dem Kaiser untertan sind.

Singui-matu ist das heutige Tsining, südlich von Tjijang. Der

Zusatz «matu» bedeutet wörtlich »Pferdekopf« und bezeichnet Anlegeplätze in Häfen oder Häfen selbst.

54

Nach sechzehn Reisetagen erreicht man noch einmal den großen Fluß Karamoran, dessen Quelle in dem ehemaligen Land des Priester Johann genannten Un-Khan liegt. Der Fluß ist so tief, daß große Schiffe mit voller Ladung auf ihm segeln können. Ungefähr eine Meile vom Meer entfernt befindet sich am Fluß ein Hafen für 15 000 Schiffe, von denen jedes fünfzehn Pferde, zwanzig Mann und außerdem noch das Schiffspersonal sowie die nötigen Vorräte und Proviant fassen kann. Diese läßt der Großkhan ständig in Bereitschaft warten, um eine Armee in ein weit entferntes Land oder auf eine Insel im Großen Ozean schicken zu können, falls dies nötig sein sollte. Wenn man über den Fluß setzt, kommt man in die berühmte Provinz Manji, doch heißt das nicht etwa, daß bereits ein vollständiger Bericht über die Provinz Kataia gegeben worden ist. Nicht der zwanzigste Teil von ihr ist beschrieben worden. Marco Polo hat nämlich bei seinen Reisen durch die Provinz nur solche Städte aufgezeichnet, die er auf seinem Weg fand, und die, welche er nicht berührt hat, übergangen, weil eine Beschreibung aller Städte viel zu ausführlich werden und den Leser ermüden würde. Wir wollen nun diese Gegenden verlassen und zuerst von der Eroberung der Provinz Manji reden, um uns dann ihren Städten zuzuwenden, deren Pracht und Reichtümer im folgenden Teil unseres Buches gewürdigt werden sollen.

Karamoran (Schwarzer Fluß) ist wieder der mongolische Name für den Hwang-ho (Gelber Fluß), der früher 400 km weiter südlich als heute ins Gelbe Meer mündete.

Manji ist die prächtigste und reichste aller Provinzen in der östlichen Welt. Um das Jahr 1269 wurde sie von dem Fürsten Fanfur regiert, der an Macht und Reichtum alle seine Vorgänger übertraf. Er war von Natur friedliebend und ein wohlwollender Herr, der von seinem Volk geliebt wurde. Sein Reich war auf allen Seiten durch große Flüsse so gesichert, daß ein Angriff, wer auch immer ihn unternehmen mochte, allen unmöglich schien. Dieser Wahn verleitete Fanfur, sich nicht um die Verteidigung seines Reiches zu kümmern. Die Städte seines Reiches waren zwar stark befestigt und von tiefen Gräben umgeben, die einen Bogenschuß breit und mit Wasser gefüllt waren. Aber er hatte keine Reiterei, weil er mit keinem Angriff rechnete. Seine einzige Sorge galt allen möglichen Vergnügungen. An seinem Hof umgaben tausend schöne Frauen seine Person; in ihrer Gesellschaft suchte er seine Freuden. Fanfur war ein Freund des Friedens und der Gerechtigkeit und bestrafte die kleinste Ungerechtigkeit, die er feststellte, ohne Ansehen der Person auf das strengste. Ja, die Wirkung seiner Rechtspflege war so groß, daß niemand es wagte, in versehentlich offengebliebene Kaufläden einzutreten und dort auch nur das Geringste zu rauben. Reisende konnten unbewacht und ohne Furcht durch alle Gebiete seines Reiches ziehen. Fanfur war auch gottesfürchtig und mildtätig gegen Arme und Bedürftige. An die zwanzigtausend Kinder, die von ihren Müttern ausgesetzt worden waren, ließ er aufheben und versorgen. Die Knaben unter ihnen ließ er später ein Handwerk lernen und verheiratete sie dann an junge Mädchen, die auf dieselbe Weise erzogen worden waren.

Ganz anders waren die Gemütsart und die Gewohnheiten Kublai-Khans. Dessen höchstes Vergnügen waren der Krieg, die Eroberung von Ländern und die Ausbreitung seines Ruhmes. Nachdem er sein Reich schon durch mehrere Königreiche und Provinzen vergrößert hatte, richtete er seinen Sinn auf die Unterwerfung Manjis. Zu diesem Zweck zog er eine mächtige Armee zu Pferde und zu Fuß zusammen und unterstellte sie dem Befehl des Generals Chinsan Bayan, ein Name, der in unserer Sprache »Der Hundertäugige« bedeutet. Dieser machte sich mit einer ansehnlichen Flotte auf zur Eroberung Manjis, landete dort und forderte die Bewohner der Stadt Koi-gan-zu zur Übergabe auf. Als diese sich weigerten, rückte er, statt sich auf eine Belagerung einzulassen, vor die nächste Stadt, wo er ebenso abgewiesen wurde. Als sich auch die dritte und die vierte Stadt nicht ergaben, entschloß er sich doch, eine von ihnen zu erobern, und da er ein erfahrener Feldherr war, brachte er sie auch in seine Gewalt und ließ alle ihre Bewohner durch das Schwert umbringen. Sobald die Kunde davon zu den anderen Städten gelangt war, erschraken deren Einwohner so heftig, daß sie sich beeilten, von sich aus ihre Unterwerfung zu erklären. Anschließend rückte Chinsan Bayan mit seiner gesamten Armee gegen die Residenzstadt des Kaisers Fanfur, Quinsai. Dieser empfand alles Entsetzen eines Mannes, der noch nie mit der Waffe in der Hand gegen seine Feinde gekämpft hat. Um wenigstens seine eigene Person zu retten, flüchtete er sich auf seine Flotte, schiffte alle seine Schätze und Kostbarkeiten ein und überließ die Sorge um die Stadt seiner Gemahlin, die er anwies, sich bis zum letzten Blutstropfen zu verteidigen. Denn er war der festen Meinung, ihr Geschlecht würde sie vor dem Schlimmsten bewahren, wenn sie in die Hand des Feindes fiele.

In dieser Lage ließ er die Kaiserin zurück. Man erzählt aber, es sei dem Kaiser geweissagt worden, er werde niemals seiner Herrschaft beraubt werden außer durch einen Feldherrn, der hundert Augen hätte. Auf diese Erklärung gestützt, war auch die Kaiserin sehr zuversichtlich, obgleich Quinsai immer mehr bedrängt wurde; denn es schien ihr unmöglich, daß ein Sterblicher so viele Augen haben könnte. Als sie sich jedoch einmal nach dem Namen des feindlichen Feldherrn erkundigte und erfuhr, daß dieser Chinsan Bayan hieß, wurde sie von Entsetzen ergriffen, da sie nun überzeugt war, daß dies der Mann sei, der nach Weissagung der Astrologen ihren Gemahl um seinen Thron bringen würde. So entsagte sie allem Widerstand und ergab sich eilends. Die Tataren aber, nachdem sie einmal im Besitz der Hauptstadt waren, unterwarfen bald auch den übrigen Teil des Landes. Die Kaiserin wurde unterdessen vor Kublai gebracht, der sie ehrenvoll empfing und ihr die Aufrechterhaltung ihrer Würden und ihres Ranges verbürgte.

Fanfur, der als letzter Kaiser der Sung-Dynastie noch bis 1274 im südlichen China regierte, hieß Tu-tsong. Fanfur – genauer Faghfur – ist die arabische Übersetzung von Tien-tse, »Sohn des Himmels«. Es ist also der Titel des chinesischen Kaisers. Die chinesischen Geschichtsschreiber stellen diesen Kaiser nicht so günstig dar wie Marco Polo, sondern zeichnen ihn als ausschweifenden Herrscher, der sich mit seinen Weibern vergnügte und die Regierungsgeschäfte völlig seinem unwürdigen Minister überließ.

Eine Beschreibung von Quinsai folgt im 68. Kapitel.

56

Koi-gan-zu ist eine sehr schöne und reiche Stadt, die am Anfang der Provinz Manji liegt, und zwar am Ufer des Flusses Karamoran, wo der große Schiffshafen ist. Große Warenbestellungen werden in dieser Stadt aufgegeben und die Güter auf dem Fluß in alle Richtungen transportiert. Auch Salz wird hier in großen Mengen gewonnen, jedoch hauptsächlich als Exportgut; die Salzsteuer dieser Gegend bringt dem Kaiser beträchtliche Einkünfte.

Koi-gan-zu ist das heutige Hwaijin-Hwaian, das damals am Hwang-ho lag.

57

Wenn man Koi-gan-zu verläßt, zieht man eine Tagereise weit nach Südosten auf einem schönen Steindamm entlang, der in die Provinz Manji führt. Auf beiden Seiten des Weges liegen ausgedehnte Seen, die so tief sind, daß sie von Schiffen befahren werden können. Am Ende dieser Tagereise erreicht man die bedeutende Stadt Pau-ghin. Ihre Einwohner sind Götzenanbeter, verbrennen ihre Toten, haben Papiergeld und sind dem Großkhan untertan. Sie leben von Handel und Handwerk, produzieren viel Seide und stellen daraus schöne, mit Gold durchwirkte Gewebe her. Alles, was man zum Leben braucht, gibt es hier im Überfluß.

Pau-ghin heißt auch heute noch Paojing. Der »Steindamm« ist einer der Dämme des Großen Kanals, trennt diesen von den benachbarten Seen und bildet eine acht Meter breite gepflasterte Landstraße.

58

Nach einer weiteren Tagereise von Pau-ghin nach Südosten kommt man in die große und ansehnliche Stadt Kain. Auch hier sind die Einwohner Götzendiener und dem Großkhan untertan; auch bei ihnen ist das Papiergeld die geltende Währung. Fische gibt es hier ebenso im Überfluß wie Wild und Geflügel. Unter letzterem überwiegen die Fasanen, so daß man für ein Stückchen Silber – entsprechend etwa einem venezianischen Groschen – drei solche Vögel bekommt, die so groß wie Pfauhennen sind.

Kain ist vermutlich ein Abschreibfehler und müßte Kaiu heißen. Die chinesische Stadt heißt Kaoju und liegt ebenfalls am Großen Kanal.

59

Wenn man von der Stadt Kain aus eine Tagereise weiterzieht, kommt man zu der Stadt Tigui, die zwar nicht besonders groß, aber von gesundem Reichtum ist. Die Stadt liegt im Südosten, und links von ihr, das heißt in östlicher Richtung, befindet sich in einer Entfernung von drei Tagereisen das Meer. In der Ebene dazwischen gibt es viele und bedeutende Salzbergwerke. Bevor man aber das Meer erreicht, kommt man zu der großen Stadt Cingui, von wo aus das Salz in alle benachbarten Provinzen ausgeführt wird. Die Salzsteuer dieses Gebietes bringt dem Großkhan Einnahmen in kaum glaublicher Höhe. Auch hier beten die Einwohner Götzen an und bedienen sich des Papiergeldes.

Tigui dürfte das heutige Taitschou ostwärts des Kanals sein, Cingui (oder, wie im französischen Text, Tingui) Tungtschou nördlich der Jangtse-Mündung.

60

Im Südosten von Cingui liegt die wichtige Stadt Jangui, die siebenundzwanzig andere Städte unter ihrer Gerichtsbarkeit hat und gleichfalls zum Reich des Großkhans gehört. Ihre Bewohner beten Götzen an und leben von Handarbeiten, insbesondere von der Herstellung von Waffen und allen anderen Kriegswerkzeugen. Aus diesem Grunde sind auch viele Truppen im Lande einquartiert. Die Stadt ist die Residenz eines der zwölf Vasallen, die – wie bereits erwähnt – vom Großkhan als Statthalter über die Provinz eingesetzt sind. Drei Jahre lang hatte Marco Polo an Stelle eines dieser Barone, im besonderen Auftrag des Kaisers, die Verwaltung der Stadt unter sich.

Jangui ist das heutige Jangtschou nördlich des Jangtse am Großen Kanal. Hier unterbricht Marco Polo seinen südwärts gerichteten Reiseweg und spricht von weiter westlich gelegenen Gegenden und Städten.

61

Nan-ghin ist der Name einer der größten und hervorragendsten Provinzen von Manji, die in westlicher Richtung liegt. Ihre Bewohner, die Götzenanbeter sind und mit Papiergeld bezahlen, sind bedeutende Handelsleute und weben kostbare Seidenstoffe nach den verschiedensten Mustern in großer Menge. Das Land erzeugt Getreide im Überfluß; auch gibt es viele Haustiere hier sowie üppige Jagdgründe an Wild und Geflügel. Der Kaiser zieht bedeutende Einkünfte aus der Provinz, besonders aus den Zöllen, mit denen die kostbare Handelsware des Gebietes belegt wird.

Nan-ghin hat nichts mit der Stadt Nanking zu tun, die im 13. Jahrhundert anders hieß. Es wird sich um die Landschaft Nanwei, westlich davon, handeln.

62

Sa-jan-fu ist eine bedeutende Stadt in der Provinz Manji, die zwölf große und reiche Städte unter ihrer Gerichtsbarkeit hat. Es wird rohe Seide in großen Mengen hier erzeugt. Die Stadt hat alles, was ein bedeutender Platz braucht, und war so stark befestigt, daß sie eine dreijährige Belagerung aushalten konnte. Sogar nachdem der Großkhan die Provinz Manji schon unterworfen hatte, weigerte sie sich noch, sich zu ergeben. Die Belagerung gestaltete sich deshalb so schwierig, weil die Armee sich ihr nur von einer Seite aus nähern konnte; denn auf den anderen Seiten befinden sich Flüsse und Seen, über welche die Belagerten ihren Nachschub erhielten, was die Belagerer nicht verhindern konnten. Als der Kaiser vernahm, daß diese Stadt sich seinen Truppen so hartnäckig widersetzte, war er sehr verärgert, da doch das gesamte übrige Gebiet schon bezwungen war. Die Brüder Nicolò und Maffeo Polo jedoch, die sich damals gerade am kaiserlichen Hofe aufhielten und davon hörten, ersuchten den Großkhan, er möge ihnen gestatten, Maschinen zu verwenden, wie es sie im Abendland gab. Das sind Maschinen, die Steine von dreihundert Pfund schleudern, mit denen Häuser zerstört und Einwohner getötet werden können. Der Kaiser billigte den Vorschlag der Brüder und gab Befehl, die geschicktesten Handwerker ihrer Leitung zu unterstellen; unter diesen befanden sich auch einige nestorianische Christen, welche sich als die erfahrensten Zimmerleute erwiesen. In wenigen Tagen wurden nach den Angaben der Europäer drei solcher Maschinen fertiggestellt und dann mit ihnen in Gegenwart des Großkhans und des ganzen Hofes Versuche gemacht, bei denen man dreihundert Pfund schwere Steine durch die Luft fliegen sah.

Daraufhin wurden die Maschinen auf Schiffe verladen und der Belagerungsarmee von Sa-jan-fu zugeführt. Als sie in Stellung gebracht worden waren, schleuderten sie den ersten Stein mit solcher Gewalt auf ein Gebäude in der Stadt, daß ein großer Teil desselben in Trümmer fiel. Die Einwohner erschraken über dieses Unheil, das wie ein Blitz aus heiterem Himmel über sie gekommen war, dermaßen, daß sie sogleich

sich zu ergeben beschlossen. Sie schickten Unterhändler zu der
Belagerungsarmee, und ihre Unterwerfung wurde zu denselben Bedingungen angenommen, die auch den übrigen Teilen
der Provinz gewährt worden waren.
Daraufhin gewannen die beiden venezianischen Brüder in
den Augen des Großkhans und seines ganzen Hofes sehr an
Ansehen und Ruhm.

*Sa-jan-fu ist das heutige Siangjang in der Provinz Hupeh.
Außer dem »Irrtum«, daß nicht die Polos, sondern persische
Ingenieure die Belagerungsmaschinen bauten, ist zu bemerken, daß die Belagerung der Stadt nicht am Ende, sondern
am Anfang der Eroberung Südchinas durch Kublai-Khan
stand.*

63

Fünfzehn Meilen südöstlich von Jangui liegt die Stadt Singui,
welche zwar nicht sehr groß, aber doch ein bedeutender Handelsplatz ist. Die Zahl der hier verkehrenden Schiffe ist beträchtlich, denn die Stadt liegt nahe am Quian (Kiang), welcher der größte Strom der Welt und an manchen Stellen sechs,
acht oder gar zehn Meilen breit ist. Seine Länge von der
Quelle bis zur Mündung in den Ozean beträgt wohl an die
hundert Tagereisen. Seine gewaltige Größe verdankt er der
Unzahl von schiffbaren Flüssen, die ihn speisen und die in
fernsten Ländern entspringen. Viele Hauptstädte und andere
Städte liegen an seinen Ufern, von denen über zweihundert
in sechzehn Provinzen ihren Warentransport auf seinem Lauf
abwickeln, wodurch sich ein unvorstellbar intensiver Schiffsverkehr ergibt. Wenn wir jedoch die Länge seines Laufes und
die Menge der in ihn mündenden Flüsse in Betracht ziehen,
erscheint es nicht mehr erstaunlich, daß der Umfang des

Transportverkehrs auf ihm so unübersehbar groß ist. Am nützlichsten ist er aber für den Salztransport. Als Marco Polo sich in der Stadt Singui befand, sah er bei einer Gelegenheit nicht weniger als fünftausend Fahrzeuge, und doch gibt es andere Städte am Flußlauf, deren Schiffsverkehr noch größer ist.

Alle diese Fahrzeuge haben eine Art Deck und einen Mast mit einem Segel. Ihre Fracht beträgt gewöhnlich von etwa viertausend Kantari bis zu zwölftausend Kantari. Bei diesen Schiffen wird – außer für Masten und Segel – kein Tauwerk aus Hanf verwendet, sondern Rohr von der schon beschriebenen Art, das der Länge nach in sehr dünne Streifen gespalten und zusammengeflochten wird, auf welche Weise man Seile bis zu dreihundert Schritt Länge herstellt. Dabei geht man so geschickt vor, daß diese Seile an Festigkeit und Kraft dem hanfenen Tauwerk gleichkommen. Mit diesen Seilen werden die Schiffe von jeweils zehn oder zwölf Pferden den Fluß hinauf- und auch hinabgezogen. An vielen Stellen am Ufer sind Götzentempel und andere Gebäude errichtet, und die Reihe von Dörfern und Ansiedlungen entlang des Flusses reißt nicht ab.

Von Jangtschou (Jangui) geht es nun wieder auf dem ursprünglichen Reiseweg weiter, und wir gelangen zum Jangtsekiang, dem viertlängsten Strom der Erde.

Der Kantar war ein im Mittelmeergebiet gebräuchliches Maß, das zwischen etwa 50 kg und weit über 100 kg schwankte. 12 000 Kantari sind mehr als 500 Tonnen. Und in solchen Dingen ist der Kaufmann Marco Polo recht zuverlässig.

64

Kayngui ist eine kleine Stadt am Ufer des oben genannten Flusses, in der jährlich eine große Menge Reis und Korn gelagert wird, um sie von dort aus nach Kambalu an den Hof des Großkhans zu bringen. Denn von dieser Stadt aus führt der Wasserweg über Flüsse, Seen und einen weiten, tiefen Kanal, den der Kaiser hat graben lassen, in die Provinz Kataia, so daß die Schiffe von der Provinz Manji nach Kambalu fahren können, ohne erst den Umweg über das Meer machen zu müssen. Der genannte Kanal ist ebenso bemerkenswert wie schön, da er bei seiner Länge den Städten an seinen Ufern viele Wohltaten und Annehmlichkeiten gewährt. Beiderseits des Kanals führen Terrassen und Landstraßen entlang, die das Reisen zu Land sehr bequem machen. Gegenüber der Stadt Kayngui liegt eine Insel ganz aus Felsen. Auf ihr stehen ein großer Tempel und ein Kloster, in dem zweihundert Mönche dem Dienst an ihren Götzen leben; und dies ist das oberste von vielen anderen Klöstern und Tempeln.

Kayngui ist heute eine unbedeutende Stadt an der Einmündung des Großen Kanals in den Jangtse-kiang. Ihr gegenüber liegt das bedeutende Tschinkiang (Cian-ghian-fu) am Südufer dieses Flusses.

65

Cian-ghian-fu ist eine Stadt in der Provinz Manji, deren Bewohner – auch sie sind Götzendiener und dem Großkhan untertan – von Handel und Gewerbe leben und wohlhabend sind. Die Jagd auf jede Art von Wild ist hier ganz ausgezeichnet, und Lebensmittel sind im Überfluß vorhanden. In dieser Stadt gibt es zwei Kirchen für nestorianische Christen, die im

Jahre 1274 erbaut worden sind, als der Kaiser einen Nestorianer – er hieß Mar Sachis – auf drei Jahre zum Statthalter gemacht hatte.

66

Wenn man von Cian-ghian-fu drei Tage lang in südöstlicher Richtung weiterzieht, erreicht man die Stadt Tin-gui-gui, die groß und schön ist und viel Rohseide produziert, aus der Gewebe verschiedenster Arten und Muster angefertigt werden. Die Einwohner dieser Stadt aber waren ein hinterlistiges, unmenschliches Geschlecht. Zur Zeit nämlich, als Chinsan Bayan, der Hundertäugige, das Land unterwarf, schickte er einige alanische Christen mit einem Teil seiner eigenen Leute ab, die sich der Stadt bemächtigen sollten. Sobald sie vor der Stadt erschienen, ließ man sie hinein. Der Platz war von einer doppelten Mauer umgeben, und nachdem die Alanen die äußere Umwallung besetzt hatten, fanden sie dort eine bedeutende Menge Wein, von dem sie, da sie entbehrungsreiche Zeiten hinter sich hatten, so viel und so unmäßig tranken, bis sie berauscht darüber einschliefen. Kaum bemerkte die Bevölkerung der Stadt, die sich innerhalb der zweiten Mauer befand, daß ihre Feinde besinnungslos im Schlafe lagen, da ergriff sie die Gelegenheit, diese zu ermorden, und es entkam keiner von ihnen. Als Chinsan Bayan von dem Schicksal seiner Truppe hörte, ergrimmte er so heftig wie nie zuvor und entsandte eine andere Armee gegen die Stadt. Als diese in seiner Gewalt war, ließ er die gesamte Bevölkerung, alt oder jung, Mann oder Frau, zur Vergeltung dem Schwerte überliefern.

Tin-gui-gui – oder Chin-chin-gui, wie das Berliner Manuskript schreibt – ist das bereits genannte Tschangtschou.

Singui ist eine große und prächtige Stadt mit einem Umfang von zwanzig Meilen. Unter den Einwohnern – Götzendiener, die dem Großkhan untertan sind – gibt es einige sehr reiche Kaufleute, alle aber sind sie sehr feige und haben nur ihren Handel und ihr Gewerbe im Sinn. In diesen Dingen allerdings entfalten sie eine große Geschicklichkeit, und wenn sie so unternehmend und kriegerisch wären, wie sie geschäftstüchtig und erfindungsreich sind, so könnten sie sich nicht allein die ganze Provinz Manji unterwerfen, sondern auch noch viel weiter gehen; denn so gewaltig ist ihre Zahl. Auch gibt es sehr geschickte Ärzte unter ihnen ebenso wie weise Männer oder, wie wir sie nennen, Philosophen und andere, die man als Magier beziehungsweise Zauberer bezeichnen könnte. Auf den Bergen in der Umgebung der Stadt wächst ein ganz vorzüglicher Rhabarber, der so billig ist, daß man vierzig Pfund frischer Ware zum Preise von – umgerechnet – einem venezianischen Groschen bekommen kann. Unter der Gerichtsbarkeit von Singui stehen sechzehn bedeutende und reiche Städte verschiedener Größe. – Der Name Singui bedeutet »Stadt der Erde«, wie Quinsai »Stadt des Himmels« bedeutet.

Wir verlassen nun Singui und kommen zu einer anderen Stadt, die nur eine Tagereise von Singui entfernt ist und Vagiu heißt. Hier gibt es ebenfalls Rohseide im Überfluß sowie viele Kaufleute und Künstler. Und nun wollen wir zur Hauptstadt der Provinz Manji, die Quinsai heißt, übergehen.

Singui ist das heutige Sutschou, eine bedeutende Stadt westlich von Schanghai, die von englischen Diplomaten des 19. Jahrhunderts ihrer vielen Kanäle wegen mit Venedig verglichen worden ist. Im Westen der Stadt liegt der große See Tai. Südlich von Sutschou finden wir Wukiang, das Marco Polos Vagiu entspricht. Das berühmte, von den Entdeckern der fol-

genden Jahrhunderte immer wieder gesuchte Quinsai (oder Kinsai) ist nichts anderes als die annähernde Wiedergabe des chinesischen Wortes King-sse, »Residenz«, durch einen Italiener. Der Name der Stadt, die seit dem 12. Jahrhundert Residenz der chinesischen Kaiser aus der Sung-Dynastie war, lautet Hangtschou, damals eine der größten Städte der Welt.

Wenn Marco Polo erklärt, Quinsai heiße »Stadt des Himmels«, dann beweist er, daß er der chinesischen Sprache nicht mächtig war, wenn er auch Mongolisch verstanden haben mochte. Sonst ist seine Beschreibung der Stadt anschaulich und zutreffend. Hangtschou heißt »Schifferstadt«.

68

Wenn man Vagiu verläßt, erreicht man nach drei Tagen die edle und prächtige Stadt Quinsai, die »Stadt des Himmels«. Diesen Namen verdient sie vor allen anderen Städten in der Welt wegen ihrer Größe und Schönheit ebenso wie wegen der Kurzweil, Freuden und Genüsse, die man dort findet, so daß ihre Bewohner glauben können, sie wohnten im Paradiese. Quinsai wurde des öfteren von Marco Polo besucht, der sehr gewissenhaft alles beobachtete und sich nach allem Bemerkenswerten genau erkundigte. Aus seinen Aufzeichnungen sollen folgende Einzelheiten wiedergegeben werden:

Nach allgemeiner Schätzung beträgt der Umfang der Stadt etwa hundert Meilen. Ihre Straßen und Kanäle sind sehr breit, und ihre Marktplätze haben eine gewaltige Ausdehnung, weil sie unvorstellbare Menschenmengen aufnehmen müssen. Auf der einen Seite der Stadt liegt ein See mit frischem, klarem Wasser, auf der gegenüberliegenden Seite fließt dagegen ein Strom, dessen Wasser durch zahlreiche größere und kleinere Kanäle in die Stadt geleitet wird. Diese führen allen Schmutz in den See und von dort aus in das

Meer, so daß die Luft in der Stadt stets rein und gesund ist. In allen Straßen kann man gehen, fahren oder reiten und daneben auf den Kanälen in Schiffen dahingleiten. Die Straßen und Kanäle sind so groß, daß Schiffe und Wagen nebeneinander fahren können. Allgemein heißt es, daß es insgesamt zwölftausend Brücken in allen Größen hier gebe. Diejenigen Brücken, welche über die Hauptkanäle führen und die vornehmeren Straßen miteinander verbinden, haben so hohe und kunstvoll konstruierte Bögen, daß Schiffe mit ihren Masten unter ihnen wegfahren können, während zu gleicher Zeit Karren und Menschen sie überqueren; so gut ist der Zu- und Abgang von den Straßen der Höhe des Bogens angepaßt. Wenn diese Brücken nicht so zahlreich wären, könnte man nicht so bequem von einer Seite auf die andere gelangen.

Außerhalb der Stadt zieht sich auf der einen Seite ein etwa vierzig Meilen langer Graben hin; er ist sehr breit und mit Wasser aus dem oben genannten Fluß gefüllt. Die alten Könige ließen ihn ausheben, damit er bei Überschwemmungen das überflüssige Wasser aufnehmen könne. Gleichzeitig war er aber auch als Verteidigungsanlage gedacht. Innerhalb der Stadt gibt es zehn Marktplätze – außer den unzähligen Kaufhallen in den Straßen. Diese Plätze sind quadratisch, und jede ihrer Seiten ist eine halbe Meile lang. Die Marktplätze sind je vier Meilen voneinander entfernt. Parallel zu der die Marktplätze verbindenden Hauptstraße läuft ein breiter Kanal, an dem geräumige Warenhäuser aus Stein aufgeführt sind; diese dienen der Bequemlichkeit der Kaufleute, die damit einen günstigen Stand für den Markt haben, wenn sie mit ihren Waren aus Indien oder anderen Ländern kommen. Auf jedem der Plätze versammeln sich an drei Tagen in der Woche vierzig- bis fünfzigtausend Personen, um alle möglichen Güter anzubieten. Da gibt es Wild aller Art, Rehböcke, Hirsche, Hasen, Kaninchen, Rebhühner, Fasane, Birkhühner, Wachteln, Haushühner, Kapaune und eine unbeschreiblich große Zahl von Enten und Gänsen. Auch gibt es Schlachthäuser und Fleischbänke, wo das Vieh – Ochsen, Kälber, Böcke und Lämmer – geschlachtet wird, um die Tische der reichen Leute und der hohen Magistratsbeamten zu versorgen. Das niedere Volk trägt keine Bedenken, wahllos jede andere Art Fleisch, selbst wenn es unrein ist, zu verzehren. Zu allen Jahreszeiten gibt es auf den Märkten eine Menge von Kräutern und Früchten aller Art, besonders Birnen von außerordentlicher Größe, die bis zu zehn Pfund wiegen. Diese sind innen weiß wie Teig und haben ein angenehmes Aroma. Auch gibt es gelbe und weiße Pfirsiche von lieblichem Geschmack. Trauben wachsen hier nicht, werden aber in gut getrocknetem Zustand aus anderen Gegenden eingeführt. Dasselbe gilt für den Wein, den die Einwohner hier nicht besonders schätzen, da sie an ihr eigenes Getränk aus Reis und Gewürzen gewöhnt sind. Von dem fünfundzwanzig Meilen entfernten Meer wird täglich auf dem Flußweg eine gewaltige Menge von Fischen in die Stadt gebracht. Auch im See gibt es Fische im Überfluß. Diese wechseln je nach Jahreszeit und werden alle groß und fett, da man sie mit den Abfällen aus der Stadt füttert. Wenn man die Menge der angebotenen Fische sieht, hält man es für unmöglich, sie zu verkaufen, und doch sind sie innerhalb weniger Stunden alle verschwunden; so groß ist die Zahl der

Einwohner, und das heißt der Leute, die sich solchen Luxus leisten können; denn Fisch und Fleisch werden bei einer Mahlzeit gereicht. Jeder der zehn Marktplätze ist von hohen Wohnhäusern umgeben, in deren Erdgeschoß sich Kaufläden befinden, die unter vielen anderen Waren Spezereien, Gewürze, Perlen und Tand aller Art anbieten. Viele Straßen führen zu den Marktplätzen, und in einigen von ihnen gibt es kalte Bäder, in denen Diener beiderlei Geschlechts bereit sind, Männer und Frauen zu waschen. Die Besucher dieser Anstalten sind von Kindheit daran gewöhnt, in kaltem Wasser zu baden, was sie für sehr gesund halten. Doch gibt es in den Badeanstalten auch Räume mit warmem Wasser, zum Gebrauch der Fremden, die das kalte Wasser nicht vertragen. Jedermann pflegt hier täglich zu baden, besonders vor den Mahlzeiten.

In anderen Straßen befinden sich Wohnungen der Kurtisanen, deren Zahl so groß ist, daß ich sie gar nicht anzugeben wage. Diese zeigen sich nicht allein auf den Märkten, deren Lage für sie am geeignetsten ist, sondern auch in jedem anderen Stadtteil. Sie sind prächtig aufgeputzt und sehr stark parfümiert und leben, umgeben von zahlreichen Dienerinnen, in schön eingerichteten Häusern. Diese Frauenzimmer sind erfahren und vollkommen in den Künsten der Verlockung und Betörung, so daß Fremde, die einmal ihre Reize kennengelernt haben, von ihren buhlerischen Künsten so berückt sind, daß sie diese nie mehr vergessen können. Berauscht von solchen sinnlichen Genüssen, kehren sie in ihre Heimat zurück und erzählen, sie seien in Quinsai gewesen, und sehnen sich danach, wieder in dieses Paradies kommen zu dürfen. In anderen Straßen liegen die Wohnungen der Ärzte und Astrologen, die auch Unterricht im Lesen und Schreiben sowie in vielen anderen Künsten erteilen. An je einer Seite eines jeden Marktplatzes stehen zwei große Gebäude, in denen sich die kaiserlichen Beamten aufhalten, die sogleich eingreifen, wenn irgendwo Differenzen zwischen den fremden Kaufleuten oder unter den Einwohnern der Stadt entstanden sein sollten. Außerdem haben sie die Aufgabe, die Wachen auf den verschiedenen, zu ihrem Bezirk gehörenden Brücken zu kontrollieren.

Auf jeder Seite der Hauptstraße stehen große Paläste und Häuser mit Geräten und neben diesen die Wohnungen von Handwerkern, die in ihren Läden arbeiten. Zu jeder Tagesstunde bewegen sich so große Menschenmassen, die zu den verschiedensten Berufszweigen gehören, durch die Straßen, daß es unmöglich scheint, sie alle zu ernähren. Jedoch wird man gleich eines Besseren belehrt, wenn man die Verkäufer auf den Marktplätzen sieht und die Vorräte, die sie verkaufen. Von den umgesetzten Mengen an Fleisch, Wein, Gewürzen und ähnlichen Dingen kann man sich einen Begriff machen, wenn man – wie Marco Polo von einem kaiserlichen Zollbeamten – erfährt, daß der tägliche Bedarf an Pfeffer sich auf 43 Lasten beläuft, jede Last zu 243 Pfund.

Die männlichen und weiblichen Bewohner der Stadt haben eine weiße Gesichtsfarbe und sind ein ansehnliches Volk. Die Mehrzahl unter ihnen pflegt sich in Seide zu kleiden, die in gewaltigen Mengen in der Stadt produziert und außerdem noch aus anderen Provinzen eingeführt wird. Für jedes Gewerbe gibt es tausend Werkstätten, und jede Werkstatt beschäftigt etwa zehn bis zwanzig Handwerker, in einigen Fällen wohl auch vierzig. Die reichen Meister arbeiten nicht selbst, sondern stolzieren nur mit vornehmen Mienen umher. Auch die Frauen enthalten sich der Arbeit. Sie sind sehr schön und werden in zärtlichen und schmachtenden Gewohnheiten aufgezogen. Die Üppigkeit ihrer Kleidung und ihres Schmuckes kann man sich kaum vorstellen.

Obgleich nach ihren alten Gesetzen jeder das Gewerbe seines Vaters ausüben muß, ist es den reich gewordenen Bürgern doch gestattet, die Handarbeit aufzugeben und Leute einzustellen, die in dem väterlichen Betrieb für sie arbeiten. Ihre Häuser sind schön gebaut und reich mit Ornamenten verziert. An diesen finden sie, ebenso wie an Gemälden und phantastischen Bauwerken, ein solches Vergnügen, daß sie unvorstellbare Summen dafür verschwenden. Die Einwohner von Quinsai sind von friedfertiger Natur und nach dem Beispiel ihrer früheren Könige, die selbst unkriegerisch waren, an die Sitten des Friedens und der Ruhe gewöhnt. Sie haben es nicht gelernt, Waffen zu führen, und haben auch keine in ihren Häusern; Tumult und Streit sind ihnen unbekannt. Ihre Handels- und Berufsangelegenheiten erledigen sie mit vollkommener Aufrichtigkeit. Sie verkehren freundlich miteinander, und die Leute, welche in derselben Straße wohnen, bilden gleichsam eine Familie. In ihren häuslichen Sitten sind sie frei von Eifersucht gegenüber ihren Frauen, denen sie große Achtung entgegenbringen, und jeder Mann würde verachtet werden, der es sich herausnehmen wollte, sich unanständig gegen eine Frau zu benehmen. Fremden gegenüber, die ihre Stadt als Kaufleute besuchen, sind sie von großer Herzlichkeit, laden sie freundlich in ihre Häuser ein und stehen ihnen mit Rat und Tat in ihren Geschäften bei. Den Anblick des Militärs lieben sie nicht, die Wachen des Großkhans eingeschlossen, da diese sie an den Verlust ihrer eigenen Herren erinnern.

An den Ufern des Sees stehen viele große und schöne Häuser, die hochstehenden Persönlichkeiten gehören, und außerdem viele Götzentempel mit ihren Abteien, in denen zahlreiche Mönche ihren Dienst verrichten. Etwa in der Mitte des Sees befinden sich zwei Inseln; auf jeder von ihnen steht ein prächtiger Palast mit zahllosen Zimmern und besonderen Pavillons. Wenn jemand in der Stadt eine Hochzeit feiern oder ein großes Bankett geben will, geht er auf eine dieser Inseln, auf der alles bereitsteht, was man nur verlangen kann: Gefäße, Schüsseln, Tischwäsche und so weiter; dies alles wurde auf Kosten der Bürger, die auch die Paläste erbauen ließen, angeschafft und unterhalten. Es kann durchaus geschehen, daß gleichzeitig hundert Gesellschaften zu Hochzeiten und anderen Festen auf einmal dort versammelt sind; trotzdem erhält eine jede von ihnen ihre separaten Zimmer und Pavillons, die so zweckmäßig liegen, daß keine Festlichkeit die andere stört. Außerdem gibt es auf dem See noch eine Menge von Booten oder Gondeln, die zwischen zehn und zwanzig Personen aufnehmen können. Die Leute nun, die Lust dazu haben, mieten sich eine dieser Barken, welche sich immer in bestem Zustand befinden, mit Sitzen und Tischen und jeder Art Gerät, dessen man zur Unterhaltung bedarf. Die Kajüten haben ein flaches Dach, auf dem die Bootsleute das Fahrzeug mit Hilfe langer Stangen über den See rudern. Auf beiden Seiten der Kajüte sind Fenster angebracht, welche der Gesellschaft, wenn sie bei Tische sitzt, Gelegenheit geben, nach jeder Seite hinauszuschauen und sich an dem Wechsel und der Schönheit der an ihnen vorüberziehenden Szenerie zu ergötzen. Der Genuß solcher Wasserfahrten übertrifft tatsächlich jeden anderen, den man auf dem Land haben kann; denn da sich der See auf der einen Seite längs der ganzen Stadt ausbreitet, hat man vom Boot aus, in einer gewissen Entfernung vom Ufer, eine herrliche Aussicht auf ihre Größe und Schönheit, ihre Paläste, Tempel, Klöster und Gärten mit mächtigen Bäumen, während man sich gleichzeitig am Anblick der anderen Boote ergötzen kann, die ebenso eingerichtet sind und mit ebensolchen Gesellschaften über das Wasser gleiten.

Die Einwohner von Quinsai denken denn auch, sobald sie ihre Tagesarbeit getan haben, an nichts anderes mehr, als wie sie die übrigen Stunden mit ihren Frauen oder Geliebten auf Lustpartien zubringen können, entweder in diesen Booten oder bei einer Wagenfahrt durch die Stadt, die nun beschrieben werden soll:

Zunächst muß man wissen, daß alle Straßen von Quinsai gepflastert sind, ebenso wie die Landstraßen der Provinz Manji, auf denen man reisen kann, ohne sich die Füße zu beschmutzen; da aber die Kuriere des Kaisers, die mit großer Eile zu Pferde reiten, das Pflaster nicht gebrauchen können, hat man einen Teil der Straßen ihretwegen ungepflastert gelassen. Die Hauptstraße der Stadt, die vom einen bis zum anderen Ende geht, ist auf jeder Seite zehn Schritt breit mit Kieseln oder Backsteinen gepflastert, während der Teil dazwischen mit Sand bedeckt oder mit gewölbten Rinnen versehen ist, um das Regenwasser in die benachbarten Kanäle zu leiten, so daß die Straße immer trocken bleibt. Auf diesem Sandstreifen fahren die Wagen ständig hin und her. Sie sind lang, bedeckt, haben Vorhänge und Kissen aus Seide und können sechs Personen aufnehmen. Männer und Frauen, die eine Vergnügungsfahrt machen wollen, mieten sie, und so kann man zu jeder Tagesstunde zahlreiche solcher Wagen sehen. Einige von ihnen besuchen Gärten, wo sie an schattigen Plätzen den Tag zubringen, um erst spät am Abend auf dieselbe Weise, wie sie gekommen sind, nach Hause zurückzukehren.

Die Bevölkerung von Quinsai folgt dem Brauch, bei der Geburt eines Kindes sogleich den Tag, die Stunde und die Minute der Entbindung aufzuzeichnen. Dann stellt der Astrologe fest, unter welchem Himmelsaspekt das Kind geboren worden ist. Wenn dieses nun herangewachsen ist und eine Reise unternehmen, ein Geschäft oder einen Heiratsvertrag abschließen will, wird jenes Zeugnis zum Astrologen gebracht, der es prüft, die Umstände genau abwägt und daraufhin sich in gewissen Orakeln äußert, auf welche diese Leute großes Vertrauen setzen. Die Astrologen kann man in großer Zahl auf jedem Marktplatz antreffen, und keine Hochzeit wird gefeiert, bevor nicht die Meinung eines dieser Magier gehört worden ist.

Beim Tode einer vornehmen oder reichen Persönlichkeit werden folgende Zeremonien beobachtet: Die Verwandten beiderlei Geschlechts legen grobe Gewänder an und begleiten den Leichnam zum Verbrennungsplatz. Dabei wird die Prozession von Musikanten begleitet, die auf ihren Instrumenten spielen; auch werden Gebete mit lauter Stimme gesungen. Auf dem Platz angekommen, werfen die Hinterbliebenen viele Stücke Baumwollpapier, auf denen die Bilder von Dienern, Dienerinnen, Pferden und Kamelen gemalt sind, außerdem mit Gold durchwirkte Seide und Geldmünzen in die Flammen. Sie glauben nämlich, daß der Verstorbene im Jenseits alle diese Gegenstände besitzen würde. Sobald der Scheiterhaufen verbrannt ist, setzen die Musikinstrumente wieder ein und machen lauten, lang anhaltenden Lärm; durch diese Zeremonie, so glauben sie, würden ihre Götzen veranlaßt, die Seele des Verstorbenen, dessen Körper zu Asche verbrannt ist, aufzunehmen.

In jeder Straße dieser Stadt befinden sich steinerne Gebäude oder Türme, in denen die Einwohner ihre Habe unterbringen können, wenn Feuer in der Nähe ausbricht, ein Unglück, das durchaus nicht ungewöhnlich ist, da fast alle Häuser aus Holz gebaut sind. Auf Anordnung des Kaisers befindet sich auf allen Hauptbrücken je eine Wache von zehn Mann, von denen fünf bei Tag und fünf bei Nacht Dienst tun. In jedem dieser Wachhäuser befindet sich ein laut tönendes Instrument aus Holz, ein anderes aus Metall und eine Wasseruhr, welche die Stunden anzeigt. Sobald die erste Nachtstunde vorbei ist, schlägt einer der Wächter einmal auf das hölzerne Instrument und auf den metallenen Gong und zeigt damit den Leuten in der Umgebung an, daß es ein Uhr ist. Nach Ablauf der zweiten Stunde wird zweimal geschlagen, und so nimmt die Zahl der Schläge im gleichen Maße zu wie die Zahl der Stunden. Am Morgen, nach Sonnenaufgang, fängt es wieder mit einem einzigen Schlag an und geht so den ganzen Tag über fort. Einige der Brückenwächter streifen auch durch die Straßen der Stadt, um zu kontrollieren, ob jemand nach Ablauf der festgesetzten Stunde noch Licht brennen hat. Wo dies der Fall ist, heften sie ein Zeichen an die Tür, und am nächsten Morgen wird der Hauseigentümer zum Magistrat bestellt, der ihn, wenn er keine triftige Entschuldigung findet, zu einer Strafe verurteilen wird. Sollte sich jemand zu ungesetzlicher Stunde außerhalb seines Hauses befinden, so fangen sie ihn, sperren ihn ein und liefern ihn am nächsten Morgen vor demselben Gerichtshof ab. Sobald irgendwo Feuer ausbricht, machen sie Lärm, indem sie auf ihre hölzernen Instrumente schlagen, woraufhin die Wächter von den anderen Brücken der näheren Umgebung herbeieilen, um zu löschen und das Besitztum der Leute in die schon erwähnten steinernen Türme zu retten. Zuweilen werden die Güter auch in Boote geladen und zu den Inseln im See geschafft. Doch selbst bei solchen Gelegenheiten wagen die Einwohner nicht, ihre Häuser während der verbotenen Zeit zu verlassen, und nur diejenigen halten sich auf der Straße auf, deren Habe gerade in Sicherheit gebracht wird.

Unabhängig von dieser Polizeiwache unterhält der Großkhan ständig eine bedeutende Truppenmacht – Fußvolk und Reiterei – in der Stadt und ihrer Umgebung. Das Kommando über diese haben seine besten und zuverlässigsten Hauptleute wegen der außerordentlichen Bedeutung dieser Provinz und insbesondere ihrer Hauptstadt, die an Größe und Reichtum jede andere übertrifft. Für die Nachtwachen aber sind im Abstand von jeweils einer Meile Erdhügel aufgeworfen. Auf diesen Hügeln steht ein hölzernes Haus mit einem Schallbrett, das mit einem Holzhammer geschlagen wird und dessen Schall man weithin hören kann. Würde man nämlich solche Vorsichtsmaßregeln unterlassen, so würde bei Ausbruch einer Feuersbrunst die halbe Stadt in Gefahr sein, in Flammen aufzugehen. Sie sind aber auch nötig, falls es doch einmal zu einem Aufstand der Bevölkerung kommen sollte, da auf ein bestimmtes Zeichen die Brückenwachen sich bewaffnen und zu ihren Sammelplätzen eilen.

Als der Großkhan die Provinz Manji, die bis dahin ein Königreich gewesen war, unterworfen hatte, teilte er sie in neun Bezirke auf, über deren jeden er einen Vizekönig setzte, der als oberster Statthalter die Gerichtsbarkeit über das Volk ausübt. Diese senden alljährlich einen Bericht an den Herrscher, in dem sie über die Höhe der Einkünfte sowie über alle anderen Angelegenheiten, für die sie zuständig sind, Rechenschaft ablegen. Sie wechseln in dreijährigem Turnus, wie alle anderen öffentlichen Beamten. Einer von diesen neun Vizekönigen residiert in der Stadt Quinsai und ist Herr über mehr als hundertvierzig andere Städte, die alle groß und reich sind. Diese Zahl ist nicht so erstaunlich, wie man vielleicht denken könnte, denn in der ganzen Provinz Manji gibt es nicht weniger als zwölfhundert große Städte. In jeder dieser Städte unterhält der Kaiser eine Besatzung, die sich an einigen Plätzen auf tausend, an anderen aber auf zehn- oder zwanzigtausend Mann beläuft. Diese Truppen sind keineswegs nur tatarischer Herkunft, sondern im Gegenteil hauptsächlich Eingeborene der Provinz Kataia. Denn die Tataren sind ausschließlich Reiter, diese aber können in der Umgebung von Städten, die in den niedrigen, sumpfigen Landstrichen liegen, nicht eingesetzt werden, sondern nur in trockenen Gebieten. So sendet er in diese Gebiete Truppen aus Kataia, während er die Soldaten, die in der Provinz Manji ausgehoben werden, in andere, weit entfernte Besatzungsgebiete schickt, wo sie vier bis fünf Jahre bleiben müssen, bevor sie wieder nach Hause zurückkehren können. Der größte Teil der Einkünfte, die dem Großkhan aus diesen Städten zufließen, wird zum Unterhalt der Besatzungstruppen verwendet. Wenn es vorkommt, daß eine Stadt rebelliert, so werden die Truppen aus den Nachbarstädten dort zusammengezogen mit dem Befehl, die Stadt zu zerstören; denn es wäre ein sehr langwieriges Unternehmen, eine Armee aus einer anderen Provinz zu schicken. So hat Quinsai eine ständige Besatzung von dreißigtausend Mann, und die geringste Zahl von Truppen in einer Stadt dieser Provinz beläuft sich auf tausend Mann.

Wir müssen nun noch von einem sehr schönen Palast berichten, der früher die Residenz des Königs Fanfur gewesen ist, dessen Vorfahren ein Landstück von zehn Meilen Umfang mit einer Mauer umschlossen und in drei Teile aufgeteilt haben. Den mittleren Teil betrat man durch ein hohes Portal, von dem aus eine prächtige Kolonnade über eine sehr große, ausgedehnte Terrasse führte, deren Pfeilerreihen mit Azur und Gold üppig verziert waren. Die Säulenhalle, die dem Eingang gegenüber an der vorderen Seite des Hofes lag, war noch größer als die anderen; ihr Dach war reich dekoriert, die Pfeiler waren vergoldet und die Wände der Innenseite mit ausgezeichneten Gemälden geschmückt, auf welchen die Taten der früheren Könige dargestellt waren. Hier hielt König Fanfur an bestimmten, dem Dienst an den Götzen gewidmeten Tagen Hof und gab seinen Großen, den hohen Magistratsbeamten und den reichen Bürgern von Quinsai ein Fest und ein Bankett. Da konnte man zehntausend Personen gleichzeitig und ganz bequem unter den Säulenhallen an der Tafel sitzen sehen. Die Festlichkeit dauerte zehn oder zwölf Tage, und die bei dieser Gelegenheit entfaltete Pracht übertraf jedes Vorstellungsvermögen. Denn jeder Gast setzte seinen ganzen Ehrgeiz darein, so viel Luxus zu entfalten, wie ihm seine Verhältnisse erlaubten. Hinter der zuletzt erwähnten Halle befand sich eine Mauer mit einem Durchgang, der den äußeren mit dem inneren Hof verband. Wenn man da hindurchging, kam man zu einem großen Gebäude, das wie ein Kloster aussah. Seine Säulenreihen trugen einen Portikus, der die Zellengebäude umgab und in verschiedene, für den Gebrauch des Königs und der Königin bestimmte Räume führte. Aus dem Zellenhof kam man in eine Art Korridor, der sechs Schritte breit und so lang war, daß er bis an das Ufer des Sees führte. An jeder Seite dieses Korridors befanden sich zehn Eingänge zu zehn langen Zellenhöfen, die von einem Portikus und jeweils fünfzig Zellen umgeben waren, in denen die tausend jungen Frauen, die im Dienst des Königs standen, lebten.

Zuweilen besuchte der König, entweder von der Königin oder einigen jener Frauen begleitet, den See, um sich dort in mit Seide ausgelegten Barken zu vergnügen und die Götzentempel am Ufer zu besuchen. Die beiden anderen Abteilungen der Residenz bestanden aus den schönsten Anlagen, Hainen, Gewässern, herrlichen Obstgehegen und Wildgehegen. Auch hier pflegte sich der König in Gesellschaft seiner Damen zu ergehen, und bei diesen Ausflügen durfte keine männliche Person zugegen sein. War man müde geworden, so zog man sich in die Lusthaine am Seeufer zurück, legte die Kleider ab und badete. Zuweilen ließ der König auch das Mittagsmahl in einem dieser Haine auftragen, wo das Laub der hohen Bäume dichten Schatten spendete, und dieselben Damen umgaben und bedienten ihn. So brachte er die Zeit in entkräftender Frauengesellschaft hin, und die Folge davon war, daß seine Verweichlichung und Feigheit dem Großkhan erlaubten, ihn seiner glänzenden Herrschaft zu berauben und ihn schmachvoll vom Thron zu jagen. All dieses wurde mir, als ich mich in Quinsai aufhielt, von einem reichen Kaufmann berichtet, der schon sehr alt, früher aber ein Vertrauter des Königs Fanfur gewesen war. Augenblicklich ist der Palast die Residenz des vom Großkhan eingesetzten Vizekönigs; die Kolonnaden sind noch erhalten, aber die Zimmer der Frauen sind verfallen, man kann nur noch ihre Fundamente sehen.

Fünfundzwanzig Meilen nordöstlich der Stadt Quinsai liegt das Meer und an ihm der außerordentlich schöne Hafen Gampu, der von allen aus Indien kommenden Schiffen angelaufen wird. Der Fluß, der an Quinsai vorbeifließt, bildet das Hafenbecken von Gampu an seiner Mündung.

Marco Polo war gerade zu der Zeit in Quinsai, als der jährliche Bericht über den Betrag der Einkünfte und die Zahl der Einwohner erstattet wurde, und aus diesem ergab sich, daß die Bevölkerungszahl der Stadt sich auf 1 600 000 Einwohner belaufen haben muß. Jeder Familienvater oder Hausherr muß einen Zettel an seiner Haustür befestigen, auf dem der Name aller Personen sowie auch die Zahl der Pferde verzeichnet sind. Wenn jemand stirbt oder das Haus verläßt, so wird sein Name gestrichen, und wenn ein Kind geboren wird, so wird sein Name hinzugefügt. Auf diese Weise haben die Aufsichtsbeamten der Provinz stets einen Überblick über die genaue Einwohnerzahl. Dieselbe Regelung besteht in der ganzen Provinz Manji ebenso wie in Kataia. In gleicher Weise müssen die Gastwirte die Namen ihrer Gäste in ein Buch eintragen, wobei sie Tag und Stunde von Ankunft und Abreise anzugeben haben. Täglich bekommen die Magistratsbeamten eine Abschrift von diesen Angaben. – In der Provinz Manji ist es üblich, daß bedürftige Eltern ihre Kinder an reiche Leute verkaufen, damit diese eine bessere Erziehung erhalten, für die ihre eigenen Eltern nicht sorgen können.

Der Hafen Khanfu (Gampu) besteht nicht mehr. Das Mündungsgebiet des Tsientang hat sich in den verstrichenen 700 Jahren so verändert, daß Hangtschou inzwischen selbst am Meer liegt und Hafenstadt ist.

69

Wir wollen nun von den Einkünften reden, die dem Großkhan aus der Stadt Quinsai und den Städten, die unter ihrer Gerichtsbarkeit stehen, zufließen. Vom Salz, dem ergiebigsten Artikel, erhebt er eine Abgabe von achtzig Toman Gold im Jahr. Da jeder Toman einem Wert von achtzigtausend Saggi entspricht, beläuft sich diese Summe auf etwa 6 400 000 Dukaten. Diese gewaltige Summe erklärt sich aus der Lage der Provinz am Meere und aus der Menge von Lagunen und Salzseen, die es hier gibt und aus denen so viel Salz gewonnen wird, daß man noch fünf andere Provinzen damit versorgen könnte. Auch wird viel Zucker angebaut, der wie alle anderen Gewürze mit dreieindrittel Prozent besteuert wird. Ebenso wird vom Wein und Reisgetränk eine Abgabe erhoben.

Die zwölf Klassen der Handwerker, von denen jede tausend Werkstätten besitzt, und die Kaufleute – sowohl Importeure wie Exporteure – zahlen gleichfalls dreieindrittel Prozent Steuern. Kommen aber die Waren aus Übersee, zum Beispiel aus Indien, so haben sie zehn Prozent zu zahlen. Auch von allen Erzeugnissen des Landes, Vieh, Pflanzenprodukte oder Seide, erhält der Großkhan seinen Teil. Marco Polo ist dabei gewesen, als eine Abrechnung aufgestellt wurde, und hat sich auf diese Weise davon überzeugen können, daß die kaiserlichen Einkünfte – mit Ausnahme der schon angeführten Salzsteuer – jährlich eine Summe von (umgerechnet) 16 800 000 Dukaten ergaben.

70

Wenn man die Stadt Quinsai verläßt und eine Tagereise nach Südosten zieht, kommt man, an Villen und prächtigen Gärten vorbei, in denen alle Arten von Pflanzen und Früchten im Überfluß wachsen, in die Stadt Ta-pin-zu, die zur Gerichtsbarkeit von Quinsai gehört. Die Einwohner hier beten Götzen an, haben Papiergeld, verbrennen die Leichen ihrer Toten und sind dem Großkhan untertan. Sie leben von Handel und

Gewerbe. – Da weiter nichts Besonderes von dieser Stadt zu berichten ist, wollen wir nun von der Stadt Uguiu reden.

Ta-pin-zu dürfte Schaosing sein.

71

Von Ta-pin-zu weiter drei Tage nach Südosten reisend, gelangt man in die Stadt Uguiu, und nach zwei Tagereisen in derselben Richtung passiert man ununterbrochen viele Städte, Schlösser und befestigte Plätze. Die ganze Gegend ist so dicht besiedelt, daß sie wie eine einzige riesige Stadt erscheint. Alle diese Orte stehen unter der Gerichtsbarkeit von Quinsai. Hier wird Rohr von größerer Dicke und Länge als sonst irgendwo gefunden; es hat einen Umfang von vier Spannen und ist etwa fünfzehn Schritt lang.

Uguiu, im französischen Text Vugui genannt, das heutige Kinhwa, das zur Mongolenzeit Wutschou hieß. Die Lage dieser Stadt zeigt an, daß Marco Polo jetzt nach Süden reist.

72

Reist man zwei Tage in derselben Richtung weiter, so kommt man zu der Stadt Gengui, und noch weiter in südöstlicher Richtung trifft man auf andere volkreiche Städte, deren Bewohner Handel treiben und das Land bebauen. In diesem Teil der Provinz Manji gibt es keine Schafe, wohl aber Ochsen, Kühe, Büffel, Ziegen und Schweine in großer Zahl. Nach dem vierten Reisetag kommt man in die Stadt Zengian, die auf einem Hügel steht, der wie eine Insel von zwei getrennten Flußarmen umflossen wird. Die beiden Arme fließen in entgegengesetzter Richtung – der eine nach Südosten, der andere nach Nordwesten. Die beiden genannten Städte stehen gleichfalls unter der Herrschaft des Großkhans sowie unter der Gerichtsbarkeit von Quinsai. Die Bevölkerung betet Götzen an und lebt vom Handel. Das Land hat Überfluß an Wild und Geflügel.

Wenn man drei Tage weiterreist, kommt man zu der großen und edlen Stadt Gieza, die letzte der unter der Gerichtsbarkeit von Quinsai stehenden Städte. Verläßt man sie, so gelangt man in das Vizekönigtum Koncha.

Gengui oder Guiguy führt heute den Namen Kienteh und liegt am Tsientang. Zengian heißt Suitschang. Und Gieza ist Tschutschou.

Kon-cha ist die Provinz Fukien und Fu-giu die Stadt Futschou.

In den Bergen sollen sich noch im 18. Jahrhundert wilde Stämme in erheblicher Unabhängigkeit erhalten haben.

73

Zunächst reist man sechs Tage in südöstlicher Richtung über Hügel und Täler, wobei man ununterbrochen durch Städte und Dörfer kommt, in denen alles, was man zum Leben braucht, im Überfluß vorhanden ist. Vor allem ist dort die Jagd, insbesondere auf Geflügel, sehr gut. In diesen Gegenden gibt es außerordentlich starke Löwen; Ingwer und Galgant wachsen hier in großen Mengen, aber auch andere Gewürze und Spezereien. Für den Wert eines venezianischen Silbergroschens kann man achtzig Pfund frischen Ingwer bekommen; in solchem Überfluß gibt es diesen hier. Es wächst auch eine Pflanze hier, die alle Eigentümlichkeiten des echten Safran, seine Farbe und seinen Geruch hat und doch kein

echter Safran ist. Da man sie zu allen Mahlzeiten verwendet, wird sie zu hohen Preisen gehandelt.

Die Bewohner dieses Landes essen Menschenfleisch, das sie für schmackhafter als jedes andere halten, vorausgesetzt, daß die betreffende Person nicht an einer Krankheit gestorben ist. Wenn sie in die Schlacht ziehen, bemalen sie sich ihre Gesichter mit feinster Azurfarbe und lassen ihre Haare lose um die Ohren fliegen. Sie sind mit Schwertern und Lanzen bewaffnet und marschieren alle zu Fuß, mit Ausnahme ihres Führers, der zu Pferde reitet. Sie sind ein sehr wildes Menschengeschlecht, trinken das Blut ihrer erschlagenen Feinde und verschlingen anschließend deren Fleisch.

74

Nachdem man sechs Tagereisen durch das Vizekönigtum Kondia gezogen ist, erreicht man die Stadt Que-lin-fu, die sehr ausgedehnt ist und schöne Brücken hat. Die Frauen in dieser Stadt sind sehr hübsch und lieben das Vergnügen. Es wird viel Rohseide hier produziert und auch Baumwolle gewebt, die in alle Teile der Provinz Manji verkauft wird. Die Bevölkerung besteht überwiegend aus Kaufleuten, die große Mengen von Ingwer und Galgant ausführen. Man hat mir von einer Hühnerart berichtet, die keine Federn hat, sondern deren Haut mit schwarzem Haar überzogen ist, das dem Katzenfell gleicht. Doch habe ich diese Tiere nicht selbst gesehen. Sie sollen Eier legen wie andere Hühner und sehr delikat sein. Es gibt viele herumstreifende Löwen in diesem Land, die das Reisen sehr gefahrvoll machen; deshalb reist man nur in großen Gesellschaften.

Que-lin-fu müßte Kienjang sein. Über die samthaarigen Hühner schreiben auch spätere Reisende. Ihr lateinischer Name ist Gallus lanatus.

75

Drei Tagereisen von Que-lin-fu entfernt liegt die Stadt Un-guen, wo Zucker in großen Mengen produziert wird; dieser wird meistens an den Hof des Großkhans in Kambalu geliefert. Bevor Un-guen unter die Herrschaft des Großkhans kam, kannten die Einwohner die Kunst, feinen Zucker zu bereiten, noch nicht; sie kochten ihn so unvollkommen, daß er, wenn er sich abgekühlt hatte, ein dunkler Teig blieb. Als diese Stadt aber unter die Herrschaft des Großkhans fiel, kamen einige Leute aus Babylon nach Un-guen und brachten den Einwohnern bei, den Zucker mit der Asche gewisser Bäume zu raffinieren.

Die Stadt Un-guen halten die modernen englischen Kommentatoren für Mintzing-hien.

76

Wenn man in derselben Richtung fünfzehn Meilen weiterreist, kommt man in die Stadt Kangiu, die ebenfalls zum Vizekönigtum Koncha gehört. In diesem Ort liegt eine große Armee zum Schutz des Landes, die immer einsatzbereit sein muß, falls eine der Städte in dieser Gegend sich zum Aufruhr entschließen sollte. Mitten durch die Stadt fließt ein Strom, der eine Meile breit ist und an dessen Ufern große, schöne Gebäude stehen. Vor diesen liegen viele Schiffe, die überwiegend Zucker geladen haben. Viele Schiffe kommen aus Indien in diesen Hafen und bringen Ladungen von Juwelen und Perlen mit, durch deren Verkauf die Handelsleute sehr viel verdienen. Dieser Fluß mündet unweit von dem Hafen Zaitum in das Meer. Die Schiffe aus Indien aber können flußaufwärts bis nach Kangiu fahren.

Kangiu, das in den meisten anderen Ausgaben als Fugiu oder Fugui bezeichnet wird, heißt heute Foutschou und liegt im Mündungsgebiet des Min-kiang.

Der Hafen Zaitum ist im Mittelalter ein ganz bedeutender Handelsplatz gewesen, den arabische und europäische Reisende beschreiben. Er heißt heute Chuanchow (bis vor einiger Zeit Tsinkiang).

77

Von der Stadt Kangiu aus kommt man, wenn man in südöstlicher Richtung weiterreist, nach fünf Tagen in die edle und schöne Stadt Zaitum, die einen berühmten Seehafen hat; von diesem aus gelangen die verschiedenartigsten Waren in alle Teile der Provinz Manji. Die Menge Pfeffer, die hier lagert, ist so groß, daß der, welcher für die westliche Welt nach Alexandria verladen wird, im Vergleich dazu ganz unbedeutend ist; denn er macht nicht mehr als etwa den hundertsten Teil davon aus.

Es ist in der Tat nicht möglich, sich eine Vorstellung von der Zahl der Kaufleute und der Masse der Güter in diesem Hafen zu machen, der als einer der größten und bequemsten der Welt gilt. Der Großkhan hat gewaltige Einnahmen aus diesem Hafen, da jeder Kaufmann zehn Prozent vom Wert seiner Waren an ihn abführen muß. Die Schiffe haben zu dreißig Prozent feine Waren, zu vierundvierzig Prozent Pfeffer, zu vierzig Prozent Aloe und andere Spezereien geladen, und die Kaufleute haben sich ausgerechnet, daß ihre Abgaben – Zoll und Fracht eingeschlossen – sich auf die Hälfte der Ladung belaufen; jedoch ist der Gewinn von der für sie übrigbleibenden Hälfte immer noch so beträchtlich, daß sie ständig mit neuen Waren hierher zurückkommen. Die Bewohner sind friedfertig und weichlicher Ruhe ergeben. Viele Leute kommen hierher, um ihren Körper tätowieren zu lassen; denn die Stadt ist berühmt wegen ihrer darin erfahrenen Künstler.

Der Fluß, der in den Hafen von Zaitum mündet, ist groß, reißend und ein Arm von dem, an dem die Stadt Quinsai liegt. Dort, wo er sich vom Hauptstrom trennt, liegt die Stadt Tingui. Von diesem Platz ist nichts weiter zu sagen, als daß dort Becher, Vasen und Schüsseln aus Porzellan hergestellt werden; das geschieht, wie man mir erklärt hat, auf folgende Weise: Es wird eine bestimmte Erdmasse gesammelt, die man wie Erz ausgräbt, und in großen Haufen liegengelassen, so daß sie etwa dreißig bis vierzig Jahre lang Wind, Regen und Sonne ausgesetzt ist. Auf diese Weise wird die Erdmasse für die Verarbeitung gereinigt. Dann wird sie mit entsprechenden Farben bemalt und im Ofen gebacken. Die Personen, welche die Porzellanerde graben lassen, sammeln sie also für ihre Kinder und Enkel. In Tingui wird Porzellan in großen Mengen zum Verkauf angeboten: Für einen venezianischen Groschen kann man acht Becher bekommen.

Wir haben nun das Vizekönigtum Koncha beschrieben, einen der neun Bezirke Manjis also, aus dem der Kaiser ebenso hohe Einkünfte bezieht wie aus Quinsai. Von den anderen Gebieten wollen wir nicht sprechen, weil Marco Polo sie nicht selbst kennengelernt hat. Es mag noch hinzugefügt werden, daß in der ganzen Provinz Manji eine allgemeine Schriftsprache angewendet wird; jedoch gibt es in den verschiedenen Teilen des Landes auch sehr große Dialektunterschiede, wie es sie auch zwischen Genuesen, Mailändern, Florentinern und anderen italienischen Volksgruppen gibt, die Einwohner können sich aber dennoch gegenseitig verständlich machen.

Marco Polo beschließt damit dieses zweite Buch und beginnt ein anderes mit der Beschreibung der Länder und Provinzen Indiens; er unterscheidet Groß-, Klein- und Mittelindien, die er im Dienst des Großkhans besucht hat, als dieser ihn mit verschiedenen Aufträgen dorthin schickte, und später, als er in Gesellschaft seines Vaters und Onkels auf der Rückreise die für den König Argon bestimmte Königin begleitete. Er wird Gelegenheit haben, über viele außerordentliche Dinge, die er in diesen Ländern gesehen hat, zu berichten; gleichzeitig wird er auch anderes mitteilen, was er von glaubwürdigen Personen erfahren hat.

Der Fluß, an dem Chuanchow (Zaitum) liegt, hat nichts mit dem zu tun, der Quinsai durchfließt. Dieser geographische Fehler findet sich übrigens nur bei Ramusio.

Noch heute wird in Fukien billiges Porzellan, »die gewöhnliche blaue Ware«, in großen Mengen hergestellt und z. B. nach Indien verschifft.

DRITTES BUCH

I

Wir wollen unter den bemerkenswerten Dingen, die wir in Indien gefunden haben, zuerst mit einer Beschreibung der Handelsschiffe anfangen. Diese sind aus Tannenholz gebaut und haben nur ein einziges Deck; unter diesem ist der Raum in sechzig kleine Kajüten – auch mehr oder weniger, je nach Größe der Schiffe – eingeteilt, die zur Aufnahme der Kaufleute bestimmt sind. Sie haben vier Masten mit ebenso vielen Segeln, und einige haben zwei Masten, die man umlegen kann, wenn es nötig ist. Die größeren Schiffe haben außer den erwähnten Kajüten in ihrem Kielraum bis zu dreißig Verschläge, die aus dicken Planken bestehen. Diese Einrichtung ist getroffen worden, um das Schiff zu retten, wenn es ein Leck bekommen hat, zum Beispiel durch den Schlag eines Walfischs. Das kommt nicht selten vor, denn wenn man bei Nacht segelt, bildet sich im Kielwasser ein weißer Schaum, der die Aufmerksamkeit des hungrigen Tieres erregt. In der Hoffnung auf Beute schießt der Walfisch auf das Schiff zu und zerstört dabei leicht dessen Boden. Sobald die Schiffsleute das Leck entdeckt haben, entfernen sie sogleich die Waren aus dieser Abteilung; das Wasser aber kann nicht in die anderen Verschläge gelangen, weil die vorzüglich gebauten Bretterwände dicht sind. Darauf wird der Schaden ausgebessert, und die Ware kann wieder an ihre alte Stelle gebracht werden. Die Schiffe sind doppelplankig, innen und außen mit Werg kalfatert und die Planken mit eisernen Nägeln vernietet. Da es Pech in diesem Lande nicht gibt, überschmiert man den Boden mit ungelöschtem Kalk und kleingeschnittenem Werg, die mit Öl vermengt werden; aus diesem Gemisch entsteht eine Art Salbe, die lange Zeit klebrig und zäh bleibt und zum Abdichten noch besser geeignet ist als Pech.

Die größten Seeschiffe haben eine Besatzung von dreihundert, andere von zweihundert und einige auch nur von hundertfünfzig Leuten. Man kann die Schiffe mit fünf- bis sechstausend Körben Pfeffer beladen. Früher beförderten die Schiffe größere Lasten als jetzt; weil aber der Ozean verschiedentlich Inseln und darunter auch einige Haupthäfen zerrissen hat, fehlt es für so schwere Schiffe an Wassertiefe. Deshalb wurden in der letzten Zeit nur noch kleinere Fahrzeuge gebaut. Diese können auch gerudert werden, während jedes Ruder von vier Männern bedient wird. Die größeren Schiffe werden jeweils von zwei oder drei großen Barken begleitet, die etwa tausend Pfefferkörbe laden können und mit sechzig bis hundert Matrosen bemannt sind. Diese kleinen Schiffe sind dazu da, um die großen zu ziehen, falls widrige Winde wehen sollten. Die Schiffe führen auch bis zu zehn kleine Boote mit sich, von denen aus die Anker ausgeworfen, Fische gefangen oder andere Arbeiten ausgeführt werden. Die Boote werden längsseits des großen Schiffes aufgehängt und bei Bedarf zu Wasser gelassen. Auch die Barken haben ihre kleinen Boote. Wenn ein Schiff ein Jahr oder länger unterwegs gewesen ist und der Überholung bedarf, wird einfach ein weiterer Bretterverschlag über den ersten gezogen und in derselben Weise kalfatert und gestrichen wie dieser; das wird bis zu sechs Lagen wiederholt; erst dann wird das Schiff für unbrauchbar erklärt und nicht mehr verwendet.

Nachdem wir über die Schiffahrt geschrieben haben, wollen wir zuerst von einigen Inseln in dem Teil des Ozeans, in dem wir uns jetzt befinden, berichten und mit der Insel anfangen, die Zipangu heißt.

2

Zipangu ist eine sehr große Insel im östlichen Ozean, etwa fünfzehnhundert Meilen vom Festland und der Küste der Provinz Manji entfernt. Die Einwohner der Insel haben eine helle Gesichtsfarbe und gute Sitten. Ihre Religion ist Götzendienst. Sie haben einen unabhängigen, selbständigen Staat und werden nur von ihren eigenen Königen regiert. Gold gibt es bei ihnen in größtem Überfluß; weil aber der König dessen Ausfuhr nicht gestattet, kommen wenig Kaufleute in das Land, und die Insel wird selten von Schiffen aus fernen Gegenden besucht. Aus diesem Umstand erklärt sich wohl der ungeheure Luxus im Palast des Königs, vorausgesetzt, uns wurde von denen, die Zutritt zum Palast haben, die Wahrheit erzählt: Das Dach des Palastes ist vollständig mit Goldplatten bedeckt; auch die Decken der Säle sind aus demselben kostbaren Metall. In vielen Zimmern stehen kleine Tische aus dickem, massivem Gold, und auch die Fenster zeigen goldene Verzierungen. Es soll vollkommen unmöglich sein, sich eine Vorstellung von den Reichtümern dieses Palastes zu machen. Auf der Insel Zipangu gibt es auch sehr viele Perlen, die rot, rund und sehr groß sind; diese erzielen einen noch höheren Preis als die weißen Perlen.

Als der große Kublai-Khan von dem Reichtum der Insel Zipangu hörte, faßte er den Plan, sie seinem Reich einzuverleiben. Zu diesem Zweck rüstete er eine große Flotte aus und schiffte eine starke Armee ein, die unter dem Kommando zweier seiner besten Generäle – Abbakatan und Vosacin – stand. Diese fuhren von den Häfen Zaitum und Quinsai ab und erreichten die Insel sicher; auf Grund der Eifersucht aber, die zwischen den beiden Befehlshabern entstand, von denen einer die Pläne des anderen mit Verachtung behandelte, konnten sie keine Stadt in ihre Gewalt bringen, mit Ausnahme einer einzigen, die im Sturm genommen wurde, nachdem ihre Besatzung die Kapitulation verweigert hatte. Allen Verteidigern der Stadt wurden die Köpfe abgeschlagen – außer acht Personen, die durch die magische Gewalt eines Amuletts, das sich am rechten Arm zwischen Haut und Fleisch befand, gegen die Kraft des Eisens geschützt waren und deshalb weder getötet noch verwundet werden konnten. Sie wurden deshalb mit einer schweren hölzernen Keule geschlagen, bis sie starben.

Einige Zeit darauf begann ein starker Nordwind zu wehen und die Schiffe der Tataren, die an der Küste der Insel vor Anker lagen, wirr durcheinanderzutreiben. Die Befehlshaber beschlossen deshalb, das Land wieder zu verlassen, und sobald die Truppen eingeschifft waren, segelte man los. Der Sturm steigerte sich jedoch zu solcher Heftigkeit, daß viele Schiffe untergingen. Die Schiffbrüchigen konnten sich auf Brettern und Planken zu einer Insel retten, die ungefähr vier Meilen vor der Küste von Zipangu lag. Andere Schiffe, die das Land schon weiter hinter sich gebracht hatten, waren von dem Sturm nicht mehr so in Mitleidenschaft gezogen worden und konnten zum Großkhan zurückkehren. Auf diesen befanden sich auch die beiden Befehlshaber mit ihren Unterführern. Die dreißigtausend Tataren jedoch, die sich auf die Insel gerettet hatten, sahen sich nun ohne Schiffe, Waffen und Vorräte, von ihren Führern verlassen, und erwarteten nichts weniger, als elendiglich umzukommen, zumal die Insel ihnen keinen Unterschlupf bot, wo sie sich hätten erholen können. Sobald der Sturm sich gelegt hatte, kam eine große Streitmacht von der Hauptinsel Zipangu herüber, um die schiffbrüchigen Tataren gefangenzunehmen. Diese Streitmacht zerstreute sich, als sie gelandet war, in ungeordneter Weise auf der Insel. Die Tataren dagegen verhielten sich sehr geschickt, verbargen sich im Innern der Insel und eilten, während der Feind sich auf der anderen Seite befand, dorthin, wo seine Flotte vor Anker lag. Da sie alle Boote verlassen fanden, bemächtigten sie sich ihrer, verließen die Insel und rückten vor die Hauptstadt von Zipangu, wo man sie, weil sie die Flaggen führten, ohne Bedenken einziehen ließ. Es waren wenig Einwohner in der Stadt zurückgeblieben, außer den Frauen, welche die Tataren zu ihrem eigenen Gebrauch be-

hielten; alle anderen verjagten sie. Als der König das erfuhr, war er sehr betrübt und gab sogleich den Befehl, die Stadt zu belagern und ihre Ein- und Ausgänge so sorgfältig zu bewachen, daß die Tataren völlig abgeschnitten waren. Nach Verlauf von sechs Monaten gaben diese die Hoffnung auf Hilfe auf und ergaben sich unter der Bedingung, daß man sie am Leben ließe. Das alles spielte sich im Jahre 1264 ab. Als der Großkhan einige Jahre später erfuhr, wie es seiner unglücklichen Armee in Zipangu ergangen war und daß dieses Unglück nur die Folge der Uneinigkeit der beiden Generäle war, ließ er den einen köpfen, während er den anderen auf die wilde Insel Zorza schickte, wo das Todesurteil folgendermaßen vollstreckt wurde: Man wickelte dem Verurteilten beide Arme in eine frisch abgezogene Büffelhaut, die fest zugenäht worden war; sobald sie zu trocknen begann, preßte sie den Körper so zusammen, daß er elendiglich umkam.

Marco Polo scheint der erste Europäer gewesen zu sein, der überhaupt etwas von der Existenz Japans (Zipangu) erfuhr. Er gibt hier chinesische Berichte wieder. Der Luxus und Reichtum, den Marco Polo schildert, hat auch die »Insel Zipangu« zu einem Wunschtraum der Entdeckungsreisenden zwei, drei Jahrhunderte später gemacht.
  Marco Polos Berichte über die Eroberungsversuche Kublai-Khans stimmen in den wesentlichen Punkten mit den chinesischen und japanischen Geschichtsdarstellungen überein.

3

Auf der Insel Zipangu und deren Nachbarinseln werden die Götzen in verschiedener Gestalt dargestellt; einige von ihnen haben Köpfe wie Ochsen, andere wie Schweine, Hunde, Ziegen und andere Tiere. Einige haben einen Kopf und zwei Gesichter, andere drei Köpfe, von denen einer an seiner richtigen Stelle und die anderen auf den Schultern sitzen. Einige haben vier Arme, andere zehn oder auch hundert. Die Götzen mit den meisten Armen werden als die mächtigsten angesehen und daher auch am meisten verehrt. Wenn man sie fragt, warum sie ihren Göttern so unterschiedliche Gestalten geben, antworten sie, daß es ihre Väter schon so getan hätten. Die verschiedenen Zeremonien, die im Angesicht dieser Götzen vorgenommen werden, sind so gräßlich und teuflisch, daß es gottlos wäre, darüber zu berichten. Der Leser soll aber

wissen, daß die Inselbewohner einen gefangenen Feind, der kein Lösegeld aufbringen kann, schlachten und bei einem Gastmahl verzehren, zu dem sie alle ihre Verwandten und Freunde einladen.

Die Berichte über die japanischen Götter erinnern eher an Tibet. Auch sonst ist das 3. Kapitel wenig wirklichkeitsgetreu.

4

Man muß wissen, daß das Meer, welches die Insel Zipangu von der Provinz Manji trennt, das Meer Cin genannt wird. Es ist so weit und groß, daß die erfahrensten Seeleute, die es befahren, der Meinung sind, es lägen nicht weniger als 7440 Inseln, fast alle bewohnt, darin. Auch wird gesagt, daß alle Bäume, die auf diesen Inseln wachsen, einen sehr angenehmen Duft hätten und daß es dort viele Spezereien und Gewürze gäbe. Es ist unmöglich, den Wert des Goldes, das auf diesen Inseln gefunden wird, zu schätzen. Aber ihre Entfernung vom Festland ist so groß und die Schiffahrt so schwierig und entbehrungsreich, daß Handelsschiffe aus den Häfen Zaitum und Quinsai keinen großen Gewinn haben, wenn sie dorthin fahren. Sie brauchen nämlich ein volles Jahr für ihre Reise, denn in diesen Gegenden gibt es nur zwei Winde, den einen im Winter und den anderen im Sommer, so daß sie den einen für die Hinfahrt und den anderen für die Rückfahrt benutzen müssen. Jedoch ist das Meer Cin nur ein Teil des Ozeans.

Wir wollen nun nicht weiter von diesen Ländern und Inseln reden, da ich sie nicht persönlich besucht habe und sie auch nicht zum Reich des Großkhans gehören, sondern nach Zaitum zurückkehren.

Nur bei Erwähnung des Ostchinesischen Meeres (Cin oder Tschin) verwendet Marco Polo eine Form des Wortes »China«, das von malaiischen Seefahrern stammt und in China selbst sehr viel später benutzt worden ist.

Die große Zahl der Inseln (7440) läßt darauf schließen, daß Marco Polos Gewährsleute die Philippinen und Sundainseln mitgezählt haben.

Die im Sommer und Winter aus entgegengesetzten Richtungen wehenden Monsune herrschen an der ostasiatischen Küste bis in hohe Breiten.

5

Wenn man den Hafen von Zaitum verläßt und fünfzehnhundert Meilen nach Westen segelt, kommt man an den Meerbusen Cheinan, der sich so weit ausdehnt, daß man zwei Monate braucht, um ihn von seiner nördlichen Küste an, wo er an den Süden der Provinz Manji grenzt, bis zu den Ländern Ania, Tholoman und anderen bereits erwähnten zu durchsegeln. In diesem Meerbusen gibt es viele Inseln, die an den Küsten großenteils dicht besiedelt sind. Auf den Inseln wird dort, wo die Flüsse ins Meer münden, Goldstaub gesammelt; aber auch Kupfer und andere Metallvorkommen gibt es auf den Inseln, deren Bevölkerung mit den Festlandsbewohnern Handel treibt, indem sie ihr Gold und Kupfer gegen andere Waren eintauscht. Auf den meisten Inseln wächst Getreide im Überfluß. Dieser Meerbusen ist so groß, und seine Einwohner sind so zahlreich, daß man glaubt, in einer anderen Welt zu sein.

Cheinan ist der Golf von Tongkin mit der Insel Hainan. Hainan bedeutet »Südmeer«.
Ania ist das frühere Annam und Tongkin, heute Mittel- und Südvietnam.

6

Nachdem man fünfzehnhundert Meilen weit durch diesen Meerbusen gesegelt ist, kommt man zu dem sehr großen und reichen Land Ziamba. Dieses wird von seinen eigenen Königen regiert und hat seine eigene Sprache. Seine Einwohner sind Götzenanbeter. Dem Großkhan muß ein jährlicher Tribut an Elefanten und Aloeholz gezahlt werden; wir wollen berichten, wie es dazu gekommen ist: Als Kublai-Khan um

das Jahr 1268 von dem großen Reichtum des Königreichs Ziamba erfuhr, beschloß er, es zu erobern. Er ließ das Land von einer mächtigen Armee, Fußvolk und Reiterei, überfallen, die unter dem Befehl seines Generals Sagatu stand. Der angegriffene König hieß Akkambale und war schon so alt, daß er sich nicht mehr für fähig hielt, den Truppen des Großkhans im offenen Feld Widerstand zu leisten. Deshalb zog er sich in seine festen Plätze zurück, wo er sich tapfer verteidigte. Die offenen Städte und Siedlungen in den Ebenen wurden unterdessen von den Tataren erobert und verwüstet, und als der König sah, daß sein ganzes Land vom Feind zerstört werden würde, schickte er Gesandte zum Großkhan, um ihm vorzustellen, er, der König, sei ein alter Mann, in dessen Reich immer Ruhe und Ordnung geherrscht habe; er wolle es vor der drohenden Vernichtung retten und sei daher bereit, wenn die feindliche Armee wieder abziehe, einen jährlichen Tribut an Elefanten und wohlriechendem Holz zu zahlen. Als der Großkhan das hörte, ergriff ihn Mitleid, und er befahl seinem Feldherrn Sagatu, sich sogleich zurückzuziehen und zur Eroberung anderer Länder überzugehen, was denn auch ohne Aufschub geschah. Von dieser Zeit an schickte der König dem Kaiser als Tribut eine große Menge von Aloeholz sowie fünfundzwanzig seiner wertvollsten Elefanten. So geschah es, daß der König von Ziamba sich dem Großkhan unterwarf.

Nun wollen wir noch einiges über diesen König und sein Land berichten. Es ist zum Beispiel wissenswert, daß in seinem Reich kein junges, schönes Mädchen heiraten kann, bevor es ihm nicht vorgestellt worden ist. Diejenigen unter ihnen, die ihm gefallen, behält er eine Zeitlang und gibt ihnen, wenn sie dann entlassen werden, einen Geldbetrag, damit sie ihrem Stand entsprechend eine angemessene Partie machen können. Marco Polo besuchte dieses Land im Jahre 1280. Damals hatte der König dreihundertfünfundzwanzig Kinder beiderlei Geschlechts. Viele seiner männlichen Nachkommen hatten sich als tapfere Soldaten ausgezeichnet. Das Land ist reich an Elefanten und Aloeholz. Auch gibt es viele Ebenholzwälder, deren Holz von schöner schwarzer Farbe ist und zu verschiedenen Geräten verarbeitet wird. Weiter gibt es nichts Besonderes von hier zu berichten.

Ziamba ist das in früheren Jahrhunderten große Reich Cochinchina. Der General Sagatu führt in chinesischen Geschichtswerken den Namen Sotu.

7

Wenn man Ziamba verläßt und fünfzehnhundert Meilen weit in südöstlicher Richtung segelt, kommt man zu einer großen Insel, die Java heißt und nach den Berichten der erfahrensten Seeleute die größte Insel der Welt ist, da sie einen Umfang von etwa 3000 Meilen hat. Java steht unter der Herrschaft seines eigenen Königs, der an keine andere Macht Tribut zahlt. Die Bevölkerung betet Götzen an. Das Land ist reich an Pfeffer, Muskatnüssen, Spikenarde, Galgant, Zibeben, Gewürznelken und vielen anderen köstlichen Spezereien, weshalb es von vielen Schiffen angesteuert wird, deren Ladungen den Eigentümern großen Gewinn bringen. Gold wird hier in solchen Mengen gesammelt, daß man es sich nicht vorstellen kann. Die Kaufleute von Zaitum und aus der Provinz Manji haben es meistens von dort geholt und holen es noch heute, ebenso wie man den größten Teil der Gewürze, deren die Welt bedarf, von der Insel bezieht. Daß der Großkhan Java nicht unterworfen hat, ist der großen Entfernung und den Gefahren der Seefahrt zuzuschreiben.

Javas Umfang ist stark übertrieben. Die Angabe von 3000 Meilen erscheint aber auch noch in späteren Berichten. Der

Großkhan unternahm bald nach Marco Polos Heimreise einen vergeblichen Versuch, die Insel zu unterwerfen, er starb bald danach.

8

Wenn man das Land Ziamba verläßt und siebenhundert Meilen weit in südsüdwestlicher Richtung steuert, kommt man zu zwei Inseln, von denen die größere Sondur und die kleinere Kondur heißt. Sie sind beide unbewohnt, so daß wir uns bei ihnen nicht länger aufzuhalten brauchen. Weitere fünfzig Meilen von diesen Inseln in derselben Richtung entfernt liegt die große und reiche Provinz Lochak, die zum Festland gehört. Ihre Einwohner sind Götzenanbeter, haben ihre eigene Sprache und werden von einem König regiert, der keinem anderen Fürsten Tribut zahlt; denn durch seine Lage ist das Land vor jedem Angriff sicher. Andernfalls würde der Großkhan es nicht unterlassen haben, Lochak seinem Reiche einzuverleiben. In diesem Lande wächst Sandelholz in großer Menge; auch seine Goldvorkommen sind sehr ergiebig. Aus diesem Lande bezieht man alle Porzellanmuscheln, die anderswo als Münzen Verwendung finden. Lochak ist wild und gebirgig, hat viele Elefanten und eine gute Jagd, wird aber wenig von Fremden besucht; denn das sucht der König nach Kräften zu verhindern, damit sein Land im übrigen Teil der Welt möglichst unbekannt bleibt.

Kondur liegt südlich der Mekong-Mündungen im Südchinesischen Meer und trägt den Namen Poulo Condore.

Welche Insel mit Sondur gemeint sein könnte, ist uns nicht bekannt.

Die Provinz Lochak kann eigentlich nur die Halbinsel Ca Mau im äußersten Südwesten von Vietnam sein. Aber dann stimmt hier die Himmelsrichtung noch weniger, als es bei Marco Polo sonst ohnehin meist der Fall ist.

9

Wenn man von Lochak fünfhundert Meilen nach Süden segelt, kommt man zu der Insel Pentan, deren Küste wild und unbebaut ist; doch gibt es da ausgedehnte Wälder von wohlriechenden Bäumen. Zwischen Lochak und dieser Insel ist das Meer in einer Breite von sechzig Meilen nicht mehr als vier Faden tief, so daß man die Ruder der Schiffe einziehen muß, um Grundberührung zu vermeiden. Wenn man von Pentan noch dreißig Meilen weiterfährt, kommt man zu einer Insel, die ein Königreich für sich bildet und Malaiur genannt wird. Die Hauptstadt der Insel hat denselben Namen. Sie ist groß, schön gebaut und ein ansehnlicher Handelsplatz, hauptsächlich für Gewürze und Spezereien. Sonst ist nichts Bemerkenswertes zu berichten.

Die Insel Pentan ist Bintan an der Südostspitze von Malaya an der Singapore-Straße. Diesmal stimmen die angegebene Richtung und Entfernung.
  Malaiur ist die ganze Halbinsel Malakka.

10

Etwa hundert Meilen im Südosten der Insel Pentan liegt Java minor, das trotz seines Namens zweitausend Meilen im Umfang hat. Auf dieser Insel gibt es acht Königreiche, deren jedes sich von den anderen unterscheidet und seine eigene Sprache hat. Die Bevölkerung huldigt dem Götzendienst. Auf dieser Insel gibt es Schätze im Überfluß, alle Arten von

Gewürzen sowie Aloe-, Sandel- und Ebenholz. Jedoch finden diese Waren wegen der langen und gefährlichen Reise nicht den Weg bis in unsere Länder, sondern werden nur in die Provinzen Manji und Kataia gebracht. Die Insel liegt so weit im Süden, daß der Polarstern von dort auch nicht mehr zu sehen ist.

Wir wollen nun über die verschiedenen Königreiche im einzelnen berichten. Sechs von den acht hat Marco Polo besucht; über die beiden anderen wird er nichts sagen.

Java minor, die Insel Sumatra, ist trotz des irreführenden Namens sehr viel größer als Java. Der Polarstern ist tatsächlich von ihr aus nicht zu sehen.

11

Die Einwohner dieses Königreichs sind größtenteils Götzendiener, doch haben sich viele Küstenbewohner durch sarazenische Kaufleute, die oft dorthin kommen, zur mohammedanischen Religion bekehren lassen. Die Bewohner der Bergregion dagegen leben in viehischer Art. Sie essen Menschenfleisch ebenso wie anderes Fleisch. Sie verehren die verschiedensten Dinge, denn jeder verehrt den ganzen Tag lang das, was sich am Morgen seinen Augen zuerst gezeigt hat.

Das Reich Felech lag im Nordwesten Sumatras um den Ort Tandjungpura.

12

Das Königreich Basma schließt sich an das von Felech an, ist aber unabhängig von diesem und hat seine eigene Sprache. Die Bevölkerung erkennt den Großkhan als ihren Herrn an, zahlt ihm jedoch keinen Tribut; denn die Entfernung ist zu groß, als daß kaiserliche Truppen hierher geschickt werden könnten. Wenn allerdings Schiffe aus seinem Land kommen, ergreift man die Gelegenheit, dem Großkhan kostbare und merkwürdige Geschenke zu machen, unter anderem eine besonders gute Falkenrasse.

In Basma gibt es viele wilde Elefanten und Rhinozerosse; diese sind viel kleiner als Elefanten, haben aber ähnliche Füße. Ihre Haut gleicht der eines Büffels. Vorn am Kopf haben sie ein einziges Horn. Wenn sie angegriffen werden, verteidigen sie sich aber nicht mit diesem Horn, sondern bedienen sich hierzu nur ihrer Zunge und ihrer Beine. Sie stoßen den Angreifer mit den Füßen nieder, trampeln auf ihm herum und zerreißen ihn mit ihrer Zunge, die mit langen, scharfen Stacheln besetzt ist. Ihr Kopf gleicht dem eines wilden Ebers; sie tragen ihn tief am Boden und wühlen mit Vorliebe in Sumpf und Schlamm. Doch lassen sie sich nicht, wie man bei uns sagt, durch Jungfrauen fangen, sondern sind sehr wild und scheu. Außerdem gibt es in diesem Land die verschiedensten Arten von Affen sowie rabenschwarze Geier, die sehr groß und besonders gut zur Beize geeignet sind.

Was über die getrockneten Leiber kleiner menschlicher Kreaturen, die aus Indien gebracht werden, berichtet wird, ist nichts als ein Märchen. Solche angeblichen Menschen werden auf dieser Insel folgendermaßen hergestellt: Es gibt hier eine Affenart, die nicht sehr groß ist und ein menschenähnliches Gesicht hat. Die Leute, welche diese Affen fangen, scheren ihnen das Haar ab, lassen es aber am Kinn und überall dort stehen, wo es auch am menschlichen Körper wächst. Dann werden die Tiere getrocknet, mit Kampfer und anderen Spezereien präpariert, in hölzerne Kästen gelegt und in alle Welt verkauft, wo man sie dann für ganz kleine Menschen hält. Es handelt sich jedoch nur um einen Betrug; weder in Indien noch in irgendeinem anderen Land, wie wild es auch immer sein mag, sind Pygmäen von so kleiner Gestalt wie diese Affen gefunden worden.

Bei Basma dürfte es sich um das Reich Pasey handeln, das an der Nordküste Sumatras, etwa bei dem heutigen Ort Lhosumawe lag.

13

Von Basma aus gelangt man in das Königreich Samara, in dem Marco Polo fünf Monate, sehr gegen seinen Willen, verbracht hat; denn er wurde mit seiner Begleitung von widrigen Winden zurückgehalten und mußte eine günstigere Jahreszeit abwarten. Die Einwohner des Landes sind Götzenanbeter und werden von einem mächtigen Fürsten regiert, der sich selbst als Vasallen des Großkhans bezeichnet.

Da Marco Polo sich hier so lange aufhalten mußte, ließ er mehrere Blockhäuser errichten, so daß er innerhalb dieser Befestigung mit seiner Gesellschaft die ganze Zeit über unangefochten blieb. Schließlich war das Vertrauen der Wilden sogar so groß, daß diese Lebensmittel und andere notwendige Waren nach Vereinbarung herbeischafften.

Es gibt wohl nirgendwo in der Welt einen schmackhafteren Fisch als den, welchen man hier fängt. Das Volk lebt, da kein Weizen angebaut wird, von Reis. Auch Wein gibt es nicht; dafür bereitet man ein köstliches Getränk auf folgende Weise: Man schneidet von einem Baum, welcher der Dattelpalme gleicht, einen Zweig ab und hängt an die Schnittstelle ein Gefäß, um den Saft aus der Wunde aufzufangen. Das Gefäß füllt sich im Lauf von vierundzwanzig Stunden. Dieses Getränk ist so gesund, daß es nicht nur gegen Wassersucht, sondern auch gegen Lungen- und Leberleiden hilft. Wenn die Stämme keinen Saft mehr hergeben, holt man Was-

ser aus dem Fluß, bewässert die Bäume, und dann läuft der
Saft wieder wie vorher. Einige Bäume geben roten, andere
weißen Saft. – Es gibt auch indische Nüsse hier, welche die
Größe eines Männerkopfes erreichen und eine Substanz enthalten, die süß im Geschmack und weiß wie Milch ist.

*Samara oder Samudra dürfen wir unmittelbar westlich von
Pasey (Basma) suchen, etwa um Sigli.*

*Der Baum ist die Zuckerpalme Arenga saccharifera, die
noch viele andere gute Dinge gibt: Sago, vorzügliches Holz,
Bast u. a.*

14

Auch Dragojan ist ein Königreich, das für sich besteht und
seine eigene Sprache hat. Seine Einwohner, die Götzenanbeter und von roher Gesittung sind, haben folgenden schauder-
haften Brauch: Wenn ein Familienmitglied erkrankt, schicken
seine Verwandten zu einem Zauberer, von dem sie nach einer
Art von Untersuchung verlangen, er solle sagen, ob der
Kranke wieder gesund werde oder nicht. Der Zauberer antwortet nach der Meinung, die ihm der böse Geist eingibt.
Wenn seine Entscheidung lautet, der Kranke könne nicht
mehr gesund werden, rufen die Verwandten bestimmte Personen, deren Amt es ist, diesem den Mund zu verschließen,
bis er erstickt ist. Dann schneiden sie den Leichnam in Stücke,
richten ihn zum Mahle her und verzehren ihn im großen fest-
lichen Kreis, wobei nicht einmal das Mark in den Knochen
übrigbleibt. Würde nämlich noch ein Stückchen übrigbleiben,
so würden Würmer daraus; diese würden aus Mangel an weiterer Nahrung sterben, und ihr Tod würde für die Seele des
Verstorbenen entsetzliche Strafen zur Folge haben. Im Anschluß an das Mahl sammeln sie die Knochen und bringen sie

in bestimmte Höhlen in den Bergen, wo sie vor den wilden Tieren sicher sind. Wenn die Einwohner dieses Landes einen Menschen fangen, der nicht in ihren Bezirk gehört und kein Lösegeld zahlen kann, töten und fressen sie ihn auch.

Über die Lage der Reiche Dragojan, Lambri und Fanfur auf Sumatra herrscht Uneinigkeit.

15

Lambri hat ebenfalls seinen eigenen König und eine besondere Sprache. Die Einwohner dieses Landes beten Götzen an und nennen sich Vasallen des Großkhans. Hier wächst Färbeholz in großer Menge, aber auch Kampfer und viele Spezereien. Eine andere Pflanze, die hier gesät und später mit den Wurzeln ausgerissen wird, wird gleichfalls als Farbstoff verwendet. Marco Polo brachte Samen von dieser Pflanze nach Venedig und säte ihn dort aus; doch weil das Klima nicht warm genug war, ging er nicht auf. – In diesem Königreich gibt es Männer mit Schwänzen, die eine Spanne lang und dem des Hundes ähnlich, aber nicht mit Haaren bedeckt sind. Die große Mehrheit der Bevölkerung sieht so aus, doch lebt diese Art nur im Gebirge und nicht in den Städten. In den Wäldern gibt es viele Rhinozerosse, ebenso viele andere Wildarten.

Es gibt auf Sumatra Orang-Utans; Schwänze haben sie allerdings nicht.

16

Fanfur ist das letzte, Marco Polo persönlich bekannte Königreich dieser Insel mit einem selbständigen König, der aber auch den Großkhan als seinen Oberherrn anerkennt. In diesem Teil des Landes gibt es eine Sorte Kampfer, der weit besser ist als jeder andere. Er wird Fanfur-Kampfer genannt und mit Gold aufgewogen. Es gibt dort keinen Weizen und kein anderes Getreide; die Einwohner ernähren sich von Reis und Milch und trinken den Wein, der aus Baumstämmen gewonnen wird, wie wir oben bereits beschrieben haben. Außerdem aber gibt es einen Baum hier, der auf ganz besondere Art und Weise Brot liefert. Sein Stamm ist hoch und so dick, daß ihn zwei Männer kaum umspannen können. Von diesem wird die Rinde abgeschält, so daß das reine Holz etwa drei Zoll dick bleibt. Dieses enthält eine Art Mark, das in mit Wasser gefüllten Gefäßen gesammelt wird. Dann wird es umgerührt, bis die Fasern und andere Fremdkörper aufsteigen, während sich das feine Mehl auf dem Boden absetzt, woraufhin das Wasser abgegossen wird. Aus dem zurückbleibenden Mehl kann man Kuchen und anderes Backwerk bereiten. Marco Polo hat davon gegessen und etwas nach Venedig mitgebracht. – Das Holz des Baumes gleicht dem Eisen insofern, als es sofort untergeht, wenn man es ins Wasser wirft. Es kann von einem Ende zum anderen durchgehend gespalten werden, wie Bambusrohr. Die Eingeborenen machen sich daraus kurze Lanzen; für lange Lanzen ist das Holz viel zu schwer. Sie sind an einem Ende scharf zugespitzt und im Feuer gehärtet, so daß sie jede Rüstung durchbohren können und in mancher Beziehung dem Eisen vorzuziehen sind.

Im 16. Kapitel wird die Sagopalme beschrieben.

17

Wenn man das Königreich Lambri auf der Insel Java minor verläßt und etwa hundertfünfzig Meilen weitersegelt, kommt man zu zwei Inseln, deren eine Nokueran heißt. Diese wird von keinem König regiert; ihre Bewohner haben sich nämlich nur wenig über den Zustand der Tiere erhoben. Sie gehen, ob Mann oder Weib, nackt und haben einen Teil ihres Körpers bedeckt. Ihre Wälder sind voll der edelsten Bäume, darunter auch solche, die indische Nüsse tragen, sowie weiße und rote Sandelbäume; außerdem gibt es Gewürznelken, Färbeholz und verschiedene Spezereien dort.

Nokueran ist eine Insel der Nokobaren.

18

Die zweite der beiden Inseln heißt Angaman. Sie ist sehr groß und wird ebenfalls von keinem König beherrscht. Die Bewohner – Götzendiener – sind ein viehisches Geschlecht mit Köpfen, Augen und Zähnen wie Hunde. Sie sind von grausamer Natur und töten und fressen alle, die nicht zu ihrem eigenen Volk gehören, wenn sie ihrer habhaft werden kön-

nen. Im übrigen ernähren sie sich von Reis, Milch und Fleisch. Es gibt bei ihnen außerdem indische Nüsse, Paradiesäpfel und viele andere, den unseren ähnliche Früchte.

Angaman ist eine der Andamanen. Die beiden Inselgruppen ziehen sich nordwestlich von Sumatra nach Norden.
Die Paradiesäpfel sind die Pisangfeigen oder Bananen der Musa paradisiaca L.

19

Wenn man von der Insel Angaman aus etwa tausend Meilen in westsüdwestlicher Richtung segelt, kommt man zu der Insel Zeilan. Das ist nach ihrer Größe und in jeder anderen Hinsicht die beste Insel der Welt. Sie hat einen Umfang von 2400 Meilen, war aber in früheren Zeiten noch größer; damals maß sie nicht weniger als 3600 Meilen im Umfang, wie wir alten Karten entnehmen können, die sich noch im Besitz hiesiger Kapitäne befinden. Doch der Nordwind, der mit ungeheurer Gewalt angefegt kommt, hat die Berge mürbe gemacht, bis sie an einigen Stellen zusammengestürzt und ins Meer gefallen sind.

Der König, der über diese Insel herrscht, heißt Sandernaz und ist keinem anderen Fürsten tributpflichtig. Seine Untertanen sind Götzendiener, gehen nackt und haben nur ein Tuch um Hüften und Lenden geschlungen. Es wächst kein Getreide auf Zeilan, sondern nur Reis und Sesam, aus welchem Öl gewonnen wird. Die Nahrung der Eingeborenen besteht aus Reis, Milch und Fleisch, ihr Getränk ist der Saft, der in der schon beschriebenen Weise den Bäumen abgezapft wird. Außerdem gibt es das beste Färbeholz hier, das man sich vorstellen kann.

Auf der Insel kommen die schönsten und besten Rubine

der Welt vor, daneben auch Saphire, Topase, Amethyste, Granate und viele andere kostbare Edelsteine. Der König soll den größten Rubin besitzen, den es gibt; dieser soll eine Spanne lang und armdick sein, über alle Maßen glänzen und keinen einzigen Flecken haben. Er soll so kostbar sein, daß sein Wert in Geld gar nicht abzuschätzen ist. Kublai-Khan hat Gesandte zum König von Zeilan geschickt, die ihm den Rubin abkaufen sollten. Die Antwort des Königs aber war, er werde den Stein nicht um alle Schätze der Welt verkaufen, weil er ein Erbgeschenk seiner Vorfahren auf dem Throne sei. – Die Einwohner der Insel sind völlig unkriegerisch, feige und furchtsam. Wenn einmal Soldaten gebraucht werden, werden diese aus den sarazenischen Nachbarländern angeworben.

Zeilan ist die Insel Ceylon. Daß die Insel vom Wind zerstört worden sei, findet man schon in alten indischen Geschichtswerken.

Zu Marco Polos Zeit herrschte König Kalikala Sahitya Sargwajnya auf Ceylon; möglicherweise soll Sandernaz diesen Namen wiedergeben.

20

Wenn man von Zeilan aus sechzig Meilen weiter nach Westen segelt, stößt man auf das Festland von Ostindien, und zwar dort, wo sich die große Provinz Maabar befindet. Zwischen Maabar und der Insel Zeilan befindet sich in einem Meerbusen ein großes Perlenfischerei-Gebiet. Dort ist das Wasser nur zehn bis zwölf, an manchen Stellen sogar nur zwei Faden tief. Die Perlenfischerei wird auf folgende Weise betrieben: Zahlreiche Kaufleute schließen sich zu mehreren Gesellschaften zusammen, chartern Schiffe und Boote von unterschiedlicher Größe, die aber alle gut ausgerüstet sind, so daß sie sicher vor Anker liegen, und nehmen erfahrene Perlentaucher mit. Die Taucher binden sich Säcke aus Netzwerk um, in denen sie die Perlmuscheln an die Wasseroberfläche bringen, wenn sie den Atem nicht länger anhalten können. Nach einer kurzen Erholungspause tauchen sie wieder hinunter, und so geht es den ganzen Tag. Dabei bringen sie eine Menge Muscheln zusammen, die ausreichend wäre, alle Länder zu versorgen. Die meisten der Perlen, die in diesem Meerbusen gefischt werden, sind rund und schimmernd. Bei Betala, an der Küste des Festlandes, kommen sie in den größten Mengen vor; von dort aus erstreckt sich das Gebiet sechzig Meilen nach Süden. Da es überall große, den Tauchern gefährlich werdende Fische gibt, führen die Kaufleute Zauberer mit sich, die zur Kaste der Brahmanen gehören und die Fische mit ihren höllischen Künsten daran hindern sollen, Unheil anzurichten. Da die Perlenfischerei aber nur am Tage stattfindet, lösen die Brahmanen den Zauber am Abend, damit keiner auf den Gedanken kommt, heimlich in der Nacht zu tauchen und Muscheln zu stehlen. Die Fischerei beginnt im April und dauert bis Mitte Mai. Der König erteilt die Genehmigung, Perlen zu fischen, und dafür zieht er den zehnten Teil des Ertrages ein; die Magier bekommen ein Zwanzigstel und haben damit eine ansehnliche Einnahme. Ist die angegebene Zeit verstrichen, so findet man hier keine Muscheln mehr, und die Schiffe fahren an eine andere, etwa dreihundert Meilen entfernt gelegene Stelle, wo von September bis Mitte Oktober gefischt wird. Außer dem Zehnten des Ertrages nimmt der König auch alle besonders großen und schönen Perlen für sich in Anspruch. Da er aber sehr gut dafür bezahlt, bringen die Kaufleute sie ihm gern.

Die Bewohner dieses Gebietes gehen nackt und bedecken nur diejenigen Körperteile, deren Anblick die Scham verletzt. Der König geht wie alle anderen, unterscheidet sich aber von ihnen durch seinen Schmuck, zum Beispiel ein Halsband aus Smaragden und Rubinen von unschätzbarem Wert. Auch hat er eine schöne Seidenschnur um den Hals hängen, die bis zur Brust reicht und mit hundertundvier kostbaren Perlen beziehungsweise Rubinen besetzt ist. Mit dieser Zahl hat es eine besondere Bewandtnis: So oft nämlich muß der König nach den Regeln seiner Religion ein Gebet zu Ehren der Götter wiederholen. Außerdem trägt er an jedem Arm drei goldene Armbänder, die ebenfalls mit Perlen und Edelsteinen geschmückt sind, an drei verschiedenen Teilen seines Beines gleichermaßen verzierte goldene Bänder und schließlich an seinen Fingern und Zehen Ringe von sehr hohem Wert. Es fällt ihm freilich nicht schwer, soviel Glanz zu entfalten, da diese Steine und Perlen alle Erzeugnisse seines Landes sind.

Der König, dessen Name Sender-bandi ist, hat mindestens tausend Frauen und Beischläferinnen, und wenn er ein Weib sieht, dessen Schönheit ihm ins Auge sticht, so äußert er gleich das Verlangen, es zu besitzen. Auf diese Weise eignete er sich auch die Frau seines Bruders an; dieser war ein kluger, verständiger Mann und ließ sich bestimmen, die Angelegenheit in Frieden zu erledigen; allerdings war er doch verschiedentlich auf dem Punkt, zu den Waffen zu greifen. Da aber trat die Mutter zwischen die Brüder, entblößte ihre Brüste und sagte: »Wenn es zum Streit zwischen euch kommt, so reiße ich mir augenblicklich diese Brüste, die euch ernährt haben, vom Leibe.« Und so blieb denn Frieden.

Da in diesem Land keine Pferde gezüchtet werden, geben der König und seine drei Brüder jährlich große Summen aus, um sie aus Ormus, Diufar, Pecher und Adem einzuführen. Die Kaufleute, die das besorgen, werden auf diese Weise reich, da sie bis zu fünftausend Pferde liefern und für jedes fünfhundert Goldsaggi erhalten. Doch bleiben nach Jahresfrist nicht mehr als dreihundert Pferde am Leben, weil es – wie man sagt – keine geeigneten Pfleger für sie gibt, und so wird Jahr für Jahr eine neue Lieferung bestellt. Nach meiner Meinung aber ist das Klima des Landes den Pferden nicht günstig. Eine große Stute, die von einem schönen Hengst belegt wird, bringt nur ein kleines häßliches Füllen mit verdrehten Beinen zur Welt, das zum Reiten nicht tauglich ist.

Folgender merkwürdiger Brauch herrscht in diesem Land: Wenn ein Mann, der ein Verbrechen begangen hat, zum Tode verurteilt werden soll, sich aber bereit erklärt, sich zu Ehren irgendeines Götzen zu opfern, setzen seine Verwandten ihn in einen Wagen und geben ihm zwölf gut gehärtete und geschliffene Messer mit. So fahren sie ihn durch die Stadt und rufen laut aus, daß dieser brave Mann sich aus reinem Eifer freiwillig zu Ehren des Götzen opfern wolle. Sobald der Platz erreicht ist, an dem der Urteilsspruch vollstreckt worden wäre, ergreift er zwei der Messer und ruft aus: »Ich opfere mich zu Ehren des Götzen Sowieso!«, stößt sie sich in beide Hüften, nimmt die anderen und stößt sich eins in jeden Arm, zwei in den Bauch und zwei in die Brust. Dann nimmt er das letzte Messer, stößt es sich ins Herz und gibt seinen Geist auf. Darauf verbrennen seine Verwandten den Leichnam mit großer Freude; sein Weib aber stürzt sich aus Liebe zu ihrem Gatten in den Scheiterhaufen und verbrennt zusammen mit diesem. Die Frauen, die das tun, werden von allen Leuten gepriesen; diejenigen jedoch, die es nicht tun, werden verachtet und beschimpft.

Unter den Götzen, welche die Einwohner dieses Landes anbeten, steht der Ochse an vorderster Stelle. Sie sagen, er sei heilig, und lassen sich um nichts in der Welt bewegen, sein Fleisch zu essen. Es gibt dort aber eine besondere Kaste von Menschen, die sich Gavi nennen, die zwar Ochsenfleisch essen, das Tier aber nicht zu töten wagen. So warten sie, bis ein Ochse auf natürliche Weise stirbt, und essen dann von seinem Fleisch. Diese Leute haben auch die Gewohnheit, sich auf Teppichen auf die Erde zu setzen, und wenn man sie fragt, warum sie so sitzen, antworten sie, es sei ehrenvoll, auf der Erde zu sitzen; denn da wir aus der Erde gekommen sind, werden wir auch wieder zur Erde zurückkehren; keiner kann ihr genug Ehre erweisen, und keiner sollte die Erde verachten. Die Kaste der Gavi sind die Nachkommen derer, die den Apostel Thomas erschlugen. Deshalb kann keiner von ihnen das Gebäude betreten, in dem der Leichnam des Heiligen ruht. Selbst wenn zehn Leute ihn mit Gewalt hereinführen wollten, würde er durch übernatürliche Kräfte von dem Leichnam ferngehalten.

Das Land bringt kein Getreide, sondern nur Reis und Sesam hervor. Die Männer gehen mit Schild und Lanze, aber unbekleidet in die Schlacht; sie sind ein verächtlich unkriegerisches Geschlecht. Wenn sie Fleisch – von welchem Tier auch immer – essen wollen, so töten sie dieses nicht selbst, sondern lassen es durch Sarazenen schlachten, deren Religion das nicht verbietet. Männer und Frauen waschen zweimal täglich ihren Leib im Wasser, morgens und abends. Bevor diese Waschung nicht stattgefunden hat, essen und trinken sie nichts, und wer sich nicht an diesen Brauch hält, wird als Ketzer betrachtet. Zum Essen bedienen sie sich der rechten Hand und vermeiden es, ihre Nahrung mit der linken zu berühren. Überhaupt nehmen sie für jedes reinliche Werk die rechte Hand, während sie zu den niedrigen Geschäften der Reinigung und tierischen Geschäften die linke benutzen. Wenn sie trinken, führen sie das Gefäß nicht zum Mund, sondern halten es über den Kopf und gießen es in den Mund, um es ja nicht mit den Lippen zu berühren. Wenn sie einem Fremden zu trinken reichen, geben sie ihm das Gefäß nicht in die Hand, sondern gießen ihm das Getränk in seine Hände, aus denen er dann trinkt wie aus einem Becher.

In diesem Land wird die allerstrengste Gerechtigkeit geübt

und jedes Vergehen schwer bestraft. Schuldner werden folgendermaßen behandelt: Wenn sie wiederholt vergeblich gemahnt worden sind und ihre Gläubiger trotzdem noch durch trügerische Versprechungen hinhalten, so kann man sie stellen, indem man einen Kreis um sie zieht, den sie nicht zu verlassen wagen, bevor sie den Gläubiger befriedigt oder eine angemessene Sicherheit gegeben haben. Wer versuchen sollte, aus dem Kreis zu entfliehen, hat mit der Todesstrafe zu rechnen. Marco Polo war, als er sich auf der Rückreise in der Provinz Maabar aufhielt, Augenzeuge eines bemerkenswerten Verfahrens dieser Art. Der König schuldete nämlich einem fremden Kaufmann eine Summe Geldes und hatte diesen lange Zeit durch leere Versprechungen hingehalten. Als er nun eines Tages ausritt, ergriff der Kaufmann die Gelegenheit und zog einen Kreis um den Fürsten und sein Pferd. Als der König das sah, hielt er an und bewegte sich nicht eher wieder von der Stelle, als bis die Forderung des Gläubigers restlos befriedigt war. Alle wunderten sich sehr und lobten dann die große Gerechtigkeit des Königs, der sich auch selbst den Gesetzen seines Landes unterwirft.

Die Bevölkerung trinkt keinen Wein, und wer dennoch welchen trinkt, verliert das Recht, als Zeuge vor Gericht auftreten zu dürfen. Ein ähnliches Vorurteil besteht gegen Menschen, die zur See fahren, denn das sind in ihren Augen verzweifelte Leute, die deshalb ebenfalls nicht als Zeugen zugelassen werden. Dagegen gilt ausschweifender Umgang mit Frauen nicht als ein Laster. Alle gehen nackt, weil die Hitze im Lande außerordentlich groß ist. Es regnet dort nur in den Monaten Juni, Juli und August, und nur weil dieser Regen so abkühlend wirkt, kann man überhaupt dort leben.

Sobald ein Knabe dreizehn Jahre alt geworden ist, wird er seiner Freiheit überlassen und gehört damit nicht mehr zum väterlichen Hause. Er bekommt eine ganz bescheidene Geldsumme, die ihm als Grundlage dienen soll, sich am Leben zu erhalten. Diese Knaben werden nicht müde, den ganzen Tag herumzulaufen und zu kaufen und verkaufen. Während der Zeit der Perlenfischerei gehen sie an die Küste und kaufen von den Leuten dort fünf, sechs oder auch mehr Perlen. Die bringen sie den Kaufleuten in der Stadt, die wegen der Hitze ihre Häuser nicht verlassen haben, und sagen zu ihnen: »Diese Perlen haben uns soviel gekostet; gebt uns bitte soviel dafür, daß uns ein Gewinn bleibt.« So machen die Knaben es auch mit anderen Waren; auf diese Weise werden sie später ausgezeichnete und sehr kluge Kaufleute. Wenn es Abend und die Handelszeit vorüber ist, kaufen sie Lebensmittel von ihrem Gewinn und bringen sie ihren Müttern, die ihnen davon etwas kochen, so daß die Knaben niemals auf Kosten ihres Vaters essen.

Nicht allein in diesem Königreich, sondern in ganz Indien sind außer den Wachteln, die den unseren sehr ähnlich sind, alle Tiere und Vögel anders als bei uns. Es gibt Fledermäuse dort, die so groß sind wie Geier, und es gibt Geier, die so schwarz sind wie Raben, aber sie sind noch viel größer als unsere.

In den Tempeln gibt es viele Götzen in männlicher und weiblicher Gestalt, und diesen weihen die Eltern ihre Töchter. Die Mädchen müssen, wenn der Priester sie ruft, zur Verehrung der Götzen erscheinen; bei diesen Gelegenheiten singen und musizieren sie und verschönern die Festlichkeit durch ihre Anwesenheit. Es gibt sehr viele solcher Mädchen. Mehrere Male in der Woche bringen sie ihren Götzen ein Speiseopfer, und an diesem Mahle, so sagen sie, nimmt der Götze teil. Deshalb wird ein Tisch vor ihn gesetzt, auf dem man die Speisen eine volle Stunde stehen läßt, während der die Mädchen ununterbrochen singen, spielen und sich in lüsternen Tänzen wiegen. Das dauert so lange, wie ein vornehmer Mann zu seiner Mahlzeit brauchen würde. Dann erklären sie, der Geist des Götzen sei mit seinem Anteil an den aufgetragenen Speisen zufrieden, woraufhin sie sich selbst an den Tisch setzen, alles aufessen und dann nach Hause gehen.

Die Leute haben eine Art Bettstelle oder Hütte aus sehr leichtem Rohrwerk. Dieses ist so kunstvoll geflochten, daß sie die Vorhänge ringsum dicht verschließen können, indem sie an einer Schnur ziehen. Auf diese Weise schützen sie sich vor Taranteln, Fliegen und anderem Gewürm, während gleichzeitig doch die Luft hindurchströmen und die unerträgliche Hitze mildern kann. Solchen Luxus genießen aber nur die höheren Stände. Das einfache Volk liegt auf der offenen Straße.

In der Provinz Maabar befindet sich der Leichnam des heiligen Thomas, der dort den Märtyrertod erduldete. Er ruht in einer kleinen Stadt, in die nur selten Kaufleute kommen, weil sie sehr wenig Handel hat; dafür pilgern große Mengen von andächtigen Christen und Sarazenen hierher. Die letzteren betrachten den Heiligen als Propheten und nennen ihn Ananias. Die christlichen Pilger aber sammeln die rote Erde von der Stelle, an der er erschlagen wurde, und nehmen sie ehrfürchtig mit fort. Später verwenden sie sie oft zur Verrichtung von Wundern und geben sie, in Wasser gelöst, den Kranken; auf diese Weise ist mancher schon geheilt worden. – Im Jahre 1288 wollte ein mächtiger Fürst des Landes, der ungeheure Mengen an Reis geerntet hatte und diese in seinen Kornböden nicht mehr unterbringen konnte, das geweihte Haus neben der Kirche des heiligen Thomas als Lagerraum benutzen. Die Kirchenpfleger baten ihn, das Haus, das zur Aufnahme der christlichen Pilger bestimmt war, zu verschonen, doch er bestand hartnäckig auf seinem Willen. Da erschien ihm in der folgenden Nacht der heilige Apostel im Traum; er hatte eine kleine Lanze in der Hand, mit der er auf die Kehle des Fürsten zielte, und sagte: »Wenn du nicht sofort mein Haus wieder freigibst, werde ich dich elendiglich sterben lassen.« Der Fürst fuhr geängstigt aus dem Schlaf, gab sogleich

Befehl, das Haus zu räumen, und erklärte öffentlich, der Apostel sei ihm im Traume erschienen. – Täglich geschehen durch Vermittlung des Heiligen eine Menge Wunder. Es wird erzählt, daß dessen Tod folgendermaßen vor sich ging. Er lebte in einer Einsiedelei, um zu beten, wobei er von vielen Pfauen umgeben war, die es dort in großen Mengen gibt. Da kam ein Götzendiener vom Stamme der Gavi, von dem wir schon berichtet haben; der bemerkte den Heiligen nicht und schoß einen Pfeil nach einem der Pfauen, traf aber den Apostel. Dieser hatte nur noch Zeit, Gott für alle seine Gnade zu danken und ihm seinen Geist zu empfehlen.

Die Einwohner von Maabar werden zwar dunkel geboren, aber nicht so schwarz, wie sie es später durch künstliche Mittel werden. Denn sie halten die schwarze Farbe für die höchste Schönheit. Deshalb reiben sie ihre Kinder dreimal am Tag über und über mit Sesamöl ein. Auch ihre Götzen stellen sie schwarz dar, den Teufel aber malen sie weiß und versichern, daß alle bösen Geister diese Farbe haben. Diejenigen unter ihnen, die den Ochsen verehren, führen, wenn sie in die Schlacht ziehen, einige Haare eines wilden Stieres mit sich, die sie an den Mähnen ihrer Pferde befestigen; denn sie glauben, daß jeder, der das tut, vor allen Gefahren sicher ist. Deshalb wird das Haar des wilden Stieres in diesem Land zu hohen Preisen gehandelt.

El Maabar ist der östliche Teil der Südspitze Vorderindiens, Ceylon genau gegenüber. (El Maabar wird häufig mit der südindischen Westküste, Malabar, verwechselt.)

Die Perlenfischerei in diesem Gebiet wurde zu Anfang unseres Jahrhunderts noch ganz allgemein in der von Marco Polo geschilderten Weise ausgeübt; man findet sie gelegentlich auch jetzt noch in dieser Art.

21

Wenn man Maabar verläßt und fünfhundert Meilen nach Norden zieht, kommt man in das Königreich Murfili. Dessen Einwohner sind Götzendiener und leben von Reis, Fleisch, Fischen und Früchten. In den Bergen des Landes gibt es Diamanten, und zwar in tiefen Tälern, Schluchten und Abgründen, wo im Sommer Unmengen von Schlangen leben. Auch Adler und weiße Störche bauen hier ihre Nester, da sie den Schlangen nachstellen, die sie gern verzehren. Die Leute, die Diamanten suchen, werfen vom Rand der Schluchten Fleischstücke in den Abgrund, welche die Adler und Störche verfolgen, um dann mit ihrer Beute wieder auf die Höhen zu fliegen. Die Leute steigen zu den Nestern der Vögel hinauf, vertreiben diese und finden dann oft Diamanten an den Fleischstücken hängen. Sollten die Vögel das Fleisch aber schon gefressen haben, so warten die Leute die Nacht über bei ihren Nestern, und am nächsten Morgen finden sie die Steine im Kot.

Murfili ist die heutige Stadt Masulipatam im Mündungsdelta des Krischna. Die Erzählung von der Diamantengewinnung findet sich auch in der Sammlung »Tausendundeine Nacht«.

22

Wenn man den Platz verläßt, an dem der heilige Thomas ruht, und weiter nach Osten zieht, kommt man in die Provinz Lak, das Ursprungsland der über ganz Indien verbreiteten Brahminen. Das sind die besten und ehrlichsten Kaufleute, die man finden kann. Selbst wenn ihr Leben davon abhängen sollte, sind sie nicht fähig zu lügen. Auch Raub und Diebstahl verabscheuen sie, ferner sind sie keusch und begnügen sich mit dem Besitz eines einzigen Weibes. Wenn ein landesfremder Kaufmann einem von ihnen seine Geschäfte anvertraut, so wachen die Brahminen über seine Güter, kaufen und verkaufen, als ginge es auf ihre eigene Rechnung, und verlangen schließlich nicht einmal eine Belohnung für ihre Bemühungen, wenn der Eigentümer sich nicht aus freien Stücken dankbar erweist. Sie essen Fleisch und trinken den Wein des Landes, doch töten sie selbst kein Tier, sondern lassen das von Mohammedanern besorgen. Als Kennzeichen tragen die Brahminen eine dicke baumwollene Schnur, die über die Schulter geht und unter den Armen festgebunden wird.

Der König ist außerordentlich reich und mächtig und ein begeisterter Sammler von Perlen und Edelsteinen. Wenn die Kaufleute von Maabar ihm besonders schöne Steine bringen, so traut er ihrem Wort und zahlt ihnen den doppelten Betrag ihres Einkaufspreises. Die Bewohner des Landes sind Götzendiener und der Zauberei und Wahrsagekunst sehr zugetan. Wenn sie etwas erhandeln wollen, beobachten sie den Schatten, den ihr Körper bei Sonnenschein wirft, bestimmen die Verhältnisse nach den Regeln ihrer Wissenschaft und verhalten sich beim Kauf entsprechend. Sie sind sehr bescheidene Esser und erreichen ein hohes Alter. Ihre Zähne erhalten sie sich dadurch, daß sie eine bestimmte Pflanze kauen, die auch die Verdauung fördert und zur allgemeinen Gesundheit beiträgt.

Unter den Bewohnern des Landes gibt es Angehörige einer Kaste, die sich hauptsächlich einem religiösen Leben widmen. Sie heißen Tingui und führen, um ihren Gott zu ehren, ein sehr strenges Leben. Sie gehen vollkommen nackt und sagen, da sie ja auch nackt auf die Welt gekommen seien, könne keine Schande dabei sein. Sie beten den Ochsen an und tragen auf ihrer Stirn eine kleine Stierfigur aus vergoldetem Erz. Aus pulverisierten Ochsenknochen stellen sie eine Salbe her, mit der sie verschiedene Teile ihres Körpers bestreichen.

Wenn sie jemandem begegnen, dem sie freundschaftlich verbunden sind, bestreichen sie die Mitte ihrer Stirn mit der so zubereiteten Asche. Sie berauben keine Kreatur ihres Lebens, nicht einmal eine Fliege, einen Floh oder eine Laus; denn sie glauben, daß diese Tiere eine Seele haben. Sie essen nichts Grünes, weder Kräuter noch Wurzeln, wenn sie nicht trocken sind, denn sie sind der Ansicht, alles was grün sei, habe noch eine Seele. Sie benutzen weder Teller noch Löffel, sondern legen ihre Speisen auf die getrockneten Blätter eines Paradiesapfels. Wenn sie ihre Notdurft verrichten wollen, gehen sie an das Meeresufer und streuen ihren Kot dann in alle Richtungen, damit keine Würmer daraus entstehen können, deren Hungertod ihr Gewissen belasten würde. Sie erreichen ein hohes Alter, einige von ihnen werden sogar hundertfünfzig Jahre alt, obgleich sie auf der nackten Erde schlafen. Das muß ihrer Mäßigkeit und Keuschheit zugeschrieben werden. Wenn sie sterben, verbrennt man ihre Leichname.

Das Land Lar (oder Lak) lag westlich von Madras.
  Die Sekte der Tingui ist der auch heute noch bestehende Dschinismus.

23

Ich kann nicht umhin, noch etwas nachzutragen, was ich vergessen habe, als ich von der Insel Zeilan sprach. Das erfuhr ich, als ich dieses Land auf meiner Heimreise besuchte. Auf dieser Insel gibt es einen hohen Berg, der so von Schluchten und Abstürzen zerrissen ist, daß man ihn angeblich nicht besteigen kann, außer mit eisernen Ketten, die man an den Felsen befestigt. Auf diese Weise sollen einige Leute den Gipfel erreicht haben, auf dem sich das Grab unseres Urvaters Adam befinden soll. Das ist eine Sage der Sarazenen. Die Götzenanbeter aber sagen, daß das Grab den Leib Sogomon-barchans berge, welcher derjenige war, der die Götzen erfunden hat und den sie als einen Heiligen verehren. Das war der Sohn eines Königs auf der Insel, der Eremit wurde und weder das Königreich noch anderen weltlichen Besitz begehrte, obgleich sein Vater ihn durch die schönsten Mädchen und alle anderen Genüsse von seinem Vorsatz abbringen wollte. Aber der junge Mann entfloh auf diesen Berg, wo er in strenger Enthaltsamkeit und Keuschheit sein Leben beschloß. Von den Götzendienern wird er als Heiliger betrachtet. Sein Vater aber ließ ein Bild aus Gold von ihm machen und verlangte, daß alle Bewohner der Inseln ihn verehren und als Gottheit anbeten sollten. Dies war der Ursprung des Götzendienstes in Zeilan, und Sogomon-barchan gilt noch immer als der Höchste unter den Götzen. Deshalb pilgern Gläubige aus fernen Ländern zu dem Berg, auf welchem er begraben liegt. Einige Haare von ihm, seine Zähne und ein Beckenknochen werden noch aufbewahrt. Die Sarazenen behaupten jedoch, daß dies Reliquien des Propheten Adam seien, und pilgern mit gleicher Ehrfurcht zu dem Berg.

Im Jahr 1281 erfuhr der Großkhan durch einige Sarazenen von dem Ruhm dieser Reliquien unseres Urahnen. Da er wünschte, sie zu besitzen, schickte er Gesandte zum König von Zeilan, um sie sich auszubitten. Nach einer langen und beschwerlichen Reise erreichten die Gesandten auch ihr Ziel und erhielten zwei große Backenzähne sowie einige Haare und ein schönes Porphyrgefäß. Als dem Großkhan die Rückkehr der Boten gemeldet wurde, befahl er der gesamten Einwohnerschaft von Kambalu, ihnen entgegenzugehen, und so wurden die Reliquien mit großem Pomp bei ihm abgeliefert.

Nachdem wir dies noch über den Berg auf der Insel Zeilan gesagt haben, wollen wir zu dem Königreich Maabar zurückkehren und von der Stadt Kael sprechen.

*Sogomon-barchan ist Shakyamuni, ein Ehrenname Buddhas,
verbunden mit dem mongolischen Wort für Gott. Kael ist das
tamilische Wort für Tempel, das sich als letzte Silbe bei mehreren Orten im südlichen Indien findet. Die hier gemeinte
Stadt liegt in der Nähe von Tuticorin, Ceylon gegenüber.*

24

Kael ist eine große Stadt im Königreich Maabar und wird
von einem der Brüder des Königs beherrscht. Da dieser ein
reicher und friedfertiger Fürst ist, wird die Stadt gern von
fremden Kaufleuten aufgesucht, die gute Aufnahme hier finden. Alle aus dem Westen, das heißt: aus Ormus, Chisti,
Adem oder anderen arabischen Häfen kommenden Schiffe
legen hier an.

Alle Bewohner der Stadt haben wie die meisten Eingeborenen Indiens die Gewohnheit, Tembul zu kauen, zum Teil
auch wegen seiner Heilkraft. Dabei bildet sich Speichel, den
sie dann ausspucken. Vornehme Leute haben das Blatt mit
Kampfer und anderen wohlriechenden Spezereien, außerdem
mit einer Mischung aus ungelöschtem Kalk versetzt. Man hat
mir gesagt, daß es der Gesundheit sehr zuträglich sei, Tembul
zu kauen. Wenn jemand einen anderen möglichst schwer be-
leidigen will, spuckt er ihm den Saft des gekauten Blatts ins
Gesicht. Der Beleidigte geht daraufhin zum König, legt die
Umstände des Vorfalls dar und erklärt sich bereit, den Streit
durch Waffen zu entscheiden. Der König gibt den Kontra-
henten die Waffen – ein Schwert und einen kleinen Schild –,
und der Kampf dauert so lange, bis einer von beiden tot auf
dem Platze bleibt. Jedoch hat der König verboten, sich mit
der Schwertspitze zu verwunden.

Tembul ist der persische Name des Betelblattes.

Fünfhundert Meilen südwestlich von Maabar liegt das Königreich Koulam. In ihm leben viele Juden und Christen, die ihre eigene Sprache sprechen. Außer gutem Sappanholz wächst hier sehr viel Pfeffer, sowohl in den waldigen als auch in den offenen Gebieten des Landes. Man sammelt ihn während der Monate Mai, Juni und Juli, und die Bäume, die ihn liefern, werden in Plantagen gezogen. Außerdem gibt es sehr guten Indigo im Überfluß. Dieser wird aus einem Kraut gewonnen, das mit den Wurzeln ausgerupft und in Wasserkübel geworfen wird; wenn es zu faulen anfängt, preßt man den Saft aus. Diesen läßt man in der Sonne verdunsten, bis eine Art Teigrückstand übrigbleibt, der in kleine Stückchen von der uns bekannten Form geschnitten wird.

Einige Monate lang ist die Hitze in Koulam kaum zu ertragen; trotzdem zieht es die Kaufleute aus aller Welt – auch aus der Provinz Manji und aus Arabien – immer wieder hierher, weil sie sehr gute Geschäfte machen können. Es gibt hier ganz schwarze Löwen und verschiedene Arten von Papageien, von denen einige schneeweiß sind, aber rote Füße und Schnäbel haben. Auch die Pfauen sind größer und schöner als bei uns und sehen, ebenso wie das Hausgeflügel, ganz anders

aus als die unsrigen. Die Früchte unterscheiden sich ebenfalls von den bei uns wachsenden. Der Grund solcher Verschiedenheit liegt angeblich in der großen Hitze, die hier herrscht. Wein wird aus dem Zucker gewonnen, den eine bestimmte Palmenart liefert. Er ist außerordentlich gut und berauschender als der übliche Traubenwein. Es gibt – mit Ausnahme von Getreide – alle Nahrungsmittel mehr als ausreichend.

Die Bevölkerung ist schwarz und geht – gleich, welchen Geschlechtes – nackt, abgesehen von einem kleinen Lendenschurz. Sie ist sehr sinnlich veranlagt; die Männer nehmen ihre Blutsverwandten zur Frau, heiraten aber auch nach dem Tode ihrer Väter ihre Schwieger- und Stiefmütter sowie die Witwen ihrer verstorbenen Brüder. Solche Sitten sollen allerdings in ganz Indien herrschen.

Koulam ist die heutige Stadt Quilon an der südlichen Westküste Indiens.
  Die schwarzen Löwen sind Panther.

26

Kumari ist eine Provinz, die kaum bebaut, sondern hauptsächlich mit Wäldern bedeckt ist. Unter den vielen Tieren, die es in diesen gibt, ist vor allem eine Affenart bemerkenswert, die nach Größe und Gestalt den Menschen ähnelt. Auch langschwänzige Affen gibt es dort, ebenso Löwen, Leoparden und Luchse in großer Zahl.

Mit der Provinz Kumari ist die äußerste Südspitze des Subkontinents um das Kap Comorin gemeint.

27

Wenn man von Kumari aus dreihundert Meilen nach Westen reist, kommt man in das Königreich Dely, das seinen eigenen König und seine eigene Sprache hat und keiner anderen Macht tributpflichtig ist. Seine Bewohner beten Götzen an. Es gibt hier keine regulären Häfen, dafür aber einen großen Fluß mit einer sicheren Einfahrt. Das Land ist gegen Angriffe von außen ziemlich geschützt, allerdings nicht wegen seiner großen Einwohnerzahl oder seiner kriegerischen Gesinnung, sondern weil schwierig zu überwindende Pässe einen feindlichen Einfall fast unmöglich machen. Pfeffer, Ingwer und andere Gewürze wachsen hier im Überfluß. Gerät ein Schiff, das nicht beabsichtigt, den Hafen anzulaufen, durch Zufall in die Mündung des Flusses, so nehmen es die Bewohner von Dely in Beschlag und konfiszieren alle Waren, die es an Bord hat. Das erklären sie folgendermaßen: »Wenn es auch eure Absicht war, einen anderen Hafen anzulaufen, so haben unsere Götter euch zu uns geführt, damit wir in den Besitz eurer Waren gelangen.«

Das Königreich Dely ist das heutige Cannanore an der Malabar-Küste. Die Himmelsrichtung ist, wie meistens, falsch – es müßte Nordnordwest heißen.

28

Malabar ist ein ausgedehntes Königreich im Westen von Großindien, von dem ich noch einige Einzelheiten berichten will. Die Bevölkerung wird von ihrem eigenen König beherrscht, der keiner anderen Macht tributpflichtig ist, und spricht ihre eigene Sprache. Hier gibt es, ebenso wie in dem benachbarten Königreich Guzzerat, zahlreiche Seeräuber, die mit über hundert kleinen Schiffen in diesen Gewässern ihr Unwesen treiben und alle Kauffahrer überfallen und plündern, deren sie habhaft werden können. Auf ihren Fahrten nehmen sie ihre Familien mit sich. Damit ihnen kein Schiff entkommt, bilden sie mit ihren Fahrzeugen eine Kette, jeweils im Abstand von fünf Meilen, so daß zwanzig von ihren Schiffen ein Gebiet von hundert Meilen kontrollieren. Erblickt eines von diesen ein Handelsschiff, signalisiert es Rauchzeichen, worauf alle anderen Fahrzeuge zusammeneilen und das Schiff kapern. Den Seeleuten wird nichts getan; sie werden am Ufer ausgesetzt, und die Piraten empfehlen ihnen, für neue Ladung zu sorgen, damit sie bald wieder Beute haben.

In diesem Königreich gibt es Pfeffer, Ingwer, Zibeben und indische Nüsse im Überfluß; außerdem produziert es Baumwollstoffe von der besten Qualität, die man sich vorstellen kann. Die Schiffe aus Manji bringen Kupfer als Ballast, außerdem Goldbrokat, Seide, Gaze, Gold- und Silberstangen und alle die Spezereien, die es hier nicht gibt. Es leben Kaufleute in Malabar, welche die Waren, die von Manji kommen, weiter nach Adem schaffen, von wo aus sie dann nach Alexandrien transportiert werden.

Wir wollen nun über das Königreich Guzzerat berichten, welches an das von Malabar grenzt. Wollten wir es unternehmen, über alle Städte Indiens zu schreiben, so würde unser Bericht zu weitschweifig werden. Wir wollen daher nur die berühren, über die uns etwas Besonderes mitgeteilt worden ist.

Das Königreich Malabar dürfte sich nordwärts anschließen. Über die Seeräuber berichten auch orientalische Schriftsteller.
Guzzerat ist die Landschaft Gujarat, die sich von der Halbinsel Kathiawar ein Stück nach Süden zieht. Die Sprache in dieser Landschaft trägt den gleichen Namen.

29

Das Königreich Guzzerat, das im Westen an das Indische Meer grenzt, beherbergt die allerschlimmsten Piraten. Wenn diese auf ihren Raubzügen einen reisenden Kaufmann gefangennehmen, zwingen sie ihn, Meerwasser zu trinken; denn dessen Wirkung auf die Eingeweide läßt sie erkennen, ob er heimlich Perlen oder Juwelen verschluckt hat, als er die Piraten kommen sah.

Ingwer, Pfeffer und Indigo gibt es hier in großen Mengen, ebenso Baumwolle, die man von einem sechs Klafter hohen Baum erntet; aber Baumwolle von so alten Bäumen eignet sich nicht mehr zum Spinnen, sondern nur noch zum Verpolstern. Diejenige dagegen, die man von zwölfjährigen Bäumen erntet, ist geeignet für Musselin und andere feine Stoffe. Ziegen-, Büffel-, Ochsen- und Rhinozerosfelle werden hier in großer Zahl gegerbt und in ganzen Schiffsladungen in die verschiedenen arabischen Länder ausgeführt. Bettdecken werden aus rotem und blauem Leder angefertigt und mit Gold- und Silberfäden bestickt. Sie sind sehr zart und weich, und die Sarazenen ruhen gern auf ihnen. Man versteht hier kunstvoller zu sticken als in irgendeinem anderen Teil der Welt.

30

Kanam ist ein großes und edles Königreich im Westen. Wir sprechen vom Westen, weil Marco Polo jetzt aus dem Osten kommt und die Länder in der Reihenfolge aufführt, wie er sie angetroffen hat. Kanam steht unter der Regierung eines unabhängigen Königs; seine Bewohner sind Götzendiener und sprechen ihre eigene Sprache. Es gibt hier weder Pfeffer noch Ingwer, dafür aber eine große Menge Weihrauch von weißer Farbe. Viele Schiffe legen in dem Land an, um diesen Weihrauch und auch andere Waren zu holen. Sie haben großenteils Pferde an Bord, die sie in die verschiedenen Länder Indiens bringen.

31

Kambaja ist ebenfalls ein großes Königreich im Westen, das von einem selbständigen König beherrscht wird. Die Leute sind Götzenanbeter und sprechen ihre eigene Sprache. In diesem Land kann man den Polarstern höher am Himmel sehen als in Kanam, weil es weiter nördlich liegt.

Bei dem lebhaften Handel, der hier getrieben wird, spielt das Indigo eine führende Rolle. Auch Baumwollstoffe werden in großen Mengen produziert und ebenso gegerbte Häute.

32

Servenath ist gleichfalls ein im Westen liegendes Königreich, das von einem unabhängigen Herrscher regiert wird und dessen Bewohner Götzendiener, aber von gutem Charakter sind. Sie leben vom Handel und von ihren Gewerben, und der Platz wird sehr oft von Kaufleuten besucht. Man hat mir jedoch gesagt, daß die Priester, die in den Götzentempeln dienen, die treulosesten und grausamsten sind, die es auf der Welt gibt.

Die Reiche Thana (Kanam), Cambay (Kambaja) und Somnath (Servenath) liegen nördlich von Bombay bis zur Südküste der Halbinsel Kathiawar.

33

Chesmakoran ist ein sehr großes Land mit einem eigenen König und einer eigenen Sprache. Ein Teil seiner Bevölkerung betet Götzen an, der größere Teil jedoch besteht aus Sarazenen. Sie ernährt sich von Reis, Weizen, Fleisch und Milch, was alles es im Überfluß hier gibt. Das Land wird von vielen Kaufleuten besucht, die sowohl über das Meer als auch auf dem Landwege kommen. Chesmakoran ist das letzte Land von Großindien, wenn man in nordwestlicher Richtung reist, wie Maabar das erste ist. In der Beschreibung von Indien haben wir uns auf die Provinzen und Städte beschränkt, die am Meere liegen; denn unser Werk wäre zu umfangreich geworden, hätten wir auch über die im Landesinneren gelegenen Gebiete berichtet.

Chesmakoran wird in der Landschaft Kutch gelegen haben.

Ungefähr fünfhundert Meilen südlich von Chesmakoran liegen – dreißig Meilen voneinander entfernt – mitten im Ozean zwei Inseln. Auf der einen wohnen Männer ohne Frauen, das ist die Männerinsel; auf der anderen wohnen Frauen ohne Männer, das ist die Weiberinsel. Die Bewohner beider Inseln sind von derselben Rasse und ordentlich getaufte Christen. Für drei Monate im Jahr, nämlich im März, April und Mai, besuchen die Männer die Weiberinsel und bleiben mit ihren Frauen – jedes Paar für sich – zusammen. Dann kehren sie wieder auf die Insel zurück, um den übrigen Teil des Jahres ohne Frauengesellschaft zu bleiben. Die Frauen behalten ihre Söhne für sich, bis sie zwölf Jahre alt geworden sind; dann schicken sie sie zu ihren Vätern. Die Töchter behalten sie bei sich, bis sie heiratsfähig sind; dann verheiraten sie sie an die Männer der anderen Insel. Dieser Brauch geht auf die besondere Art des Klimas zurück, das den Männern nicht erlaubt, während des ganzen Jahres bei den Frauen zu bleiben, weil sie dann sterben würden. Sie haben ihren eigenen Bischof, der dem auf der Insel Soccotra untersteht. Die Männer sorgen für den Unterhalt der Frauen, indem sie das Korn aussäen, die Ernte jedoch bleibt den letzteren überlassen. Die Inseln bringen auch viele andere Früchte hervor, und Milch, Reis, Fleisch und Fische gibt es genug. Die Männer sind tüchtige Fischer und verkaufen ihre Beute – frisch oder gesalzen – an die Kaufleute, die zu der Insel fahren. Diese kommen aber vor allem des Ambras wegen, das hier in großen Mengen gesammelt wird.

Der Bericht über die Weiber- und die Männerinsel scheint eine Seefahrerlegende zu sein. In der angegebenen Richtung gibt es keine Inseln. Manche Forscher nehmen an, daß die Kuria-Muria-Inseln vor der arabischen Südostküste gemeint sein könnten. Es sind fünf fast baumlose Inseln, auf denen heute etwa 100 Menschen leben.

Die Insel Sokotra (Soccotra) liegt tatsächlich etwa im Süden der eben genannten vor der »Nase« Afrikas, der Somali-Halbinsel, vor dem Golf von Aden (Adem).

35

Wenn man von diesen Inseln aus fünfhundert Meilen weiter nach Süden segelt, kommt man zu der Insel Soccotra, die sehr groß und reich an Lebensmitteln aller Art ist. An ihren Küsten wird viel Ambra angeschwemmt, das aus den Eingeweiden der Walfische stammt. Da Ambra ein vielbegehrter Handelsartikel ist, beschäftigen sich die Inselbewohner hauptsächlich mit dem Walfischfang. Sie schlagen Eisen mit Widerhaken so fest in den Körper des Tieres, daß dieses sich nicht mehr davon befreien kann. An dem Eisen ist ein langes Seil befestigt, das wiederum mit einer Tonne verbunden ist. Auf diese Weise kann man den Walfisch finden, wenn er tot ist. Er wird dann ans Ufer gezogen, wo man das Ambra aus seinem Leib entfernt, während aus seinem Kopf mehrere Butten Öl gewonnen werden können.

Männer und Frauen auf dieser Insel gehen, abgesehen von einem kleinen Lendenschurz, nackt. Sie sind getaufte Christen und haben einen Erzbischof; der aber untersteht nicht dem Papst, sondern einem Patriarchen, der in der Stadt Bagdad wohnt und ihn einsetzt beziehungsweise ihn, wenn er vom Volk unmittelbar gewählt worden ist, in seinem Amt bestätigt. Oft kommen die Seeräuber auf die Insel, und die Leute kaufen ihnen ihre geraubten Güter ohne Bedenken ab; sie rechtfertigen sich damit, daß die Beute ja Götzendienern und Sarazenen abgenommen worden sei. Alle Schiffe, die nach der Provinz Adem gehen, legen hier an und kaufen

Fische und Ambra sowie verschiedene Baumwollstoffe in großen Mengen an.

Die Inselbewohner sind der Zauberei und Hexerei mehr zugetan als irgendein anderes Volk, obgleich der Erzbischof ihnen das streng verboten hat und die Exkommunizierung darauf steht. Sie kümmern sich aber wenig darum, und wenn ein Seeräuberschiff einen von ihnen geschädigt hat, so sprechen sie einen Zauber darüber aus, daß es die Inseln nicht verlassen kann, bevor es den Geschädigten nicht zufriedengestellt hat. Selbst wenn das Piratenschiff einen günstigen Wind haben sollte, haben sie die Macht, diesen so zu drehen, daß das Schiff wieder zur Insel zurückkehren muß. Sie können, wenn sie wollen, auch das Meer beruhigen, Schiffbruch herbeiführen und noch manche andere Dinge vollbringen, über die wir nicht weiter sprechen wollen.

36

Wenn man Soccotra verläßt und tausend Meilen in südwestlicher Richtung weitersegelt, kommt man nach Magastar. Das ist eine der größten und fruchtbarsten Inseln der Welt. Ihr Umfang beläuft sich auf 3000 Meilen, und ihre Einwohner sind Mohammedaner. Sie haben vier »Scheiche«, was in unserer Sprache soviel wie »Alte« bedeutet, und diese teilen sich zusammen in die Regierung. Das Volk lebt von Handel und Gewerbe. Der wichtigste Handelsartikel sind Elefantenzähne; denn es gibt – wie auch in Zenzibar – sehr viele Elefanten auf der Insel. Den größten Teil des Jahres ernährt sich die Bevölkerung von Kamelfleisch, das gesünder und schmackhafter ist als jedes andere. In den Wäldern gibt es viele rote Sandelholzbäume, und zwar so viel, daß nur ein bescheidener Preis für sie zu erzielen ist. Auch wird an den Küsten das Ambra von Walfischen gesammelt. Die Eingeborenen jagen Luchse, Tiger, Hirsche und Antilopen; außerdem bietet die Vogelbeize reiche Möglichkeiten.

Die Insel wird von Schiffen aus den verschiedensten Gegenden angelaufen; diese bringen Brokat, Seidenstoffe und andere Waren, mit denen sie gute Gewinne erzielen können. Zu den zahlreichen Inseln dagegen, im Süden von Magastar, geht kein Schiffsverkehr, weil eine so starke Meeresströmung in dieser Richtung steht, daß man nicht mehr zurücksegeln könnte. Die Fahrt von der Küste Malabars bis nach Magastar dauert fünfundzwanzig Tage, die Rückfahrt etwa drei Monate; so stark ist hier die Südströmung schon.

Die Einwohner der Insel erzählen, daß zu einer bestimmten Zeit im Jahr der wunderbare Vogel Ruch aus dem Süden bei ihnen erscheint. Er soll dem Adler ähnlich sehen, aber viel größer, nämlich so groß und stark sein, daß er einen Elefanten mit seinen Krallen durch die Luft entführen kann, bis er diesen fallen läßt, so daß er stirbt. Dann läßt er sich auf ihm nieder und verzehrt ihn. Leute, die den Vogel gesehen haben, versichern, daß seine Flügel ausgebreitet sechzehn Schritt von einem Ende zum anderen messen und seine Federn acht Schritt lang seien. Marco Polo glaubte, daß diese Vögel Greife sein könnten, wie man sie auf Bildern sieht, halb Vogel und halb Löwe, und forschte besonders nach diesem Punkt. Aber die Leute blieben bei der Behauptung, daß es ganz und gar Vögel seien. Als der Großkhan von diesem wunderbaren Tier hörte, sandte er Boten zu der Insel, unter dem Vorwand, über die Freilassung eines seiner Diener zu verhandeln, in Wirklichkeit aber, um sich nach den Verhältnissen des Landes und des Vogels Ruch zu erkundigen. Die Boten brachten ihm denn auch eine Feder mit, die angeblich neunzig Spannen gemessen hat, und außerdem den Hauzahn eines wilden Bären, der vierzehn Pfund gewogen hat. – Auf der Insel leben auch Giraffen, Esel und andere wilde Tiere, die sich sehr von den uns bekannten unterscheiden.

Die Insel Madagaskar (Magastar) wurde wohl von Marco Polo zum erstenmal in Europa bekanntgemacht. Zenzibar ist die Insel Sansibar. Marco Polo wird seine Informationen von arabischen Kaufleuten oder Seefahrern haben. Manche Unstimmigkeiten in diesem Kapitel würden sich aufklären, wenn man statt der Insel Madagaskar die Lage der alten Handelsstadt Mogadischu im Süden der Somali-Halbinsel annähme.

Der »Vogel Ruch« ist der aus »Tausendundeiner Nacht« bekannte Vogel Roch. Im Zusammenhang mit der Insel Madagaskar fühlt man sich an die ausgestorbenen Riesentauben auf Mauritius und den Maskarenen erinnert, die Madagaskar ostwärts vorgelagert sind. Das spricht wiederum dafür, daß tatsächlich die Insel Madagaskar gemeint ist. Vielleicht sind Insel Madagaskar und Stadt Mogadischu in Marco Polos Erinnerung – oder in der seines Gewährsmannes – zu einem verschmolzen. Solche Zusammenlegungen kommen in vielen Reiseberichten vor, auch noch in späteren Jahrhunderten.

37

Jenseits der Insel Magastar liegt die Insel Zenzibar, die zweitausend Meilen im Umfang haben soll. Die Einwohner sind groß, sehr dick und so stark, daß einer von ihnen so viel tragen kann wie vier Leute unseres Schlages; dafür essen sie aber auch für fünf. Sie sind schwarz und gehen, mit Ausnahme eines kleinen Lendenschurzes, nackt. Ihr Haar ist so kraus, daß es sich, selbst nachdem man es ins Wasser getaucht hat, kaum entwirren läßt. Sie haben große Mäuler, aufwärts gebogene Nasen und lange Ohren; ihre Augen sind so groß und schrecklich, daß sie wie Teufel aussehen. Die Weiber sind ebenso häßlich, ihre Hände und Köpfe sind unverhältnismäßig groß. Sie leben von Fleisch, Milch und Datteln und bereiten sich, da sie keine Trauben haben, eine Art Wein aus

Reis und Zucker, dem sie einige Gewürze beimischen. Das ist ein sehr gut schmeckendes Getränk. Auf Zenzibar gibt es viele Elefanten, deren Zähne ein wichtiger Handelsartikel sind. Über diese Tiere soll noch bemerkt werden, daß sie sich wegen der Lage des weiblichen Geschlechtsteiles nicht wie die anderen Tiere begatten, sondern eher wie die Menschen.

In diesem Lande kann man auch der Giraffe begegnen, die ein sehr schönes Tier ist. Ihr Leib hat eine schöne Form, die Vorderläufe sind lang und hoch, der Hals ist sehr lang und der Kopf klein. Die Schafe, die es hier gibt, unterscheiden sich von den unseren dadurch, daß ihr Körper weiß, ihr Kopf aber schwarz ist. Überhaupt sehen alle Tiere auf der Insel anders aus als bei uns. Die vielen Handelsschiffe, welche die Insel anlaufen, tauschen ihre Waren gegen Elfenbein und Ambra ein, das man dort häufig an der Küste findet.

Die Häuptlinge der Insel führen zuweilen Krieg gegeneinander, und ihre Leute sind im Kampf sehr tapfer und todesmutig. Sie haben keine Pferde, sondern kämpfen auf Elefanten und Kamelen. Die Elefanten tragen Gerüste für fünfzehn bis zwanzig Mann, die mit Schwertern, Lanzen und Steinen bewaffnet sind. Unmittelbar vor der Schlacht bekommen die Elefanten, die auf diese Weise zum Kampf angestachelt werden sollen, Wein zu trinken.

Die Insel Sansibar liegt in der Nähe der ostafrikanischen Stadt Daressalam. Die Gewährsleute Marco Polos benutzten den Namen Sansibar aber häufig auch für die gesamte afrikanische Ostküste zwischen Äquator und südlichem Wendekreis.

38

Ich habe nur von den bedeutendsten und berühmtesten Provinzen Indiens gesprochen, und genauso habe ich es mit den Inseln gehalten. Aber von erfahrenen Seeleuten habe ich glaubwürdig gehört und aus den Schriften derer, die den Indischen Ozean befahren haben, ist zu ersehen, daß die Zahl der Inseln dort nicht weniger als 12 700, bewohnte und unbewohnte, beträgt. – Das Großindien genannte Gebiet erstreckt sich von Maabar bis Chesmakoran und umfaßt vierzehn große Königreiche, von denen wir zehn aufgezählt haben. Kleinindien beginnt bei Ziamba, erstreckt sich bis Murfili und umfaßt acht Königreiche, außerdem sehr viele Inseln. Wir wollen nun vom zweiten oder Mittelindien reden.

Unter Großindien versteht Marco Polo also Vorderindien bis zum Golf von Oman, unter Kleinindien Hinterindien. Seltsam, daß er Arabien und Abessinien (Abascia) mit zu Indien zählt.

39

Abascia ist ein ausgedehntes Land, dessen Großkönig Christ ist. Von den anderen sechs Königen sind drei christlichen und drei mohammedanischen Glaubens. Man hat mir gesagt, daß sich die Christen des Landes als Erkennungszeichen drei Zeichen auf das Gesicht machen, nämlich eins auf die Stirn und die beiden anderen auf die Wangen; die letzteren werden mit einem glühenden Eisen eingebrannt, und das gilt als zweite, als Taufe mit dem Feuer, nach der ersten mit Wasser. Die Sarazenen haben nur ein Zeichen, das von der Stirn bis halb auf die Nase geht. Die Juden, von denen es ebenfalls viele hier gibt, haben zwei Zeichen, und zwar auf den Wangen.

Die Hauptstadt des Großkönigs liegt im Landesinnern. Die Länder der mohammedanischen Fürsten liegen näher bei der Provinz Adem. Die Bekehrung der Einwohner war das Werk des verehrungswürdigen Apostels Thomas, der das Evangelium zuerst im Königreich Nubien predigte, dann nach Abascia ging, hier durch seine Predigten und Wunder die Bevölkerung bekehrte und schließlich die Provinz Maabar besuchte, wo er die Krone des Märtyrertums empfing, nachdem er auch dort eine gewaltige Zahl von Menschen für den christlichen Glauben gewonnen hatte, wie wir schon berichtet haben. Die Männer von Abascia sind tapfere Krieger, die mit dem Sultan von Adem, dem Volk von Nubien und vielen anderen Nachbarländern ständig im Kampfe liegen. Weil sie ununterbrochen Krieg führen, hält man sie für die besten Soldaten in diesem Teil der Welt.

Im Jahr 1288, so hat man mir berichtet, faßte der König von Abascia den Entschluß, das Heilige Grab Christi in Jerusalem persönlich aufzusuchen, eine Pilgerfahrt, die alljährlich von einer großen Zahl seiner Untertanen unternommen wird. Seine Räte rieten ihm jedoch davon ab, indem sie ihm die Gefahren vorstellten, denen er sich unterwegs aussetzen würde. Da beschloß er, einen Bischof als seinen Stellvertreter zu entsenden, einen Mann, der im Rufe der Heiligkeit stand; dieser sprach in Jerusalem die Gebete und brachte die Opfer dar, wie ihn der König geheißen hatte. Auf dem Rückweg jedoch ließ ihn der Sultan von Adem, durch dessen Land er reisen mußte, zu sich kommen und versuchte, ihn zum Mohammedaner zu bekehren. Da der Bischof sich mit geziemender Festigkeit weigerte, dem Christentum abzuschwören, ließ ihn der Sultan, der Rache des Königs von Abascia trotzend, entmannen und dann weiterziehen. Als der Bischof nach seiner Rückkehr über die ihm angetane Schmach und Gewalt berichtete, gab der König sogleich Befehl, eine Armee aufzustellen, um den Sultan zu vernichten. Dieser rief seinerseits zwei mohammedanische Fürsten, seine Nachbarn, zu Hilfe, die denn auch mit starken Streitkräften zu ihm stießen. In dem nun folgenden Kampf blieb der König von Abascia Sieger; er eroberte die Stadt Adem und übergab sie, die Beleidigung des Bischofs rächend, der Plünderung.

Die Einwohner dieses Königreiches leben von Weizen, Reis, Fleisch und Milch. Sie pressen Öl aus Sesam und haben Überfluß an allen Lebensmitteln. In dem Land gibt es Giraffen, Elefanten, Löwen, wilde Esel, Menschenaffen und viele andere Tiere, auch große Mengen wilden und zahmen Geflügels. Das Land ist reich an Goldvorkommen und wird oft von Kaufleuten besucht, die gute Geschäfte machen.

40

Die Provinz Adem wird von einem König beherrscht, der den Titel Sultan führt. Die Bevölkerung ist mohammedanischen Glaubens und verabscheut die Christen auf das äußerste. Das Land hat viele Städte und Burgen und vor allem einen vorzüglichen Hafen, der von den Schiffen angelaufen wird, die mit Gewürzen und Spezereien aus Indien kommen. Die Kaufleute, welche die Waren nach Alexandrien bringen wollen, laden diese auf kleinere Schiffe um, mit denen sie dann zwanzig Tage etwa durch einen Meerbusen fahren, bis sie den nächsten Hafen erreicht haben. Dort verladen sie ihre Ware auf Kamele, welche sie in dreißig Tagereisen bis zum Nil bringen, wo sie wieder auf kleine Schiffe verladen, auf dem Flußweg nach Kairo und von dort durch einen künstlichen Kanal nach Alexandria gebracht werden. Das ist der kürzeste und einfachste Weg, den es für die indischen Produkte, die nach Alexandria gebracht werden sollen, gibt. In Adem werden auch die Pferde eingeschifft, die für alle indischen Länder bestimmt sind, ein Geschäft, an dem die Kaufleute sehr viel verdienen. Der Sultan von Adem ist unvorstellbar reich, er bezieht seine Einnahmen aus dem Zoll, mit dem er die aus Indien kommenden und nach Indien gehenden Waren belegt, und seine Hafenstadt ist der bedeutendste Umschlagplatz für Güter aller Art in diesem Teil der Welt. – Der Sultan von Adem stellte dem Sultan von Babylon, als dieser im Jahre 1200 die Stadt Acre angriff und eroberte,

30 000 Pferde und 40 000 Kamele, und zwar aus Haß gegen die Christen.

Aden war – neben Hormus – einer der wichtigsten Umschlagplätze für den Warenverkehr zwischen Europa und dem Fernen Osten. Nach der Entdeckung des Seeweges um das Kap der Guten Hoffnung büßten beide sehr erheblich an Bedeutung ein. In Aden belebte sich nach dem Bau des Suezkanals der Verkehr wieder. Der Sultan von Aden ist der Sultan von Jemen, dessen Residenz in Tais lag. Babylon ist hier die Stadt Kairo.

41

Die Stadt Escier wird von einem mohammedanischen Fürsten, der dem Sultan von Adem tributpflichtig ist, mit musterhafter Gerechtigkeit regiert. Die Stadt liegt etwa vierzig Meilen südöstlich von Adem; viele Städte und Burgen stehen unter ihrer Herrschaft. Sie hat einen ausgezeichneten Hafen und wird von vielen Schiffen angelaufen, welche Pferde nach Indien transportieren, die in diesem Land sehr geschätzt sind und zu hohen Preisen gehandelt werden.

In diesem Gebiet werden große Mengen Weihrauch gewonnen, der Tropfen für Tropfen aus einem tannenähnlichen kleinen Baum quillt und besonders gut ist. Dieser Baum wird in bestimmten Abständen angezapft, und aus seiner Wunde träufelt dann der Weihrauch, der später hart wird. Selbst wenn kein Einschnitt gemacht wird, schwitzt infolge der gewaltigen Hitze, die hier herrscht, das Harz heraus. Es gibt auch viele Palmen, die gute Datteln im Überfluß liefern. Dagegen wächst außer Reis und Hirse kein Getreide, ebensowenig wie Trauben, aber die Einwohner brauen ein sehr starkes und schmackhaftes Getränk aus Reis, Zucker und Datteln.

Es gibt vorzügliche Fischer in dem Land, die Thunfische in so großen Mengen fangen, daß man zwei für einen venezianischen Groschen bekommt. Die Fische werden an der Sonne getrocknet, und das Vieh – Kühe, Schafe, Kamele und Pferde – wird daran gewöhnt, sich von getrockneten Fischen zu ernähren, da die Hitze das Land so verbrannt hat, daß man nirgends eine grüne Pflanze sieht. Die als Viehfutter verwendeten Fische sind kleiner als die Thunfische und werden vor allem in den Monaten März, April und Mai gefangen.

Weil kein Getreide in dem Land wächst, bereiten die Eingeborenen auch eine Art Zwieback aus den größeren Fischen. Sie hacken diese in sehr kleine Stücke und bereiten aus Mehl eine zähflüssige Masse, die sie über die kleinen Stückchen streichen, wodurch eine Art Teig entsteht. Diesen formen sie zu Broten, die an der sengenden Sonne getrocknet werden, und essen das ganze Jahr davon. – Der bereits erwähnte Weihrauch ist in Escier so billig, daß er von dem Statthalter zentnerweise für zehn Byzantinen aufgekauft und für vierzig Byzantinen weiterverkauft wird. Das geschieht auf Befehl des Sultans von Adem, der an diesem Handel sehr viel Geld verdient.

Escier ist die heute völlig unbedeutende Hafenstadt Shiber im Hadramaut. Die Entfernung von Shiber nach Dhufar (Dulfar), das in nordöstlicher Richtung lag, ist größer, als Marco Polo angibt.
   Der Weihrauch wird von dem Baum Boswellia carterii gewonnen.

42

Dulfar ist eine große und edle Stadt zwanzig Meilen südöstlich von Escier. Ihre Einwohner sind Mohammedaner, und ihr Oberhaupt ist gleichfalls dem Sultan von Adem untertan. Die Stadt liegt in der Nähe des Meeres und hat einen guten, vielbesuchten Hafen, in dem eine Menge arabischer Pferde verladen und nach Indien ausgeführt werden. Auch Weihrauch wird hier gewonnen und weiterverkauft.

43

Kalajati ist eine große Stadt, die ungefähr fünfzig Meilen südöstlich von Dulfar an einem Meerbusen liegt, der Kalatu genannt wird. Ihre Bewohner sind Mohammedaner und dem Melik von Ormus untertan, der seine Zuflucht zu dieser uneinnehmbaren Stadt nimmt, wenn er von einem Feind angegriffen wird. Das umliegende Land liefert keine Art von Getreide, so daß dieses aus anderen Gebieten eingeführt werden muß. Der Hafen der Stadt ist gut, und es kommen viele Handelsschiffe hierher, um ihre Waren und Spezereien zu verkaufen und dafür Pferde nach Indien mitzunehmen.

Die Festung ist so am Eingang des Meerbusens von Kalatu gelegen, daß kein Schiff ohne Erlaubnis ein- oder auslaufen kann. Zuweilen geschieht es, daß der Melik von Ormus, der in gewissem Grade vom König von Kerman abhängig und ihm tributpflichtig ist, sich gegen diesen empört, weil dieser ihm eine unzumutbare Abgabe auferlegt hat. Wenn nun ein Heer entsandt wird, um den Melik zu zwingen, verläßt dieser Ormus und flieht nach Kalajati, wo es in seiner Gewalt liegt, jedem Schiff die Passage zu verwehren. Auf diese Weise kann er den Handel blockieren und dem König von Kerman großen Schaden an den ihm zukommenden Zöllen zufügen, bis dieser sich gezwungen sieht, den Streit mit dem Melik beizulegen. Die Festung ist aber auch der Schlüssel zum Meer selbst, da man alle vorübersegelnden Schiffe von hier aus unter Kontrolle hat.

Die Bewohner des Landes leben im allgemeinen von Datteln und Fischen. Vornehme und reiche Leute aber beziehen auch Getreide aus anderen Gebieten.

Die heutige Ruinenstadt Kalhat (Kalajati) liegt in der Nähe von Maskat am Golf von Oman. Marco Polos Angaben sind hier ungenau.

44

Wenn man Kalajati verläßt und dreihundert Meilen in nordöstlicher Richtung segelt, kommt man zu der Insel Ormus. Auf ihr steht, nahe am Meer, eine schöne und große Stadt, über die ein Melik herrscht; dieser Titel entspricht etwa dem unseres Markgrafen. Die Einwohner der Insel sind Sarazenen, die sich alle zum mohammedanischen Glauben bekennen. Die Hitze, die hier herrscht, ist außergewöhnlich groß, es befinden sich aber in jedem Hause Ventilatoren, durch die man nach Belieben frische Luft in die Räume einschleusen kann.

Wir wollen uns nun nicht weiter bei dieser Stadt aufhalten, über die ich früher – ebenso wie über Kisi und Kerman – schon berichtet habe. Bevor ich das Werk jedoch zum Abschluß bringe, will ich noch einmal zurückgreifen und einige Anmerkungen über gewisse Gegenden im Norden machen, über die ich in den vorhergehenden Büchern noch nicht berichtet habe.

45

In den nördlichen Teilen der Welt wohnen viele Tataren, deren Herrscher Kaidu – aus dem Geschlecht Dschingis-Khans und ein naher Verwandter Kublai-Khans – ist. Kaidu ist von keinem anderen Fürsten abhängig, und seine Untertanen haben Sitten und Gebräuche ihrer Vorfahren in der ursprünglichen Weise bewahrt. Sie schließen sich nicht in Burgen und feste Plätze, nicht einmal in Städte ein, sondern bleiben die ganze Zeit im Freien, in Tälern und Wäldern, an denen diese Gegend reich ist. Bei ihnen wächst keinerlei Getreide, so daß sie sich nur von Fleisch und Milch ernähren. Sie leben in vollkommener Eintracht untereinander und bringen ihrem König unbedingten Gehorsam entgegen; diesem wiederum geht nichts über die Einigkeit seiner Untertanen. Die Tataren besitzen riesige Herden von Pferden, Kühen, Schafen und anderen Haustieren. Auch gibt es in diesen nördlichen Gegenden Bären, die weiß und sehr groß – an die zwanzig Spannen hoch – sind. Ebenfalls gibt es Füchse, deren Fell ganz schwarz ist, wilde Esel und eine Gattung kleiner Tiere, die bei uns Zobel heißen. Auch andere Tiere aus der Marder- und Wieselfamilie kommen hier vor und solche, die man Pharaomäuse nennt. Diese bilden Schwärme von unübersehbaren Mengen, und die Tataren fangen sie mit nicht zu übertreffender Geschicklichkeit mit ihren Händen.

Um das von diesen Völkern bewohnte Land zu erreichen, muß man durch eine weite, völlig unbewohnte Ebene, die durch zahlreiche Quellen und Flüsse zu einem großen Sumpf geworden ist. Dazu braucht man vierzehn Tagereisen. Weil die kalte Jahreszeit dort sehr lange andauert, ist diese Sumpfebene meistens gefroren, mit Ausnahme weniger Monate, während der man nur sehr viel mühsamer vorankommt als bei Frost. Damit die Kaufleute aber ihr Land besuchen und ihre Felle kaufen können, die ihren ganzen Handel ausmachen, haben die Tataren in mühsamer Arbeit das Sumpfland für Reisende zugänglich gemacht, indem sie am Ende einer jeden Tagesstation ein Blockhaus errichteten; in denen wohnen Leute, welche die Kaufleute zu empfangen und zu beherbergen und am Tage darauf zu der nächsten Station zu geleiten haben. Um aber die gefrorene Fläche des Bodens zu überwinden, haben sie eine Art Fuhrwerk, das dem ähnlich ist, dessen sich die Eingeborenen in den unzugänglichen Gebirgsgegenden in unserer Nachbarschaft bedienen und das Schlitten genannt wird; es ist ohne Räder, hat einen glatten Boden und krümmt sich vorn nach oben, so daß es leicht über das Eis hinweggleiten kann. Um diese kleinen Fahrzeuge zu ziehen, richten sie Hunde ab, die fast so groß wie Esel, sehr kräftig und an das Ziehen gewöhnt sind. Insgesamt sechs von ihnen werden paarweise vor jeden Schlitten gespannt, welcher nur einen Lenker und einen Kaufmann mit seinen Waren aufnimmt. Wenn die Tagereise beendet ist, wechselt der Kaufmann Schlitten und Hundegespann, und auf seinem

Rückweg reist er wieder so, nur daß er diesmal die Pelze mit sich führt, die er in unserem Teil der Welt verkaufen will.

Jenseits des Landes der Tataren, das die Felle liefert, liegt ein Land, das sich bis zu den äußersten Grenzen des Nordens der Erde erstreckt und das Land der Finsternis genannt wird, weil dort während des größten Teils der Wintermonate die Sonne nicht scheint und der Himmel so finster ist wie bei uns in der Morgendämmerung. Die Einwohner dieses Landes sind ansehnlich und groß, aber sehr bleich im Gesicht. Sie werden oft von den Tataren überfallen und ihres Viehs und ihrer Habe beraubt. Diese benutzen dazu die Monate, in denen es finster bleibt, damit sie unbemerkt kommen können. Damit sie aber die Richtung nicht verlieren, reiten sie Stuten, die zu der Zeit gerade Füllen haben. Die Füllen begleiten ihre Muttertiere bis an die Landesgrenze und bleiben dort unter besonderer Obhut zurück. Wenn die Tataren nun ihren Überfall vollendet haben und in ihr Land zurückwollen, so lassen sie ihren Pferden einfach freien Lauf. Der mütterliche Instinkt führt diese gerade auf die Stelle zu, an der sie ihre Füllen verlassen haben, und auf solche Weise können die Reiter ihre Wohnplätze sicher wieder erreichen.

Die Bewohner dieses Nordlandes benutzen das Tageslicht der Sommerzeit, um eine Menge von Hermelinen, Mardern, Wieseln, Füchsen und ähnlichen Tieren zu erlegen, deren Felle sehr fein und zart und daher viel kostbarer sind als die, welche die Tataren erbeuten; das ist auch der Grund, weshalb die letzteren ihre erwähnten Raubzüge unternehmen. Während des Sommers bringen diese Leute ihre Felle in die benachbarten Länder, wo sie sie mit gutem Gewinn absetzen; wie ich gehört habe, werden einige sogar bis in das Land Russia gebracht. Von diesem Land wollen wir nun berichten.

46

Die Provinz Russia ist sehr groß; sie besteht aus vielen Gebieten und grenzt im Norden an das Land der Finsternis, welches wir soeben beschrieben. Ihre Einwohner sind Christen und üben ihren Glauben nach griechischem Brauch aus. Die Männer sind sehr schön, groß und weiß, die Frauen sind auch weiß und groß und tragen ihr blondes Haar lang. Das Land ist dem Khan der westlichen Tataren tributpflichtig und grenzt an den Westen seines Reiches. In diesem Land findet man die Felle von Hermelinen, Wieseln, Zobeln, Mardern, Füchsen und ähnlichen Tieren im Überfluß sowie viel Wachs. Es gibt zahlreiche Bergwerke hier, aus denen eine Menge Silber gewonnen wird. Russia ist ein sehr kaltes Land, und man hat mir versichert, daß es sich bis zum nördlichen Ozean erstreckt, wo Geier- und Wanderfalken in großer Zahl gefangen und in viele Länder ausgeführt werden.

Die Angaben über Rußland treffen einigermaßen zu. Einen bedeutenden Teil beherrschte bis 1480 die Goldene Horde. In den Zeiten der größten Macht dehnte sich dieses Reich vom Aral-See und Kaspischen Meer bis Galizien, von Krim und Kaukasus bis vor Nowgorod aus.

Die nun folgenden historischen Kapitel fehlen bei Ramusio. Sie sind der französischen Originalausgabe entnommen.

Die verwandtschaftlichen Beziehungen der Mongolenfürsten sind, wie so häufig, unrichtig wiedergegeben.

47

In der großen Türkei lebt der König Kaidu, der ein Neffe des Großkhans ist. Er ist ein großer Herrscher über viele Städte und Schlösser. Kaidu gehört der tatarischen Rasse an;

seine Untertanen sind ebenfalls Tataren und tapfere Krieger, worüber man sich nicht wundern kann, wenn man hört, daß sie sich von Jugend auf im Waffenhandwerk üben. Dieser Kaidu führte erst langwierige Kriege mit dem Großkhan, bevor er diesem seine Unterwerfung anbot. Man muß wissen, daß die große Türkei im Nordwesten von Ormus liegt. Weiter nordwärts erstreckt sie sich bis zum Reiche des Großkhans. Ich will berichten, wie die Feindseligkeiten zwischen Kaidu und Kublai-Khan entstanden sind: Eines Tages stellte Kaidu an den Großkhan das Ansinnen, ihm einige der eroberten Länder zu überlassen, und dabei nahm er einen Teil der Provinzen Kataia und Manji für sich in Anspruch. Der Großkhan ließ ihm sagen, er sei durchaus bereit, ihm – wie seinen anderen Söhnen – seinen Anteil zu geben, wenn Kaidu seinerseits sich an den kaiserlichen Hof begeben und an den Ratsversammlungen teilnehmen wolle, sooft er, der Großkhan, ihn dazu entbiete. Außerdem forderte der Großkhan ihn auf, sich zu unterwerfen, wie es seine anderen Söhne und Großen getan hätten. Kaidu, von Mißtrauen gegen seinen Onkel erfüllt, lehnte diese Bedingungen ab und erklärte, er sei zwar bereit, in seinem eigenen Land dem Großkhan zu huldigen, unter keinen Umständen aber würde er an den kaiserlichen Hof gehen, da er dort für sein Leben fürchte. Auf diese Weise entstand die Feindschaft zwischen dem Großkhan und Kaidu, die zu einem großen Krieg führte, in dessen Verlauf es zu vielen blutigen Kämpfen kam. Ungeachtet aller Vorsichtsmaßnahmen des Großkhans drang Kaidu in dessen Reich ein und traf sehr oft mit den feindlichen Streitkräften zusammen. Jetzt kann König Kaidu, wenn es notwendig ist, 100 000 Reiter ins Feld stellen, alles tapfere und kriegserfahrene Soldaten. Außerdem hat er viele Fürsten in seiner Umgebung, die Nachkommen des Kaisers Dschingis-Khan, des Gründers des Reiches, sind. Wenn seine Soldaten in den Krieg ziehen, muß jeder von ihnen sechzig Pfeile mitbringen, von denen dreißig kleinere auf weitere Entfernungen verschossen werden; die anderen dreißig sind größer, haben breitere Spitzen und werden im Nahkampf benutzt, indem sie dem Feind ins Gesicht gestoßen oder zum Durchschneiden der Sehne des Bogens verwendet werden. Wenn alle Pfeile verschossen sind, greifen sie zu den Schwertern und Keulen, mit denen sie wuchtige Schläge austeilen.

Im Jahre 1266 sammelte König Kaidu eine gewaltige Armee und griff zwei Vasallen des Großkhans an. Es kam zu einer Schlacht, an der auf beiden Seiten ungefähr 100 000 Reiter beteiligt waren und in der viele Soldaten ihr Leben verloren. Aber schließlich behauptete Kaidu das Feld und fügte seinen Gegnern große Verluste zu. Daraufhin wuchsen sein Stolz und seine Anmaßung, und zwei Jahre später griff er wieder zwei Fürsten an, die unter der Oberherrschaft des Großkhans standen und von denen einer – Nomogan – dessen Sohn war. Eine wilde und fürchterliche Schlacht begann, und das gegenseitige Morden nahm einen Umfang an, daß der Boden sehr bald mit Leichen bedeckt war. Mit einem Wort, es war eine der blutigsten Schlachten, die jemals zwischen Tataren stattgefunden hatte. Ungeachtet aller Anstrengungen konnte jedoch keine Partei die andere bezwingen, bis beide, als die Sonne unterging, den Kampf aufgaben, um in ihr Lager zurückzukehren. Am nächsten Morgen vor Tagesanbruch erfuhr jedoch Kaidu, daß der Großkhan eine gewaltige Armee gegen ihn in Marsch gesetzt hatte. Da befahl er seinen Leuten, in ihre Heimat zurückzukehren. Der Gegner aber war von der Schlacht noch so ermattet, daß er keinen Versuch machte, ihnen zu folgen. So setzten Kaidus Soldaten ihren Rückzug unbelästigt fort, bis sie nach Samarkand in der großen Türkei kamen.

48

Den Großkhan ergriff nun ein gewaltiger Zorn gegen Kaidu, der seinem Land und seinen Untertanen immer soviel Schaden zugefügt hatte. Aber seine verwandtschaftlichen Gefühle ließen es nicht zu, seinen Gegner und dessen Land zu verderben, und so kam Kaidu noch einmal davon.

49

Damals hatte König Kaidu eine Tochter mit Namen Aigiarm, was in der Sprache der Tataren Mondschein bedeutet. Dieses Mädchen war so stark, daß es im ganzen Königreich keinen Jüngling gab, der sie bezwingen konnte; sie aber besiegte alle. Als ihr Vater sie verheiraten wollte, weigerte sie sich und erklärte, sie würde niemals einen Gatten nehmen, der sie nicht durch Stärke erobern könnte; daraufhin gab ihr der König das schriftliche Versprechen, daß sie heiraten dürfe, wen sie wolle. Sie ließ nun bekanntmachen, daß sie den zum Gatten nehmen würde, der sich im Kampf mit ihr als der Stärkere erweisen würde. Kaum war diese Ankündigung bekannt geworden, als auch schon zahlreiche Bewerber aus allen Ländern herbeikamen, um ihr Glück zu versuchen. Die Kämpfe wurden unter großen Feierlichkeiten ausgetragen: Der König nahm mit einem großen Gefolge in der Haupthalle seines Palastes Platz. Dann trat die Königstochter, in einem seidenen Gewande und reich geschmückt, in die Mitte des Saales, und als nächster erschien der sich bewerbende Jüngling, der gleichfalls mit einem seidenen Gewand bekleidet war. Es war ausgemacht worden, daß der Jüngling, wenn er imstande war, sie mit Gewalt zu Boden zu werfen, sie zur Frau erhalten sollte; wenn er jedoch von ihr besiegt werden sollte, so verlor er hundert Pferde. Auf diese Weise gewann das Mädchen mehr als 10 000 Pferde, da sich keiner fand, der es besiegen konnte.

Einmal, um das Jahr 1280, erschien ein reicher Königssohn, der auch sehr jung und schön war, mit einem glänzenden Gefolge und tausend auserlesenen Rossen. König Kaidu empfing ihn freundlich, denn er hätte diesen Jüngling gern als seinen Schwiegersohn gesehen. Deshalb ließ er seine Tochter heimlich wissen, es wäre ihm lieb, wenn sie sich bei dieser Gelegenheit besiegen ließe; sie erwiderte jedoch, sie würde sich darauf unter keinen Umständen einlassen. Dann nahmen König und Königin ihre Plätze in der Halle ein, zusammen mit ihrem großen Gefolge. Die Königstochter erschien wie sonst, und der Königssohn zeichnete sich nicht weniger durch seine Schönheit als durch seine große Stärke aus. Als sie nun in den Saal getreten waren, wurde mit Rücksicht auf den hohen Rang des Bewerbers festgesetzt, daß der Jüngling, wenn er besiegt würde, alle tausend Pferde verlieren sollte, die er als Einsatz mitgebracht hatte. Dann begann der Kampf, und alle Anwesenden, einschließlich des Königs und der Königin, wünschten von Herzen, daß der Prinz siegen und die Prinzessin zur Gemahlin gewinnen möge. Aber trotzdem gewann die Königstochter nach vielem Stoßen und Zerren und warf den jungen Prinzen auf das Steinpflaster des Saales nieder. Da war in der ganzen Halle keiner, der seine Niederlage nicht beklagt hätte. – Nach diesen Ereignissen begleitete Aigiarm ihren Vater in viele Schlachten, und kein Krieger im ganzen Heer war so tapfer wie sie.

Wir wollen jetzt von einer anderen großen Schlacht berichten, die zwischen Kaidu und Argon, dem Sohne Abagas, stattfand.

Die Erzählung über Ai-yaruk (Aigiarm) weist eine Reihe von Parallelen mit der Brünhild-Darstellung im Nibelungenlied auf, wie englische Forscher erwähnen.

50

Abaga, der Gebieter des Ostens und Herr über viele Länder, die an das Reich des Königs Kaidu grenzten, sandte seinen Sohn Argon mit einem großen Reiterheer in das Gebiet von Arbor secco bis zum Flusse Jon, um sein Land vor König Kaidu zu schützen, der ihm schon großen Schaden zugefügt hatte. Daraufhin brachte Kaidu ebenfalls eine starke Armee von Reitern auf und unterstellte sie seinem Sohn Barac, einem klugen und tapferen Mann, mit dem Befehl, Argon in die Flucht zu schlagen. Barac versprach, den Auftrag auszuführen und sein Bestes gegen Argon und dessen Heer zu geben. Er marschierte mit seinen Truppen viele Tage lang vor, ohne daß ihm nennenswerte Schwierigkeiten begegnet wären, bis er den Fluß Jon erreichte und nur noch zehn Meilen von Argons Heer entfernt war. In einem hartnäckigen Gefecht, das drei Tage darauf stattfand, wurde aber Baracs Armee besiegt und unter großen Verlusten wieder über den Fluß zurückgetrieben.

51

Bald nach diesem Sieg erhielt Argon die Nachricht, daß sein Vater Abaga gestorben sei, worüber er sehr traurig war. Er machte sich mit seinem gesamten Gefolge auf den Weg zum Hof, der vierzig Tagereisen entfernt war; denn er hatte die Absicht, die Herrschaft anzutreten. Nun hatte Abaga aber einen Bruder, und das war der zum Islam übergetretene Sultan Acomat. Als dieser von Abagas Tod hörte, faßte er den Plan, die Nachfolge des Verstorbenen für sich selbst in Anspruch zu nehmen, da er glaubte, Argon wäre zu weit weg, um ihn daran hindern zu können. Er sammelte also ein gewaltiges Heer, marschierte zum Hof seines Bruders und bemächtigte sich der Herrschaft. Er fand dort mehr Schätze, als er erwartet hatte, verteilte diese großzügig unter Abagas Edelleute und gewann auf solche Weise deren Herzen; denn sie erklärten nun, sie wollten keinen anderen als ihn zum König haben. Doch Acomat hatte sich noch nicht lange seiner angemaßten Herrschaft erfreuen können, als ihm gemeldet wurde, daß Argon mit einem großen Heer im Anzug sei. Da rief er mutig seine Vasallen zusammen und vereinigte innerhalb einer Woche zahllose Reiter, die sich alle bereit erklärten, gegen Argon zu marschieren.

52

Mit nicht weniger als 60 000 Reitern machte Sultan Acomat sich auf, um Argon und dessen Leute zu treffen, schlug sein Lager in einer weiten, günstig gelegenen Ebene auf und machte bekannt, daß er den Feind dort erwarten wolle, da der Platz ihm für eine Schlacht geeignet erscheine. Er rief seine Leute zusammen und sprach folgendermaßen zu ihnen: »Soldaten, wie ihr wißt, sollte ich Herr über alles werden, was mein Bruder Abaga besaß, da ich der Sohn seines Vaters war und ihn bei der Eroberung der Gebiete, die wir besitzen, unterstützt habe. Allerdings ist Argon der Sohn meines Bruders, und manche sagen deshalb, die Nachfolge müßte von Rechts wegen auf ihn übergehen. Ich aber sage, sie haben unrecht; denn da sein Vater die große Herrschaft für sich allein besaß, ist es nur gerecht, wenn ich sie nun, nach seinem Tode, erhalte. Da sich die Sache nun so verhält, bitte ich euch, unser Recht gegen Argon zu verteidigen, damit das Königreich und die Herrschaft uns allen verbleiben. Denn alles, was ich für meine Person begehre, ist Ehre und Ruhm, während ihr zur Belohnung alle Güter und Besitztümer erhalten werdet. Ich will dem nichts weiter hinzufügen, denn ich weiß, daß ihr kluge Männer seid, die Gerechtigkeit lieben und für unsere Ehre euer Bestes tun werdet.« Da riefen alle Anwesenden, Ritter und Edelleute, wie aus einem Munde, sie würden ihn nicht verlassen, solange sie lebten, und seien bereit, ihm gegen jedermann Beistand zu leisten. Nach diesen Vorgängen blieben Acomat und sein Heer im Lager und erwarteten die Ankunft des Feindes.

53

Sobald Argon erfahren hatte, daß Acomat mit einem so großen Heere sein Lager in der Nähe aufgeschlagen hatte, geriet er in große Bestürzung; jedoch hielt er es für angebracht, in Gegenwart seiner Leute Mut und Kampfeseifer zu zeigen. Nachdem er alle seine Edelleute und Ratgeber in sein Zelt entboten hatte, sprach er folgendermaßen zu ihnen: »Liebe Brüder und Freunde, ihr wißt wohl, wie sehr euch mein Vater zugetan war und wie ihr ihm halft, das Land, das er besaß, zu erobern. Ihr wißt auch, daß ich der Sohn dessen bin, der euch so liebte, und daß auch ich euch liebe wie mich selbst. Es ist daher recht und billig, daß ihr mich gegen den unterstützt, der uns gegen jedes Recht unseres Landes berauben will. Wie ihr außerdem gehört habt, ist er kein Anhänger unseres Glaubens, sondern diesem abtrünnig geworden und verehrt nun als Sarazene Mohammed. Es würde uns übel anstehen, wenn wir dulden wollten, daß Sarazenen über Tataren herrschen. Aus diesem Grunde bitte ich euch dringend, jeder von euch möge sich als tapferer Krieger zeigen und bemüht sein, den Sieg in der Schlacht zu erringen, damit die Herrschaft euch und nicht den Sarazenen gehört. Und es sollte jedermann auf den Sieg rechnen, denn das Recht ist auf unserer Seite, und das Unrecht auf Seiten der Feinde.«

54

Als die Edelleute Argons Ansprache vernommen hatten, waren sie alle entschlossen, eher zu sterben als zu fliehen. Während sie noch schweigend dastanden und über ihres Fürsten Worte nachdachten, erhob sich einer der mächtigsten Vasallen und erklärte: »Teurer Herrscher Argon, wir wissen wohl, daß deine Worte wahr sind, und ich will daher im Namen aller Krieger, die in dieser Schlacht auf deiner Seite kämpfen werden, offen aussprechen, daß wir dich nicht verlassen werden, solange noch Blut in unseren Adern fließt, und lieber sterben als auf den Sieg verzichten wollen. Wir haben die feste Zuversicht, daß wir deine Feinde in die Flucht schlagen werden, da das Recht auf unserer Seite ist, und deshalb möchte ich den Vorschlag machen, daß wir sogleich gegen den Feind vorrücken. Ich bitte aber alle unsere Freunde, sich in dieser Schlacht so tapfer zu zeigen, daß die ganze Welt davon reden soll.« Nach diesen Worten verlangte das ganze Heer stürmisch, unverzüglich gegen den Feind geführt zu werden. So brach Argon am nächsten Morgen mutigen Herzens mit seinem Heer auf und marschierte in die Ebene, in der sich Acomats Lager befand. Alsdann schickte er zwei zuverlässige Gesandte zu seinem Oheim.

55

Als die beiden treuen und schon sehr bejahrten Boten im feindlichen Lager ankamen, stiegen sie vor dem Zelt Acomats ab und begrüßten diesen, der inmitten zahlreicher Edelleute saß, mit großer Höflichkeit. Acomat empfing sie mit derselben Achtung, hieß sie willkommen und forderte sie auf, sich neben ihn zu setzen. Nach kurzem Verweilen erhob sich einer der beiden Gesandten und überbrachte die folgende Botschaft: »Teurer Herrscher Acomat, dein Neffe Argon wundert sich sehr über dein Benehmen, da du ihm die Herrschaft streitig machst und in einer blutigen Schlacht mit ihm zusammentreffen willst. Das ist nicht recht von dir; auch hast du nicht gehandelt, wie ein guter Oheim an seinem Neffen handeln sollte. Aus diesem Grunde läßt er dich durch uns herzlich bitten, du möchtest als guter Oheim und Vater ihm wieder zu seinen Rechten verhelfen, damit keine Schlacht zwischen euch nötig ist. Er wird dir dann alle Ehren zukommen lassen, und du sollst unter ihm Herr des ganzen Landes sein.«

56

Als der Sultan die Botschaft seines Neffen vernommen hatte, gab er folgende Antwort: »Herr Gesandter, was mein Neffe sagt, hat keinen Sinn; denn das Land gehört mir und nicht ihm. Man kann ebensogut sagen, ich hätte es erobert und nicht sein Vater. Teilt ihm daher mit, daß ich ihn, wenn er will, zu einem großen Fürsten machen und ihm ausgedehnte Länder anvertrauen werde; er soll von mir wie ein Sohn behandelt werden und den höchsten Rang nach mir einnehmen. Wenn er jedoch auf diesen Vorschlag nicht eingeht, so versichert ihm, daß ich alles tun werde, um ihn zu vernichten.« Als Acomat seine Rede beendet hatte, fragten die Gesandten: »Ist dies die ganze Antwort, die wir erhalten?« Acomat entgegnete: »Ja, ihr sollt keine andere haben, solange ich lebe.« Da brachen die Gesandten sofort auf und berichteten Argon alles, was sich ereignet hatte. Dieser aber geriet, als er das vernommen hatte, in solchen Zorn, daß er in Gegenwart seines ganzen Gefolges ausrief: »Da mein Oheim mich in dieser Weise beleidigt hat, will ich weder herrschen noch leben, wenn ich mich nicht an ihm so räche, daß die ganze Welt davon erfährt!« – Während der ganzen Nacht bereiteten sie sich nun auf die Schlacht vor. Sultan Acomat aber, der durch seine Spione von Argons Absichten erfuhr, traf gleichfalls die nötigen Vorbereitungen.

57

Am nächsten Morgen rückte Argon, nachdem er seinen Kriegern eine ermutigende Ansprache gehalten hatte, gegen den Feind vor. Acomat hatte das gleiche getan, und so marschierten die beiden Heere aufeinander zu, ohne daß noch weitere Reden gehalten wurden. Die Schlacht begann mit einem Hagel von Pfeilen, die so dicht wie der Regen vom Himmel herabfielen. Als die Pfeile verschossen waren, griffen die Krieger zu ihren Schwertern und Keulen, und die Schlacht und der Lärm wurden so wild und so gewaltig, daß es unmöglich gewesen wäre, Gottes Donner zu hören. Die Verluste waren auf beiden Seiten sehr groß, doch obgleich Argon mit ungewöhnlicher Tapferkeit kämpfte, war schließlich alles vergebens. Das Glück wandte sich gegen ihn, und seine Leute wurden in die Flucht geschlagen, hartnäckig verfolgt von Acomats Kriegern, die ein großes Blutbad unter ihnen anrichteten. Auf der Flucht wurde Argon selbst gefangengenommen, woraufhin die Sieger die Verfolgung abbrachen und über alle Maßen froh in ihr Zeltlager zurückkehrten. Acomat ließ seinen Neffen in Fesseln legen und scharf bewachen; er selbst jedoch kehrte, da er sehr vergnügungssüchtig war, an den Hof zurück, um sich in der Gesellschaft schöner Frauen zu erholen, und überließ das Oberkommando einem großen Melik. Diesem befahl er ausdrücklich, Argon scharf zu bewachen und in kurzen Märschen zurückzukehren, um die Truppen nicht zu ermüden.

58

Ein mächtiger Edelmann der Tataren aber, der schon sehr bejahrt war, hatte Mitleid mit Argon und sagte sich, es sei eine große Treulosigkeit und Schande, den eigenen Herrn als Gefangenen festzuhalten. Und er nahm sich vor, sein Möglichstes zu tun, um ihn wieder zu befreien. Er begann damit, viele andere Edelleute zu überreden, und der persönliche Einfluß dieses alten und weisen Mannes war so groß, daß er sie ohne Schwierigkeiten überreden und für seine Unternehmung gewinnen konnte. So ging Boga – das war der Name des Vasallen – mit seinen Mitverschworenen zu dem Zelt, in dem Argon gefangengehalten wurde, und erklärte diesem, wie sie es bereuten, gegen ihn Partei ergriffen zu haben, und daß sie nun gekommen seien, um ihren Irrtum wiedergutzumachen und ihn zu befreien.

59

Als Argon Bogas Worte hörte, dachte er zuerst, sie wären gekommen, um ihn zu verhöhnen, und war sehr ärgerlich. Darauf antwortete Boga ihm: »Lieber Herr Argon, sei versichert, daß wir uns durchaus nicht über dich lustig machen; es ist wirklich wahr, was wir sagen, und wir beschwören es bei unserem Glauben.« Darauf leisteten alle Edelleute einen Eid, daß sie Argon als Herrn anerkennen wollten, und dieser schwor seinerseits, er werde sie niemals wegen ihres früheren Verhaltens zur Rechenschaft ziehen, sondern sie behandeln, wie sein Vater Abaga sie behandelt hätte. Als diese Eide geschworen worden waren, wurde Argon von seinen Fesseln befreit, und er befahl ihnen sofort, ihre Pfeile auf das Zelt abzuschießen, in dem sich der Melik aufhielt. Sie gehorchten seinem Befehl, und so wurde der Oberkommandie-

rende getötet. Auf diese Weise erlangte Argon die Herrschaft
wieder.

60

Als Argon sich im unbestritteten Besitz der Herrschaft sah,
führte er sein neues Heer gegen den Hof Acomats. Als dieser
eines Tages gerade ein großes Fest feierte, kam ein Bote zu
ihm und sagte: »Herr, ich bringe dir eine Nachricht, aber leider eine sehr schlechte. Wisse, daß die Edelleute Argon befreit und ihn zum Herrscher ausgerufen haben. Der Melik,
dein lieber Freund, ist von ihnen getötet worden. Nun sind
sie in Eilmärschen auf dem Weg hierher, um dich zu fangen
und zu töten.« Als Acomat das vernommen hatte, war er vor
Überraschung und Schrecken zuerst so betäubt, daß er nicht
wußte, was er sagen oder tun sollte. Schließlich aber gab er,
als tapferer und kluger Mann, dem Boten den Befehl, strengstes Stillschweigen über diese Nachricht gegen jedermann zu
bewahren. Dann veranlaßte er in aller Eile seine treuesten
Anhänger, sich zu bewaffnen und die Pferde zu besteigen.
Ohne einem Menschen mitzuteilen, was er vorhatte, machte
er sich auf den Weg zum Sultan von Babylonia, da er sich bei
diesem in Sicherheit glaubte. Nach sechs Tagen kam er an
einen Paß, dessen Wächter ihn erkannte und begriff, daß
Acomat auf der Flucht war. Er beschloß, diesen gefangenzunehmen, was er ohne Schwierigkeiten ausführen konnte, da
Acomat nur wenige Begleiter hatte. Dann begab er sich mit
seinem Gefangenen, den er streng bewachen ließ, an den Hof,
wo er gerade drei Tage nach Argon eintraf, der über die
Flucht seines Oheims schon sehr beunruhigt war. Als dieser
ihm nun ausgeliefert wurde, freute er sich über alle Maßen.
Er ließ sogleich seine Krieger zusammenkommen und befahl
einem Soldaten, ohne irgend jemand um Rat zu fragen, Aco-

mat zu erschlagen und den Leichnam an einen Platz zu bringen, wo niemand ihn wieder finden konnte. Dieser Befehl wurde auf der Stelle ausgeführt. So endeten die Auseinandersetzungen zwischen Argon und seinem Oheim Acomat.

61

Nachdem Argon auf diese Weise von dem Hauptpalast und seiner Herrschaft Besitz ergriffen hatte, kamen alle Fürsten und Adligen, die seinem Vater untertan gewesen waren, herbei, um ihrem neuen Herrn zu huldigen. Später sandte Argon seinen Sohn Casan mit 30 000 Reitern nach Arbor secco, das in jener Gegend liegt, um sein Land und sein Volk zu schützen. Argon kam im Jahre 1286 zur Herrschaft und regierte sechs Jahre, nach deren Ablauf er starb, und zwar, wie allgemein angenommen wird – durch Gift.

Arghun (Argon) war Anhänger der Alchemie. Er fragt indische Weise, was sie täten, um ihr Leben zu verlängern. Sie erwiderten, sie gebrauchten eine Mischung aus Schwefel und Quecksilber als Lebenselixier. Einen solchen Trank nahm Arghun acht Monate lang und starb bald darauf.

62

Nach Argons Tod bemächtigte sich sein Oheim Quiacatu der Herrschaft, was ihm um so leichter fiel, als Casan weit weg in Arbor secco weilte. Dieser war sehr zornig über die widerrechtliche Gewalttat Quiacatus; er konnte seinen Posten jedoch wegen der Bedrohung durch die Feinde in diesem Augenblick nicht verlassen. Er war aber entschlossen, sich ebenso zu rächen, wie sein Vater sich an Acomat gerächt hatte. Quiacatu blieb im Besitz der Herrschaft, nahm das Weib seines Neffen Argon zu sich und verkehrte mit ihm wie mit seinem eigenen; auch mit anderen Frauen hatte er oft Umgang, denn er war ein Sklave seiner Lüste. Nachdem er zwei Jahre regiert hatte, wurde er vergiftet.

63

Als Quiacatu gestorben war, riß dessen Oheim Baidu, der Christ war, die Herrschaft an sich, und alle gehorchten ihm, außer Casan und seinem Heer. Als Casan vernommen hatte, was vorgefallen war, war er über Baidu noch viel zorniger als vorher über Quiacatu und drohte, fürchterliche Rache an diesem zu nehmen. Er zögerte nun nicht mehr länger, sondern marschierte sofort gegen Baidu. Dieser versammelte ein gewaltiges Heer, mit dem er zehn Tagemärsche vorrückte, um dann sein Lager aufzuschlagen und seinen Gegner zu erwarten. Am Tag darauf erschien Casan, und sofort begann eine blutige Schlacht, die mit Baidus Niederlage endete, der selbst im Kampfe fiel. Nun konnte Casan seine Regierung antreten; das war im Jahre 1294. Auf diese Weise kam das Reich der östlichen Tataren von Abaga auf Casan, der noch heute an der Herrschaft ist.

64

Der erste Herrscher der westlichen Tataren war der große und mächtige König Sain. Er eroberte Rußland, das Gebiet der Komanen und Alanen, Lac, Mengiar und Zic sowie Gucia und Gazaria. Vor diesen Eroberungen gehörten die Bewohner alle zu den Komanen, da sie jedoch nicht unter einer einheitlichen Regierung vereinigt waren, zerstreuten sie sich in alle Teile der Welt. Diejenigen aber, die zurückblieben, wurden alle Leibeigene des Königs Sain. Auf König Sain folgte König Patu, auf diesen König Barka, dann König Mungletemur, darauf König Totamongur und zuletzt König Toctai, der noch jetzt regiert. Nun wollen wir von einer großen Schlacht berichten, die zwischen Alau, dem Herrscher des Ostens, und Barka, dem Herrscher des Westens, stattfand.

Der »große und mächtige König Sain« ist Batu, der den Beinamen Sain-Khan, »der gute Fürst«, führte.
Im südlichen Rußland nomadisierten vor den Mongolenzügen bereits türkische Hirtenvölker, die den Eroberern sprachlich und wirtschaftlich nahestanden. Vor allem gilt das für die Kumanen (Komanen). Die Alanen, ursprünglich ein iranisches Steppenvolk, hatten seit dem römischen Weltreich eine recht wechselreiche Geschichte hinter sich. Zeitweise zogen sie, von den Hunnen vertrieben, gemeinsam mit den Wandalen. Von den Mongolen wurden sie dann nach Ungarn abgedrängt. Ihre heutigen Nachkommen sind die Osseten. Lac halten viele Forscher für die Walachei. Mengiar ist unbekannt. Hinter Zic vermutet man das Gebiet der Tscherkessen. Gothia (Gucia) lag an der südlichen Krimküste, wo gotische Stämme lebten. Gazaria nahm den größeren Teil der Krim und die Nordküste des Asowschen Meeres ein.
Die Zahl der Nachfolger des Sain-Khan ist hier unvollständig.

65

Im Jahre 1261 brach zwischen König Alau und König Barka ein heftiger Streit wegen einer Provinz aus, die zwischen den Reichen der Herrscher lag und von beiden beansprucht wurde. Jeder war zu hochfahrend, um sie dem anderen zu überlassen, und jeder erklärte, er wolle gehen und die Provinz in Besitz nehmen und er wolle doch sehen, wer ihn daran hindern könne. Bei diesem Stand der Ereignisse rief jeder König seine Anhänger zu den Waffen, und jeder von ihnen brachte innerhalb eines halben Jahres volle 300000 Reiter zusammen. Alau, der Herrscher des Ostens, begann daraufhin mit seinen Streitkräften vorzurücken, und sie ritten viele Tage, ohne daß sich etwas Bemerkenswertes ereignet hätte. Schließlich erreichten sie eine ausgedehnte Ebene auf halbem Wege zwischen dem Eisernen Tor und dem See von Sarain, wo sie in guter Ordnung ein Lager aufschlugen, in dem es an schönen und reichen Zelten nicht fehlte. Alau erklärte, er wolle hier warten und sehen, welche Maßnahmen Barka treffen werde; denn dieser Platz lag an der Grenze der beiden Reiche.

Der See von Sarain ist das Kaspische Meer.

66

Als nun Barka von den Vorbereitungen Alaus erfahren hatte, machte er sich gleichfalls auf den Weg, bis er die Ebene erreichte, in der sein Rivale ihn erwartete. Dort schlug er in einer Entfernung von etwa zehn Meilen sein Lager auf, das ebenso schön geschmückt war wie das Alaus; sein Heer jedoch war noch größer, denn es bestand aus 350 000 Reitern. Dann rief der König seine Leute zusammen und sprach folgendermaßen zu ihnen: »Liebe Herren, ihr wißt sicherlich, daß ich euch, seitdem ich regiere, wie Brüder und Söhne geliebt habe, und viele von euch haben mir geholfen, einen Teil der Länder, die wir besitzen, zu erobern. Ihr wißt, daß ich alles, was ich habe, mit euch teile, und dafür sollt ihr nun euer Bestes tun und meine Ehre verteidigen. Ihr wißt, was für ein großer und mächtiger Fürst Alau ist und daß er in diesem Streit unrecht hat, während wir im Recht sind, und jeder von euch sollte sicher sein, daß wir ihn in der Schlacht besiegen werden, besonders da wir zahlreicher sind als unsere Gegner. Da wir jedoch so weit geritten sind, nur um diese Schlacht zu schlagen, habe ich die Absicht, noch drei Tage zu warten, worauf wir in so guter Ordnung vorrücken wollen, daß der Erfolg nicht ausbleiben kann. Ich bitte euch alle, daß ihr euch bei dieser Gelegenheit als mutige Männer zeigt, weiter sage ich nichts, als daß ihr euch, wie ich erwarte, gut vorbereitet und rüstet.«

67

Aber auch Alau versammelte seine Hauptleute und sprach zu ihnen: »Liebe Brüder, Söhne und Freunde, ihr wißt, daß ich euch mein ganzes Leben lang geliebt und unterstützt habe, und bis zum heutigen Tage standet ihr auf meiner Seite, als es galt, in so vielen Schlachten den Sieg zu erringen, und in keiner Schlacht hat uns das Kriegsglück verlassen. Wir sind nun hierher gekommen, um gegen den großen Fürsten Barka zu kämpfen; ich weiß wohl, daß er mehr Krieger hat als wir, aber da diese nicht so tüchtig sind wie die unseren, erscheint es mir nicht zweifelhaft, daß wir sie alle in die Flucht schlagen werden. Wie wir durch unsere Spione erfahren haben, beabsichtigen sie, uns nach drei Tagen eine Schlacht zu liefern, worüber ich mich sehr freue. Ich bitte euch daher, für diesen Tag gerüstet zu sein und das Verhalten zu zeigen, das ich von euch gewöhnt bin. Eines möchte ich euch noch ans Herz legen: Es ist besser, ehrenvoll auf dem Schlachtfeld zu sterben, als eine Niederlage zu erleiden. Kämpfe also jeder von euch so, daß unsere Ehre unversehrt bleibt!«

So ermutigten beide Könige ihre Krieger und erwarteten

den Tag der Schlacht, indem sie sich aufs beste darauf vorbereiteten.

68

Als der Tag der Schlacht gekommen war, erhob sich Alau früh am Morgen, rief seine Leute zu den Waffen und ordnete das Heer mit der größten Umsicht. Er teilte es in dreißig Schwadronen, jede Schwadron zu zehntausend Mann, und gab jeder einen guten Befehlshaber. Dann ließ er seine Truppen langsam vorrücken, bis sie die halbe Entfernung zwischen den beiden Lagern zurückgelegt hatten; dort machten sie halt und erwarteten die Ankunft des Feindes.

Auf der anderen Seite hatte König Barka sein Heer in fünfunddreißig Schwadronen aufgeteilt, und zwar in derselben Weise wie Alau, und dann gab er ihnen gleichfalls den Befehl vorzurücken, was sie taten, bis sie nur noch eine halbe Meile vom Feind entfernt waren. Dort hielten sie kurze Zeit an, dann rückten sie weiter vor, bis die Entfernung ungefähr noch zwei Armbrustschüsse betrug. Es war aber eine wunderbar schöne, ausgedehnte Ebene, wie sie sein mußte, wenn so viele tausend Reiter in Schlachtordnung aufgestellt werden sollten, die von den beiden mächtigsten Herren der Welt angeführt wurden, die außerdem nahe Verwandte waren; denn beide Könige stammten aus dem kaiserlichen Haus Dschingis-Khans. Als sich die Heere kurze Zeit so gegenübergestanden hatten, ertönte endlich das Signal zum Angriff. Da schossen beide Seiten solche Haufen von Pfeilen aufeinander ab, daß der Himmel fast hinter ihnen verschwand, und viele Krieger und Pferde wurden getötet. Nachdem sämtliche Pfeile verschossen waren, gingen die Kämpfer mit Schwertern und Keulen aufeinander los, und die Schlacht wurde so heftig, daß der Kampfeslärm den Donner des Himmels übertönt hätte.

Der Boden war mit Leichen übersät und rot von Blut. Beide Könige zeichneten sich durch große Tapferkeit aus, die Krieger aber folgten dem Beispiel ihrer Anführer und standen nicht hinter ihnen zurück. In dieser Weise wogte die Schlacht bis zum Einbruch der Dämmerung. Da begann Barka zu fliehen, und Alaus Krieger verfolgten ihre Gegner und schlugen sie erbarmungslos nieder. Nach einer Weile rief Alau sie zurück, da suchten sie ihre Zelte wieder auf, legten ihre Waffen ab und verbanden ihre Wunden; denn sie waren so vom Kampf erschöpft, daß sie sich auf die Ruhe freuten. Am nächsten Tag ließ Alau die Gefallenen – Feinde wie Freunde – begraben; die Verluste aber waren auf beiden Seiten so groß, daß man sie unmöglich beschreiben kann. Hierauf kehrte Alau mit seinen Kriegern in sein Land zurück.

69

Später war Mongutemur König der westlichen Tataren. Nach seinem Tod ging die Herrschaft auf Tolobuga über, der aber ein Jüngling war und noch nicht die Ritterwürde erlangt hatte. Er wurde von einem anderen mächtigen Fürsten – Totamangu – und dem Tatarenkönig Nogai erschlagen. Auf diese Weise erlangte Totamangu die Herrschaft; er starb jedoch bald, und nun wurde Toctai, ein fähiger und kluger Mann, zum König gewählt. Inzwischen waren aber die beiden Söhne Tolobugas so weit herangewachsen, daß sie Waffen tragen konnten. Die Brüder versammelten ein ansehnliches Gefolge um sich und begaben sich mit diesem an den Hof Toctais, vor dem sie niederfielen und folgende Klage erhoben: »Teurer Herr Toctai, du weißt, wir sind die Söhne Tolobugas, der von Totamangu und Nogai erschlagen wurde. Über Totamangu haben wir nichts zu sagen, da er tot ist; aber wir fordern Gerechtigkeit von Nogai wegen der Ermordung unseres Vaters und bitten daher dich, den rechtmäßigen Herrscher, sie uns zu gewähren. Das ist der Grund unseres Besuches an deinem Hof.«

70

Da erwiderte Toctai: »Liebe Freunde, ich will gern eure Bitte um Genugtuung erfüllen und werde deshalb Nogai an meinen Hof laden und alles tun, was die Gerechtigkeit erfordert.« Und er sandte zwei Boten zu Nogai, um diesen aufzufordern, an seinen Hof zu kommen und sich vor den Söhnen Tolobugas zu verantworten. Aber Nogai lachte über die Botschaft und erklärte den Gesandten, er denke nicht daran zu kommen. Als Toctai diese Antwort vernommen hatte, wurde er sehr zornig und sagte in Gegenwart seiner ganzen Umgebung: »Gott möge mir beistehen, entweder erscheint Nogai vor mir und gibt den Söhnen Tolobugas Genugtuung, oder ich werde mit allen meinen Kriegern gegen ihn marschieren und ihn vernichten!« Darauf schickte er nochmals zwei Boten ab, von denen der eine, nachdem sie von Nogai willkommen geheißen worden waren, sagte: »Lieber Herr, Toctai sendet dir die Botschaft, daß er mit seinem ganzen Heer gegen dich marschieren will, wenn du nicht an seinen Hof kommst, um Tolobugas Söhnen Genugtuung zu geben. Überlege dir deshalb, welche Maßregeln du ergreifen willst, und antworte unserem König durch uns.«

Als Nogai diese Botschaft vernommen hatte, war er sehr ärgerlich und gab den Gesandten folgende Antwort: »Herr Gesandter, kehre zu deinem Gebieter zurück und richte ihm von mir aus, ich hätte vor seiner Feindschaft wenig Furcht. Sage ihm außerdem, wenn er mich angreifen wollte, so würde ich ihm auf halbem Wege entgegenkommen und ihn an den Grenzen meines Reiches erwarten. Das ist meine Botschaft an Toctai.« Die Gesandten eilten zurück, und als Toctai die Antwort Nogais vernommen hatte, zog er sogleich aus allen Teilen seines Reiches eine mächtige Armee zusammen. Da veranstaltete auch Nogai große Rüstungen, die freilich hinter denen Toctais zurückblieben; denn wenn er auch ein großer und mächtiger Fürst war, so war er doch nicht so groß und mächtig wie sein Gegner.

71

Als die Armee gerüstet war, brach Toctai mit seinen 200 000 Reitern auf und erreichte nach einiger Zeit die Ebene von Nerghi, wo er sein Lager aufschlug und den Feind erwartete. Bei ihm befanden sich die beiden Söhne Tolobugas, die mit einem stattlichen Gefolge gekommen waren, um den Tod ihres Vaters zu rächen. Zwei Tage später erreichte auch Nogai mit 150 000 Reitern, die aber viel bessere Soldaten waren als die Toctais, die Ebene und schlug dort sein Lager auf. Nachdem beide Könige ihren Unterführern Mut zugesprochen und sie von der Gerechtigkeit ihrer Sache überzeugt hatten, ordneten sie ihre Heere: Toctai teilte das seine in zwanzig Schwadronen, während Nogai fünfzehn Schwadronen aufstellte. Nach einer langen, erbitterten Schlacht, in der die beiden Könige und Tolobugas Söhne Beweise ihrer Tapferkeit gaben, wurde Toctais Armee völlig geschlagen und erbarmungslos von Nogais Leuten verfolgt, die zwar weniger zahlreich, dafür aber bessere Soldaten als ihre Gegner waren.

Nicht weniger als 60 000 Mann fanden in dieser Schlacht den Tod; König Toctai und die beiden Söhne Tolobugas jedoch entkamen.

72

Ihr habt nun alles erfahren, was wir von den Tataren, den Sarazenen und ihren Gebräuchen berichten können, ebenso von den anderen Ländern der Welt, soweit unsere Nachforschungen und Erkundigungen reichen. Nur über das Schwarze Meer und die umliegenden Provinzen haben wir nichts gesagt, obgleich wir sie genau kennen. Denn es scheint uns sinnlos zu sein, von Gegenden zu sprechen, die alle Tage besucht werden.

Wie wir es möglich gemacht haben, den Hof des Großkhans zu verlassen, habt ihr zu Beginn des Buches in jenem Kapitel gehört, in dem wir von der Unruhe und Sorge erzählten, in der sich Maffeo, Nicolò und Marco befanden, als sie um die Erlaubnis des Großkhans baten, abreisen zu dürfen. In demselben Kapitel wurde auch der glückliche Zufall erwähnt, der unsere Abreise zur Folge hatte. Ihr könnt versichert sein, daß wir ohne diesen Glücksfall niemals fortgekommen wären und trotz aller unserer Bemühungen unsere Heimat niemals wiedergesehen hätten. Doch ich glaube, es war Gottes Wille, daß wir zurückkehren sollten, damit die Menschheit ihr Wissen von der Erde bereichern könnte. Denn es ist schon in der Einleitung am Anfang des Buches gesagt worden, daß es noch niemals einen Mann gegeben hat, sei er Christ, Sarazene, Tatar oder Heide gewesen, der so weite Gebiete der Welt besucht hätte wie die edlen und berühmten Bürger der Stadt Venedig, die Herren Maffeo Polo, Marco, der Sohn, und Nicolò Polo.

Dank sei Gott! Amen! Amen!

Das Schlußkapital findet sich nur in der alten italienischen Crusca-Ausgabe.

ANMERKUNG ZUR EDITION

Der Text der vorliegenden Ausgabe fußt auf einer redaktionellen Neubearbeitung älterer deutscher Ausgaben (A. Bürck, 1845; Hans Lemke, 1906) durch Hans Eckart Rübesamen, die zuletzt 1969 in München aufgelegt wurde. Sie wurde für die vorliegende Ausgabe von Theodor A. Knust revidiert und mit den wissenschaftlichen, insbesondere den französischen und englischen Ausgaben (1824/1921), verglichen sowie mit einem neuen Kommentar und einer Einführung versehen.

Das Bildmaterial gibt zeitgenössische Darstellungen zu Marco Polos Berichten, wie sie in den frühesten Ausgaben – so auch in der ersten deutschen „Gutenberg-Ausgabe" von 1477 – enthalten sind, wieder. Es wurde durch entsprechend authentische Abbildungen (so etwa der ältesten bekannten Darstellung von Venedig) ergänzt.

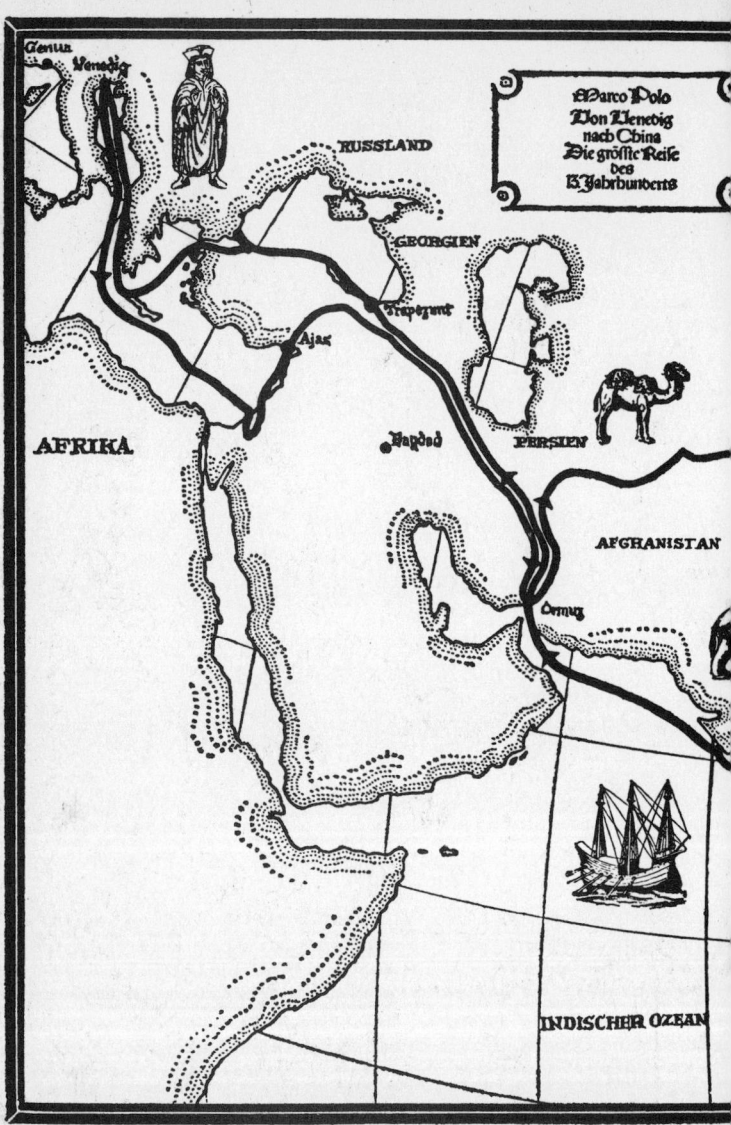

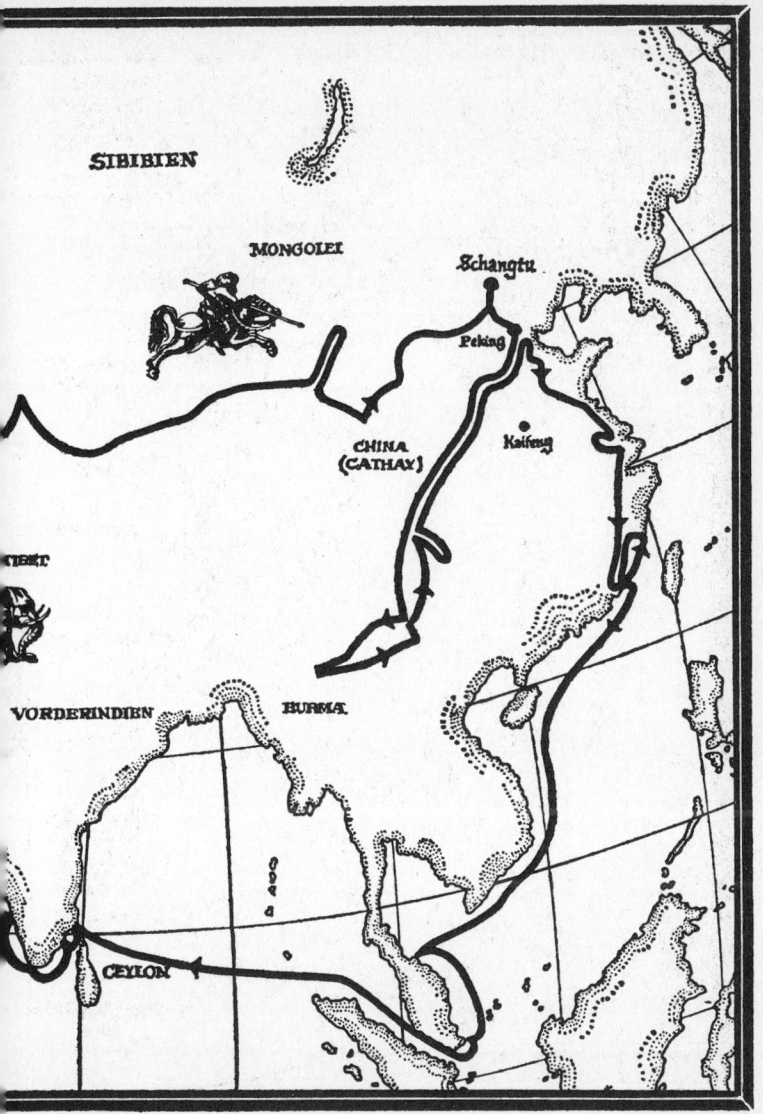

TERRA-X

Expeditionen
ins Unbekannte

Eine Auswahl:

Gottfried Kirchner
TERRA-X
Schatzsucher,
Ritter und Vampire
19/468

TERRA-X
Gräber, Gold
und Geisterstädte
19/562

TERRA-X
Von Mallorca zum Ayers Rock
19/628

TERRA-X
Von der Via Mala
zu den Diamantenbergen
19/674

TERRA-X
Von Babylon
zum Bernsteinwald
19/742

19/742

HEYNE-TASCHENBÜCHER

Österreich

Nachbarland im
Herzen Europas,
Heimat der
Habsburger

Hellmut Andics
Die Frauen der Habsburger
19/277

Martin Schäfer
Sissi
Glanz und Tragik einer Kaiserin
19/430

E.C. Conte Corti
Elisabeth von Österreich
Tragik einer Unpolitischen
19/388

Sigrid-Maria Größing
Schatten über Habsburg
Schicksalsstunden im Kaiserhaus
19/433

19/277

HEYNE-TASCHENBÜCHER

Goethe

Der große deutsche Dichter
Texte von ihm und über ihn

Eine Auswahl:

Curt Hohoff
Johann Wolfgang von Goethe
Dichtung und Wahrheit
19/669

Johann Wolfgang von Goethe
»Du einzige, die ich so lieben kann …«
Liebesbriefe
Hrsg. von Werner Fuld
62/59

19/669

HEYNE-TASCHENBÜCHER

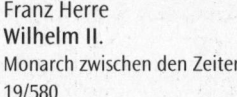

Biografien

Monarchen und Staatsmänner, die die Welt bewegten

Franz Herre
Wilhelm II.
Monarch zwischen den Zeiten
19/580

Manuel Fernandez Alvarez
Karl V.
Herrscher eines Weltreiches
19/715

Franz Herre
Ludwig II.
Bayerns Märchenkönig
19/354

Vincent Cronin
Napoleon
Stratege und Staatsmann
19/389

19/389

HEYNE-TASCHENBÜCHER